县级政府推进乡村产业
振兴的角色定位及实践效应

——以山东寿光为例

魏小源◎著

中国言实出版社

图书在版编目(CIP)数据

县级政府推进乡村产业振兴的角色定位及实践效应：以山东寿光为例 / 魏小源著. -- 北京：中国言实出版社，2024.12. -- ISBN 978-7-5171-5015-2

Ⅰ. F323

中国国家版本馆CIP数据核字第202414EC77号

县级政府推进乡村产业振兴的角色定位及实践效应——以山东寿光为例

责任编辑：王战星

责任校对：代青霞

出版发行：中国言实出版社

地　　址：北京市朝阳区北苑路180号加利大厦5号楼105室

邮　　编：100101

编辑部：北京市海淀区花园北路35号院9号楼302室

邮　　编：100083

电　　话：010-64924853（总编室）　010-64924716（发行部）

网　　址：www.zgyscbs.cn　电子邮箱：zgyscbs@263.net

经　　销：新华书店

印　　刷：北京铭传印刷有限公司

版　　次：2025年1月第1版　　2025年1月第1次印刷

规　　格：710毫米×1000毫米　　1/16　　15印张

字　　数：200千字

定　　价：75.00元

书　　号：ISBN 978-7-5171-5015-2

序 一

　　小源同学出生在山东省寿光市——一个被誉为"中国蔬菜之乡"和"中国海盐之都"的城市。寿光市以其独特的"寿光模式"在农业产业化和乡村振兴方面取得了显著成就。他的成长背景和寿光市的发展故事，无疑对他的硕士研究论文《县级政府推进乡村产业振兴的角色定位及实践》产生了深远的影响。

　　我与小源同学的师生关系始于 2022 年的暑假，当时他即将进入清华大学公共管理学院深造。小源同学对我国国情研究的兴趣促使他主动申请成为我的学生，并从那时起协助我进行助理研究工作，这一合作一直持续到 2024 年 6 月。在这两年的时间里，他几乎每隔一两周都会到我家中汇报学习和学术上的进展并协助我进行研究工作，这种勤奋和执着的精神令我印象深刻。

　　小源同学确定"县级政府推进乡村产业振兴的角色定位及实践"这个论文题目之前，与我进行过多次深入沟通。他的研究不仅与他的个人成长背景紧密相关，也与他的学术兴趣和长期的研究目标相契合，我对他的选择表示了同意和支持。此研究从文献梳理到实地调研，从农户大棚到产业园区，上北京、下晋江，无数日夜，晨露晚霜，几经修改，终于在 2024 年 5 月完成学位论文并顺利通过答辩。他的研究不仅是对寿光模式的学术分析，也是对我国乡村振兴战略的部分解读；他的研究不仅基于理论，更基于实地调研和深入访谈，展现的是一个学者对国家发展和社会进步的深切关怀。

经过几个月的修改完善，该论文研究成果即将在中国言实出版社正式出版，特邀我作序。作为他的导师，我很高兴他的研究成果能在该社出版，这也是对他个人努力的肯定。我期待读者通过阅读他的研究成果，能更深入地理解我国乡村振兴的复杂性和多样性，以及县级政府在其中扮演的关键角色。为此，我对该书的特点做一个简要说明和评价。

一是研究方向具有典型意义，寿光市蔬菜产业发展路径具有参考价值。我国不仅是世界最大的农业生产国，也是世界最大的蔬菜生产国。2023 年，全国蔬菜种植面积高达 2287 万公顷，蔬菜总产量高达 82868 万吨，相当于全国人均 588 公斤。山东省蔬菜总产量高达 9272 万吨，该省人均产量 916 公斤，相当于全国人均水平的 1.56 倍，成为全国最大的生产基地与调出基地。其中最典型的就是寿光市蔬菜产业，已经成为全国蔬菜生产、交易、流通的典型标杆。寿光市蔬菜产业化带动乡村产业的发展过程，先后经历了"蔬菜规模化—农业产业化—农业助推工业—产城互动—农民现代化"五个阶段，展现了中国式农业现代化的全过程，既是一个小农经济向现代市场经济转变的过程，也是破解城乡二元结构向城乡一体化发展的过程。在这个过程中，寿光市依托得天独厚的地理位置、市场的驱动、科技的创新以及政策的有力扶持，融合了深厚的蔬菜历史文化和人文背景，以蔬菜产业化为核心，带动了多元的产业、行业和部门的联动增长，不仅成就了产业的繁荣，也带动了农民的共同富裕，创造了寿光市独特的蔬菜产业发展模式，即"寿光模式"。

二是探讨了政府与市场的关系，提供了有为政府与有效市场有效结合的县域实践。该研究考察了县级政府"有为作用"下蔬菜产业化带动乡村产业振兴的实践成效及其主要发挥作用的动力要素，认为县级政府在乡村产业振兴中承担了"一线总指挥"的角色，发挥着"统筹规划、政策引导、公共服务、监督管理、示范带动"的职能，对整乡推进、整县提升乡村产业具有引领作用。同时，县级政府在"打造营商环境、培育市场主体、汇聚优质要素、规范市场行为、拓展市场空间"等方面具有主导作用。随着乡村产业的成长发展，政府与市场的关系会发生动态调整，即从乡村产业振兴起步阶段的"基层政府强势主导"，到乡村产业初具规模阶段的"基层政府与企业组织互动"，再到乡村产业成熟阶段的"企业组织主导"，最后形成相对稳定的"有为政府与有效市场联动机制"，一种内生动力，推动乡村产业转型升级。

三是提出了寿光市蔬菜产业转型升级的目标与对策，具有借鉴意义。基于对寿光市"蔬菜产业化带动农业与非农产业协调发展"向"蔬菜品牌化引领农业与二、三产业融合发展"转型升级目标的分析，该研究认为需要进一步优化乡村产业振兴的动力机制及政策保障。即继续坚持以技术创新为支撑，以生产创新、组织创新为核心，以产业提升、市场拓展为路径，推动产城互动融合、城乡互动融合，积极融入国家与区域发展战略、探索吸引人才下乡、引导资本下乡、改革土地经营方式、创新基层治理机制等，进一步放大乡村产业振兴的带动和辐射效应，形成县域新质生产力。

当然，该研究还存在个别案例的主观性、数据统计的不完整性等不足，导致某些分析缺乏显著支撑，降低了某些结论的说服力。这也是今后小源同学的努力方向，即如何用好山东农业农村农民发展的伟大实践资源，进一步丰富该研究内容，为形成县域新质生产力、推动中国式农业农村现代化提供更好、更多的研究成果。

　　特别需要指出的是，作为小源同学的导师，我由衷地祝贺他不仅如期完成高质量的管理学研究生论文，而且将论文研究成果转化为图书，留下"白纸黑字"，是把论文和著作写在中国大地上的典型。这部作品，可以与各方专家和广大读者分享。

胡鞍钢

2024 年 12 月 1 日

序 二

2023 年，我有幸陪同国家发展改革委原副主任、中国经济体制改革研究会会长彭森同志及有关专家到山东省寿光市，参加由中国经济改革研究基金会主办、潍坊科技学院承办的"'寿光模式'与新时代乡村振兴"研讨会，听取了与会领导及专家学者的报告，深受启迪，收获颇多。

在此期间，与会人员考察了潍坊科技学院这所地方高校的办学特色和学科优势。我深为他们心系三农、服务农业现代化、助力乡村振兴的精神和情怀所感动。令我难忘的还有与魏小源同学围绕"寿光模式"与乡村振兴的几次深度交流探讨，给我留下深刻印象。当时，小源就读于清华大学公共管理学院，现已完成学业，并就职于中共山东省委办公厅。他的学位论文研究成果几经修改完善，并将由中国言实出版社正式出版。我虽因水平所限，不善写序，但盛情难却，只好以我在研讨会上的发言为基础，几经修改，集成为序，以表对小源新作付梓之祝贺。

寿光市是我国著名的蔬菜之乡，是重要的蔬菜生产基地，更是我国设施农业的先行创新地。几十年来，特别是党的十八大以来，寿光市坚持改革创新，探索形成了现代蔬菜产业体系，打造了现代蔬菜产业高质量发展的"寿光模式"。寿光市生产的农产品，种类丰富，品质优良，产量巨大。近些年来，寿光市贯彻新发展理念，认真实施乡村振兴战略，大力推进农业农村现代化建设，加快构建现代农业产业生产体系，积极发展粮食蔬菜生产，为保障国家粮食安全和重要农产品有效供给作出重要贡献。

"寿光模式"是中国特色现代蔬菜产业模式的重要体现，是现代蔬菜产业发展的重要机制和载体。蔬菜产业经营模式，关系到构建现代蔬菜产业体系的成效。建立健全一个科学的蔬菜产业经营模式，是现代蔬菜产业发展的必备条件。从寿光市的实践看，随着农村改革深化和蔬菜产业发展，"寿光模式"不断健全完善，从初创到转型升级，经历了长时期、多环节、多领域体制机制的不断深化改革，形成了具有中国特色的蔬菜产业发展模式和业态，即"党支部引领 + 蔬菜合作社 + 设施蔬菜 +N"的模式，也可称为"党支部引领 + 蔬菜合作社 + 设施蔬菜 + 社会化服务 + 科技 + 加工 + 电商 + 就业 + 特色小镇"模式。从实践看，寿光蔬菜产业模式，对加快构建现代蔬菜产业体系，促进农民增收，实现共同富裕，推进乡村全面振兴，具有重要意义和作用。一是有力促进了乡村振兴。寿光市形成了以蔬菜产业为主导的产业集群。产业兴旺发展，促进了乡村产业发展、乡村建设和乡村治理。乡村生态环境建设不断加强，乡村基础设施建设明显改善，乡村社会化服务业不断建立健全，建设宜居宜业和美乡村取得积极成效。二是有力引领了现代蔬菜产业体系建设。目前，寿光现代蔬菜产业模式很有影响力，已经得到各地认可和借鉴，特别是在东北和中西部地区得到了大面积推广。寿光现代蔬菜产业模式为中国特色蔬菜产业现代化建设作出重要贡献。三是有效增加了农民收入，带动了共同富裕。寿光市农民收入水平较高。2023 年，寿光市农村居民人均可支配收入 30303 元，比山东省平均水平高出 6500 多元。寿光市是本区域储蓄存款较多的县级市。四是有力促进现代乡村产业发展。寿光市不仅蔬菜产业发展迅速，而且围绕蔬菜产业，流通业、餐饮业、商贸业快速发展，乡村文旅、休闲及加工业、服务业蓬勃兴起，促进了一二三产融合发展。五是有力促进了农民就地就近就业。寿光市农民本地就业率较高，农民较少外出务工。不仅如此，还引入外埠农民工就业，提供了就业增收机会。六是有力促进了城乡融合发展。推进蔬菜产业强镇、蔬菜特色小镇建设，积极发展农产品加工和社会化服务业等产业，不仅促进了一二三产融合、城乡融合发展，而且进一步破除了城乡二元结构，促进了城乡基本公共服务均等化。

改革是"寿光模式"形成和发展的根本动力。寿光市坚持以深化农村改革为动力，以农业科技进步为支撑，以蔬菜产业化带动农业产业化，积极推进蔬菜产业发展，联动加工、流通、餐饮、文旅等二、三产业发展，协调推进农业农村现代化、城乡融合化、农民市民化，形成了具有时代性、创新性的寿光现代蔬菜产业发展模式，为蔬菜产业现代化建设、推进乡村全面振兴，提供了宝贵经验和成功示范。一是坚持完善农村基本经营制度。稳定承包关系，不断健全完善经营机制。认真落实承包地"三权分置"机制，维护承包者、经营者基本权益。积极发展蔬菜产业适度规模经营。支持蔬菜新型经营主体包括专业大户、家庭农场、农民合作社发展。二是坚持以改革为动力。"寿光模式"是农业农村现代化建设的丰硕成果，是农村综合改革日益深入的产物。寿光市坚持改革创新，从农村经营制度改革到农业供给侧结构性改革，从农村集体产权制度改革到农村土地制度"三权分置"改革，促进农业农村产业结构、经营机制、管理体制、要素配置发生深刻变革，为农业特别是现代蔬菜产业发展注入新要素、新动力。三是坚持走高质量发展之路。加快转变农业发展方式，促进寿光现代蔬菜产业发展模式向绿色、循环、优质、高效转型。从数量增长向数量、质量双提高转变，从单一产业向多元产业转变，从粗放经营向集约化、规模化转变，从农业内部调整向农业外部拓展转变，促进现代蔬菜产业高质量发展。四是坚持以科技进步与创新为支撑。以发展现代蔬菜产业为目标，以问题为导向，大力推进蔬菜科技进步与创新。在设施蔬菜工程、种苗培育、保鲜储藏、病虫害防控、加工流通等关键环节，应用新技术新成果，促进转型升级。五是坚持推动共同富裕。共同致富是寿光现代蔬菜产业发展模式的一个突出特点。支持发展以农户为基础的合作社、家庭农场等新型农业经营主体，发展新型农村集体经济，兴办富民现代产业，注重帮助和带动小农户，实行共建共享，共同富裕。

加快现代蔬菜产业高质量发展始终是"寿光模式"不懈追求的目标。产业振兴是乡村振兴的重中之重。要实现产业振兴，关键是提高现代乡村产业的发展质量。从我国蔬菜产业发展看，近些年来，我国蔬菜产业加快发展，蔬菜产量和质量不断提高，为稳农保供、助农增收，推进乡村全面振兴，发挥了不可替代的作用。但是，我国蔬菜产业仍存短板，主要是种子培育研发滞后，有的高端蔬菜种子仍需进口；生产设施建设水平较低，功能有待提高；蔬菜产业化程度不高，缺乏全链条建设，等等。提高蔬菜产业发展现代化水平，是构建现代乡村蔬菜产业体系的重要任务。从寿光实践经验看，进一步提高我国蔬菜产业现代化水平，要坚持以改革为动力，以科技创新为支撑，促进现代蔬菜产业高质量发展。一是要坚持绿色发展，质量兴农，质量兴菜。认真贯彻"绿水青山就是金山银山"理念，推进现代蔬菜产业绿色低碳发展。加快转变农业发展方式，以农业投入品减量、增效技术推广应用为重点促进节能减排，减少化学农业投入品使用。加大土壤修复和水资源保护利用力度，加强高标准菜田建设，提高综合生产能力。加快发展现代设施蔬菜产业，集中连片推进老旧蔬菜设施改造提升，提高蔬菜设施现代化水平。二是打造现代化蔬菜全产业链。农业产业化是农业现代化的重要方向。要大力促进蔬菜产业化转型升级，提档增效。推动蔬菜产业全链条、全环节产业化，延长产业链、价值链，从生产链向加工链、流通链、服务链延伸，形成以蔬菜产业为主的多元产业化、跨界融合的产业集群。构建蔬菜产业化联合体或联盟，促进一二三产业融合，发挥产业集群的叠加效应。三是提高现代蔬菜产业发展模式构成要素的素质水平。提高构成要素是提高发展质量的关键。要加快蔬菜产业六大构成要素素质提升，即具有相应的经营机制与利益机制，具有以蔬菜产业为主导的农业企业及产业基础，具有以家庭农场、农民合作社、龙头企业为主的新型农业经营主体，具有现代蔬菜产业发展的科技应用与转化机制，具有特色鲜明的蔬菜发展的资源文化优势，具有严格的科学管理制度。构成要素是现代乡村产业发展模式的核心和基础。积极采取有效措施，不断提高寿光现代蔬菜产业构成要素整体素质，为现代蔬菜产业高质量发展提供有力保障。四是要大力提高现代蔬菜产业发展的科技含量。科技是现代蔬菜产业高质量发展的有力支撑。要以需求为导向，推进蔬菜产业科技进步与创新，加快形成和发展新质生产力。我国蔬菜种业质量、价格卡脖子问题亟待解决，普通蔬菜种子基本满足需求，但个别高端蔬菜种子依赖进口。要将打好蔬菜种业翻身仗作为打好种业翻身仗的重要内容。加大生物技术育种力度，切实解决蔬菜种子问题，把蔬菜种业攥在自己手中。同时，推进蔬菜加工、植保、流通、储藏等方面的技术进步与创新。应用现代信息技术，应用现代营销手段，提高现代蔬菜产业发展模式的智慧化、数字化程度。五是要增强和拓展现代蔬菜产业的多功能性。要深刻认识蔬菜产业多功能性，培育和开发蔬菜产业的多种功能，即蔬菜产品及加工品的供给功能；蔬菜产业促进和带动经营主体就业增收功能；蔬菜产业生态环境保护及生态产品供给功能；农文旅产品供给功能；休闲康养产品供给功能；蔬菜产业以产兴乡、以产兴村功能；蔬菜产业促进城乡融合一体化发展功能，等等。六是要大力推进蔬菜产业品牌创新发展。要加快推进蔬菜产品、产业及企业品牌创建，打造有品质、有口碑的金字招牌。充分发挥区域农业资源的特色和优势，着力推进农产品包括蔬菜产品的区域公用品牌建设，发展名优特精蔬菜区域公用品牌，培养壮大一批特色鲜明、质量稳定、信誉良好、市场占有率高的蔬菜产品及产业品牌。大力推进地理标志农产品、蔬菜产品及产业品牌创建，提高地标蔬菜产品及产业的影响力和竞争力。将现代科技要素植入品牌蔬菜产品及产业，提高品牌蔬菜产品及产业的科技含量。积极推进品牌蔬菜产品及产业的理念创新、技术创新、业态创新、组织模式创新。

最后，再需说明的是，之所以选择把我研讨发言内容整理为小源新作的"序言"，主要还是因为我和他一起研究探讨过这些观点和话题，形成了共鸣。他是地道的山东人，从寿光走出来的有志青年，对山东农业、寿光蔬菜产业有着独特的感受和理解，对我很有启发。愿他的新作为更多读者朋友所喜爱。

尹成杰

2024 年 11 月 28 日

前　言

　　本研究以寿光市蔬菜产业化发展实践为研究对象，基于蔬菜产业化带动乡村产业振兴的实践和典型经验，围绕县域乡村产业振兴动力机制的形成与优化，分析"寿光模式"的形成过程、典型特征、政府与市场关系演进，探讨"有为政府"与"有效市场"的联动机制，以期对国内同类县域推动乡村产业振兴提供启示和借鉴意义。

　　寿光市蔬菜产业化带动乡村产业发展，经历了"蔬菜规模化—农业产业化—农业助推工业—产城互动—农民市民化"的过程，既是一个小农经济向现代市场经济转变的过程，也是破解城乡二元结构向城乡一体化发展的过程。在这个过程中，寿光市依托得天独厚的地理位置、市场的驱动、科技的创新以及政策的有力扶持，融合了深厚的历史蔬菜文化和人文背景，以蔬菜产业化为核心，带动了多元的产业、行业和部门的联动增长，不仅成就了产业的繁荣，也带动了共同富裕，造就了独特的县域经济发展模式，即"寿光模式"。

　　本研究考察了县级政府"有为作用"下蔬菜产业化带动乡村产业振兴的实践成效及其主要发挥作用的动力要素，认为县级政府在乡村产业振兴中承担了"一线总指挥"的角色，发挥着"统筹规划、政策引导、公共服务、监督管理、示范带动"的职能，对整乡推进、整县提升乡村产业具有引领作用。同时，县级政府在"打造营商环境、培育市场主体、汇聚优质要素、规范市场行为、拓展市场空间"等方面具有主导作用。随着乡村产业的成长发展，政府与市场的关系会发生动态调整，即乡村产业振兴起步阶段的"基层政府强势主导"，到乡村产业初具规模阶段的"基层政府与企业组织互动"，再到乡村产业成熟阶段的"企业组织主导"，最后形成相对稳定的"有为政府与有效市场联动机制"，一种内生动力，推动乡村产业转型升级。

基于对寿光市"蔬菜产业化带动农业与非农产业协调发展"向"蔬菜品牌化引领农业与二、三产业融合发展"转型升级目标的分析，本研究认为需要进一步优化乡村产业振兴的动力机制及政策保障。即继续坚持以技术创新为支撑，以生产创新、组织创新为核心，以产业提升、市场拓展为路径，推动产城互动融合、城乡互动融合，积极融入国家与区域发展战略、探索吸引人才下乡、引导资本下乡、改革土地经营方式、创新基层治理机制等，进一步放大乡村产业振兴的带动和辐射效应，形成县域新质生产力。

目　录

第 1 章　绪论

　　本章详述了五个关键部分，首先是研究的背景与意义的阐述，接着详细探讨了研究的核心问题及其案例选择策略，紧接着回顾了国内外相关的研究现状，随后揭示了研究的思路和方法，最后提出了可能的创新点，旨在对问题的提出、案例选择的典型性、如何去研究、要达到一个什么目的提供指引。本书以寿光市蔬菜产业发展为研究对象，基于蔬菜产业化带动乡村产业振兴的实践效应与典型经验，围绕县域乡村产业振兴动力机制的形成与优化，分析"寿光模式"的形成条件、政府与市场关系的演进，探讨构建有为政府与有效市场的联动机制，以期对国内同类县域推动乡村产业振兴具有启示和借鉴意义。

1.1 研究的背景与意义

1.1.1 研究背景

　　2017 年 10 月，党的十九大报告正式提出了乡村振兴战略，要求按照"产业兴旺、生态宜居、乡风文明、治理有效、生活富裕"的总要求来加快推进农业农村现代化。2018 年 1 月,《中共中央　国务院关于实施乡村振兴战略的意见》发布, 明确提到实施乡村振兴战略是新时代"三农"工作的总抓手, 要求县委书记要下大力气抓好"三农"工作, 当好乡村振兴"一线总指挥"。2018 年 9 月, 中共中央、国务院印发了《乡村振兴战略规划（2018—2022 年）》。2022 年 10 月, 党的二十大报告也明确提出要全面推进乡村振兴。2022 年 12 月, 习近平总书记在中央农村工作会议上强调:"建设农业强国, 当前要抓好乡村振兴。""产业振兴是乡村振兴的重中之重, 也是实际工作的切入点。没有产业的农村, 难聚人气, 更谈不上留住人才, 农民增收路子拓不宽, 文化活动很难开展起来。"2024 年 9 月 11 日上午, 习近平总书记在甘肃天水市麦积区南山花牛苹果基地考察时强调:"乡村振兴要靠产业, 各地要各展其长, 走适合自己的振兴道路。"全面建设社会主义现代化国家, 最艰巨最繁重的任务仍然在农村。作为乡村振兴战略实施的基层单位, 县级政府既是贯彻落实中央、省、市政府关于乡村振兴战略政策的基本单位, 又需要向上反映管辖区域内各个农村的经济发展状况、治理成效、农民诉求等, 以便为上级政府政策调整等决策提供重要参考依据。

在这一背景下, 县级政府在乡村振兴战略实施过程中, 需要承担区域建设的义务并提供公共服务, 其政策制定、资源配置、项目实施等职能直接影响到乡村振兴战略的落地效果。因此, 新时代新征程, 研究县级政府如何推动乡村产业振兴, 探讨其在乡村振兴战略中的作用和影响, 能够为提升县级政府的政策效能提供理论支持和实践指导。

1.1.2 研究意义

（1）理论意义

自乡村振兴战略提出以来, 与乡村振兴相关的学术研究逐步开展,但对县级政府在乡村产业振兴中发挥的作用作出明确阐释和进行系统性研究的学者较少。本书从县级政府的乡村治理职能、政策与市场联合推动产业发展的机制入手，从理论上对乡村产业振兴的基本路径和内在逻辑进行理论分析，揭示了有为政府和有效政府联动推进乡村产业振兴的作用机理。基于有为政府和有效市场关系理论，分析寿光市乡村产业振兴历程、动力要素及其互动作用，揭示县级政府在培植产业、拓展市场、与市场联动促进乡村产业振兴的作用机理。

（2）现实意义

目前对于乡村振兴的研究主要以两种基本的研究单元为研究视角，一种是以村庄为基本单元的乡村振兴研究，另一种是以县域为基本单元的乡村振兴研究。县级政府的职能作用是县域治理的核心问题。县级政府在我国行政体系中具有承上启下的重要作用，因此在当前时代背景下，研究清楚我国县级政府在乡村振兴战略中怎样做到"有所为、有所不为"，如何培育和拓展市场，主动与市场联动、发挥好市场的决定性作用，对于推进实施乡村战略具有重要的现实意义。基于某一县域的研究，也能为其他县域党委政府因地制宜选择主导产业和发展路径，探索创新政府与市场联动机制，推动乡村产业振兴提供启示和借鉴。

1.2 研究问题与案例选择

1.2.1 研究问题

本研究围绕县域乡村产业振兴动力机制优化问题，分析寿光市蔬菜产业化带动乡村产业振兴实践及其效应，研究县域乡村产业振兴动力要素的组合及演进，揭示政府与市场关系的演进规律，进而探讨有为政府与有效市场的联动机制及其优化对策。即：（1）寿光市蔬菜产业化带动乡村产业振兴走过的是一条什么样的发展道路，达到了一个什么样的水平，取得了怎样的成效；（2）这样的水平和成效是如何实现的，发挥作用的核心动力要素有哪些，它们之间的互动融合又形成了一种什么样的动力机制；（3）在此动力机制下是否体现了有为政府和有效市场联动的特征，二者联动在促进乡村产业振兴方面又有哪些体现；（4）有为政府与有效市场联动机制推动县域乡村产业振兴的实践经验，给国内同类县域推动乡村产业振兴提供了哪些启示和借鉴。

1.2.2 案例选择

寿光市蔬菜产业知名度高，被誉为"蔬菜之乡"。寿光市作为一个县级市，有种植蔬菜的历史，但在1989年之前，和我国众多以农业为生的县域相比并不具备优势。寿光在短短20年左右的时间里，成为享誉全国的蔬菜集散中心、中国的"菜篮子"，寿光怎样以蔬菜产业为支撑推动乡村产业振兴，具有研究价值。

作为蔬菜产业的成功实践典范，"寿光模式"通过解决生产、销售、技术、会展和标准输出等方面的问题，形成了独特的创新经验。此外，寿光模式的成功实践不仅为蔬菜产业问题的解决提供了成功经验，也树立了山东省在全国农业领域的典范地位。

（1）我国乡村产业振兴带动农民富裕的典型县

一是作为改革开放30年18个典型地区之一，实践成效显著。2007年12月至2008年3月，中央政策研究室、中央财经领导小组办公室组成调研组，针对在我国实施改革开放以来的发展道路问题进行了调研，主要目的在于总结这段历史时期成功的经验。报告强调寿光市的发展特点在于充分发挥其初期具备的农业比较优势。始于农业领域的起步，通过创新农业生产方式，成功实现了由农业引导工业、由工业提升经济的转型。寿光市在经济发展过程中巧妙地通过农业培育工业、通过工业促进农业，以实现工农互助、城乡互助的发展模式。这一策略的成功实施使得城市和农村得以共同繁荣，实现了城乡协调发展的目标。

二是作为改革开放 40 年集中宣传和推广的典型，社会认同广泛。2018 年，中央宣传部携手中央广播电视总台联合制作了一部纪录片，以呈现我国改革开放 40 年来的实践历程。在第二集《在希望的田野上》中详细叙述了山东寿光大棚蔬菜生产情况等，不仅呈现了具体的发展轨迹，更突显了改革与创新的关键举措。寿光在 20 世纪 80 年代末，由专业人才带动、村集体带头全面了解全国市场行情，先于国家政策抓住蔬菜商机，学习并使用了冬暖式蔬菜大棚技术，率先在冬季种出了反季节蔬菜，一举确定了其在全国蔬菜购销的中心地位，为今后的蔬菜集散地和蔬菜品牌打好了基础，"寿光模式"的内涵也由此诞生。

三是作为"壮丽 70 年·奋斗新时代"全国 3 个典型采访县市之一，借鉴推广度高。2019 年 4 月 1 日，"壮丽 70 年·奋斗新时代"大型主题采访活动（寿光）启动。从 4 月 1 日到 4 月 23 日，由中央宣传部组织的山东省、市共 11 家主流媒体记者围绕农业产业化的"寿光模式"，在寿光展开调研，并在 4 月 19 日形成了调研报告。报告详细阐述了"寿光模式"的内涵与外延，并将"寿光模式"的发展历程分为需求带动、技术推广、交流合作、引领行业四个阶段；指出目前"寿光模式"已经被赋予生产标准化、农业园区化、蔬菜品牌化、农民职业化、乡村宜居化、公共服务均等化的时代内涵。

（2）有助于从时间维度上提供研究县级政府坚持"问题导向"的生动案例

从时间维度上看寿光市乡村产业振兴的实践历程，一是农业技术层面，推动技术升级，实现了从冬暖式蔬菜大棚到无土栽培技术再到育种育苗技术的突破，持续引领蔬菜生产技术。二是农业产业层面，推动产业升级，实现了从蔬菜产业化到农业产业化再到农业工厂化，蔬菜产业化引领农业与非农产业协调发展。三是市场建设层面，推动市场升级，从九巷蔬菜批发市场到国际蔬菜科技博览会再到农产品物流园区，农产品市场引领农资市场与技术市场协同发展。四是组织建设层面，推动组织升级，从最早的韭菜协会到蔬菜合作社（初级社）再到蔬菜合作社联合会（高级社），党组织领办合作社全域推广。对于其他县域党委政府推动乡村产业振兴中的角色定位和职能发挥较具启示作用。

（3）有助于从空间维度上提供研究县级政府落实"国家战略"的生动素材

从空间维度上看寿光市乡村产业振兴的实践历程，一是技术推广层面，寿光每年在其他地区有超过 8000 名蔬菜种植的技术人员进行技术指导，覆盖 30 个省、自治区、直辖市，从盐碱地到戈壁滩无土栽培，标准化蔬菜示范基地已经遍布全国。寿光掀起的绿色革命，结束了我国北方冬季不能吃上新鲜蔬菜的历史。二是农业产业层面，从技术输出到园区输出再到模式输出，从黑龙江省五常市红旗乡的"冬季保温暖室"，一路延伸至南沙永暑礁的蔬菜种植先进基地，再扩展至贵州省遵义市播州区的"香树快车"项目，都有很大的变化。三是市场建设层面，积极融入国家共建"一带一路"倡议（2013），打通了寿光到日本、韩国的"蓝色通道"，寿光到美国、委内瑞拉等国家的"空中走廊"；积极参与雄安新区、粤港澳大湾区建设，建设潍坊农品交易中心。四是实践效应层面，实现了从农业园区化到农村社区化再到农民市民化的"农村城镇化"效应，从基础设施均衡到公共服务均等再到发展成果均享的"城乡一体化"效应。对于其他县域党委政府充分发挥"政府推动、市场拉动、创新驱动"等合力推动乡村产业振兴及其效应较具借鉴意义。

1.3 国内外研究现状述评

1.3.1 乡村产业振兴内涵与测度研究

2017年党的十九大报告提出乡村振兴战略后，一方面学术界对乡村产业振兴的理论进行了大量研究，另一方面各地在乡村产业振兴实践中也进行了多方面的有益探索。本研究对乡村产业振兴的文献进行了梳理，将相关研究归纳为乡村产业振兴的理论内涵、乡村产业振兴的评价与衡量。

（1）乡村产业振兴的理论内涵

目前学术界对乡村产业振兴的概念尚未达成一致标准，主要是从农业发展、现代农业产业体系和乡村产业融合几个方面进行不同维度的解释。张挺、李闽榕等（2018）认为乡村振兴指标应遵守科学性原则、系统性原则、全面性原则、可比性原则和可操作性原则。[1]部分学者从农业发展和现代农业产业体系方面阐述乡村产业振兴。例如：韩长赋（2018）认为通过引导流动的资本、技术和人才，以及调动农民的积极性，可以实现产业兴旺，从而促进农业产业的健康发展。这一综合性策

---

[1] 张挺，李闽榕，徐艳梅. 乡村振兴评价指标体系构建与实证研究 [J]. 管理世界，2018，34
（08）：99–105.

略将为农业领域注入新的发展动能，为农村经济的可持续发展奠定坚实基础。① 徐雪高和侯惠杰（2019）也将乡村产业振兴定位于"农业"，他认为产业兴旺是指在农业发展基础上发展二、三产业。② 黄祖辉（2018）则指出产业兴旺不能仅局限于农业的发展，而应着眼于建立产业体系、生产体系和经营体系三位一体的现代农业体系。③ 汪三贵、周园翔和刘明月（2023）的研究突出了产业发展的重要性，并强调了其在乡村振兴中的基础地位。该研究提到引导资本、技术和劳动力等多元要素向农业农村流动，并强调了在产业振兴过程中形成现代农业产业体系的关键性作用。④

也有学者从产业融合的角度对乡村产业振兴进行解释。曾福生等（2018）强调，产业兴旺的核心内容体现在现代农业的发展、新兴业态的培育、积极推动三次产业间的深度融合这三个方面。⑤ 袁树卓、刘沐洋和彭徽（2019）认为乡村产业振兴不仅重点着眼于现阶段的农村产业现状，而且应当坚持产业融合、提质增效和品牌创新的发展理念。⑥ 按照王艺明（2022）的见解，乡村产业的振兴应当以现代农业的提升为基石，强调农民的主体角色，推动第一产业（农业）、第二产业（加工制造）和第三产业（服务）的深度融合。⑦ 张凯洁（2023）强调乡村产业振兴是指

① 韩长赋.实施乡村振兴战略　推动农业农村优先发展［N］.人民日报，2018-08-27.
② 徐雪高，侯惠杰.产业兴旺的定位、特征与促进建议［J］.江苏农业科学，2019，47（17）：1-4.
③ 黄祖辉.科学把握乡村振兴战略的内在逻辑与建设目标［J］.决策咨询，2018（03）：27+29.
④ 汪三贵，周园翔，刘明月.乡村产业振兴与农民增收路径研究［J］.贵州社会科学，2023（04）：147-153.
⑤ 曾福生.发展新产业新业态破解农民增收困境［J］.湖湘论坛，2017，30（05）：80-83+2.
⑥ 袁树卓，刘沐洋，彭徽.乡村产业振兴及其对产业扶贫的发展启示［J］.当代经济管理，2019，41（01）：30-35.
⑦ 王艺明.乡村产业振兴的发力点和突破口［J］.人民论坛，2022（01）：22-25.

以产业发展为导向，以实现乡村产业振兴为目标的实践过程。[①]胡苏华（2022）认为乡村产业振兴应实现产业融合发展，以农业为基础和依托，形成延伸产业链，打造多样化业态和乡村产业综合体。[②]

（2）乡村产业振兴的评价与衡量

Binsswanger（1993）利用构建评价指标体系的方法衡量乡村发展的程度。[③]乡村产业振兴评价指标是一个包含农产品农业体系、农业多功能体系、农业支撑产业体系的有机统一体（申云等，2020）。[④]少数文献选取单一指标进行测度，例如：曹梅英、谭启云和王立新（2023）以乡村非农产业从业人数占乡村总就业人数的比重作为衡量乡村产业振兴的程度。[⑤]多数学者通过选取多个相关指标合成进行衡量，闫周府和吴方卫（2019）从农业生产条件、农业生产效率、农业产业化水平和农产品质量安全四个维度衡量产业兴旺水平。[⑥]孙继国和孙尧（2022）在他们的研究中，特别关注农业的高效化、产业化、科技化提升以及农村各产业的协同发展战略，并以此为基础构建了乡村产业振兴的评估指标体系，目标是实现对省级乡村产业振兴的定量性评估。[⑦]姜楠等（2023）利用熵

---

① 张凯洁. 新时期乡村产业振兴的优化路径［J］. 山西农经，2023（04）：40-42.

② 胡苏华. 税收政策助力乡村产业振兴：作用机理、实施现状与完善建议［J］. 税务研究，2022（10）：49-53.

③ Binsswanger H, Khandker S, Rosenzweig M. How infrastructure and financial institutions affect agricultural output and investment in India［J］. Journal of Development Economics, 1993, 41（2）：337-366.

④ 申云，陈慧，陈晓娟，胡婷婷. 乡村产业振兴评价指标体系构建与实证分析［J］. 世界农业，2020（02）：59-69.

⑤ 曹梅英，谭启云，王立新. 共同富裕背景下乡村数字化发展对乡村产业振兴的影响研究——以广西为例［J］. 农业经济，2023（02）：41-45.

⑥ 闫周府，吴方卫. 从二元分割走向融合发展——乡村振兴评价指标体系研究［J］. 经济学家，2019（06）：90-103.

⑦ 孙继国，孙尧. 共同富裕目标下金融科技是否促进了乡村产业振兴［J］. 财经论丛，2022（11）：51-60.

权 TOPSIS 法从生产能力、经营管理、产业融合、经营效益四个方面测算汕头市乡村产业振兴水平。在 2022 年，李慧燕基于生产和经济效益的考量，选择了诸如有效灌溉面积与农作物种植面积的比例、农业机械总动力对农林牧渔业总产值的贡献率、农村居民的人均可支配收入、人均消费支出水平等关键指标来分析乡村产业振兴水平。[①] 芦风英、庞智强和邓光耀（2022）则认为新阶段的产业兴旺应该建立在粮食安全的基础上，因此指标选取包括：粮食安全、农业生产效率、农业生产条件和农业产业化水平等要素。[②]

1.3.2 乡村产业振兴的路径与条件研究

（1）乡村产业振兴的基本路径研究

通过对国内已有文献的梳理发现，多数学者从乡村产业振兴的驱动要素和发展模式等角度展开了分析。

从要素驱动角度来看：激活各类要素资源流动和融合是实现乡村产业振兴的必要路径（范建刚，赵志强，2023）。[③] 乡村为产业发展提供了市场，同时提供了劳动力、农产品等要素投入（Ruttan，1971）。[④] 政府对生产要素的有效配置是提高要素生产率的重要因素（Vollrath，2009）。[⑤] 数字经济形成数字赋能，带动城乡技术、资源、市场流通，以产业融

① 李慧燕.京津冀城市群新型城镇化与乡村产业振兴耦合协调关系比较研究［J］.生态经济，2022，38（09）：118-124.

② 芦风英，庞智强，邓光耀.中国乡村振兴发展的区域差异测度及形成机理［J］.经济问题探索，2022（04）：19-36.

③ 范建刚，赵志强.城乡融合发展视阈下的乡村产业振兴研究［J］.农村经济，2023（01）：35-44.

④Ruttan V W，Hayami Y. Toward a Theory of Induced Institutional Innovation［J］. The Journal of Development Studies，1984（4）：203－223.

⑤Hsieh C T，Klenow P J. Misallocation and Manufacturing TFP in China and India［J］. Quarterly Journal of Economics，2009，124（4）：1403-1448.

合带动乡村产业发展（田野等，2022）；① 郭朝先和苗雨菲（2023）认为数字经济还可以通过效率提升、产业变革、结构优化三个方面促进乡村产业振兴。② 土地经营权流转促进农业适度规模经营（朱明月，李海央，2021），③ 李登旺（2020）从土地资源利用角度出发，认为现行土地用途管制制度难以满足乡村产业用地需求，应继续深化农村土地制度改革。④ 金融科技（孙继国，孙尧，2022；孙晓，罗敬蔚，2022）⑤ 和农村金融（康书生，杨娜娜，2022）⑥ 共同缓解涉农融资约束，推动农业技术创新水平，推动乡村产业振兴。乡村产业振兴同样离不开人才支撑，袁银传和康兰心（2022）认为应该加强乡村产业的文化人才、电子商务人才、技术人才和养老服务人才建设，培育新型职业农民，以人才振兴实现全面乡村产业振兴。⑦ 李丹阳和钟楚原（2022）的研究则揭示了在促进乡村产业振兴过程中，第一书记呈现出三种不同的实践样态，分别为"制度嵌入＋法律赋权""资源嵌入＋技术赋权"以及"关系嵌入＋话语赋权"。⑧ 具体而言，第一书记通过将制度嵌入乡村产业振兴实践中，依托

---

① 田野，叶依婷，黄进，刘勤.数字经济驱动乡村产业振兴的内在机理及实证检验——基于城乡融合发展的中介效应［J］.农业经济问题，2022（10）：84-96.

② 郭朝先，苗雨菲.数字经济促进乡村产业振兴的机理与路径［J］.北京工业大学学报（社会科学版），2023，23（01）：98-108.

③ 朱明月，李海央.土地流转影响农业规模经营效率的专导路径检验［J］.农村经济，2021（05）：64-72.

④ 李登旺.深化土地制度改革，推动乡村产业振兴［J］.中国发展观察，2020（23）：49-51+53.

⑤ 孙晓，罗敬蔚.金融科技赋能乡村产业振兴的核心优势与基本模式研究［J］.学习与探索，2022（02）：136-143.

⑥ 康书生，杨娜娜.数字普惠金融发展促进乡村产业振兴的效应分析［J］.金融理论与实践，2022（02）：110-118.

⑦ 袁银传，康兰心.论新时代乡村振兴的产业发展及人才支撑［J］.西安财经大学学报，2022，35（01）：98-107.

⑧ 李丹阳，钟楚原.驻村第一书记何以助推乡村产业振兴？——基于"差序嵌入—协同赋权"的分析框架［J］.农林经济管理学报，2022，21（05）：602-609.

法律赋权来推动产业发展，他们通过资源的嵌入，赋予技术方面的权力，以促进产业的技术升级，第一书记通过关系的嵌入，依靠话语的赋权，推动乡村产业振兴中的社会交往和沟通，这种多元化的支持和引导为乡村产业振兴提供了富有创意的实践路径。另外，李慧燕（2022）从城镇化的角度分析，指出新型城镇化一方面通过聚集人才、技术、信息等要素带动乡村产业结构升级，实现农业产业发展；另一方面通过增加非农产业就业提高创新创业活力推动乡村产业振兴。[1]

从发展模式的角度来看：Curran（2011）认为产业的融合发展要经历科学和技术融合、市场融合的过程，最后实现产业融合。[2] 乡村产业振兴应以农民为主体，以农业农村资源为依托（朱启臻，2018）。[3] 芮晨晶等（2023）认为我国农村的资源和生态环境存在独特性和差异性，应当立足自身优势发挥地区特色，因地制宜培育特色产业，建立多层次、立体化的市场品牌，形成农村特色产业的产品体系。[4] 李海央等（2023）提出要通过产业优化升级的手段着重发展绿色产业，来促进当地农业对农村人口收入的贡献。[5] 周立和李彦岩等（2018）认为乡村产业的振兴应该创造新的供给需求，促进三产融合，体现农业多功能性的特点，为农业

---

[1] 李慧燕. 京津冀城市群新型城镇化与乡村产业振兴耦合协调关系比较研究［J］. 生态经济，2022，38（09）：118-124.

[2] Curran C S, Leker J. Patent indicators for monitoring convergence‐examples from NFF and ICT［J］. Technological Forecasting and Social Change，2011，78（2）：256-273.

[3] 朱启臻. 乡村振兴背景下的乡村产业——产业兴旺的一种社会学解释［J］. 中国农业大学学报（社会科学版），2018，35（03）：89-95.

[4] 芮晨晶，刘玉健，李子怡，王亦明. 当前乡村产业振兴的困境与发展路径研究［J］. 当代农村财经，2023（08）：31-32.

[5] 李海央，柴正猛，许雨辰. 农村金融高质量发展赋能乡村产业振兴的分异演化与效应检验［J］. 金融理论与实践，2023（04）：66-76.

赋能。[1] 郑建新（2023）认为应该以智慧农业为突破口，提升农业生产效率，提高农民收入。[2] 王轶和刘蕾（2023）从长期发展的角度阐释要想充分发挥乡村产业的引领作用，就要做大做强核心支柱产业，以此实现乡村产业振兴。[3] 这条路径意味着重点发展当地乡村的主导产业，通过技术创新和管理升级，提高农业生产效率和产品质量，增加农民收入，这可以包括农产品的精深加工、农业科技推广、农业产业链的延伸等。其次，通过当地农村一二三产业的融合，成功实现多产业对农民收入的带动和增长。在这一过程中，三产融合以第一产业为基础，构建了一个多层次的产业体系，成为深植于乡村的发展路径。在李登旺（2020）的观点中，乡村产业体系不仅是农业生产的有机整合，更是承载着多元化乡村价值的平台，具备显著的地域特色，并在农村经济中发挥着联农、带农的重要作用。这条路径强调通过农业与农村非农产业的结合，促进农民就业机会的增加和收入的多元化。[4] 这可以涵盖农村旅游、农产品加工、特色手工业等产业的发展。最后，为保障农民可支配收入的不断增加，需要通过持续深化的农村产权制度改革进一步优化农村土地资源配置，从而发展农村集体经济（吴海峰，2018）。[5] 张绘（2023）认为新型集体经济发展组织模式将分散的农业资源整合并高效利用，推动乡村实现产业振兴。[6] 郑永君、钟楚原和罗剑朝（2023）以闽北、川西、鄂

① 周立，李彦岩，王彩虹等 . 乡村振兴战略中的产业融合和六次产业发展 [J]. 新疆师范大学学报（哲学社会科学版），2018，39（03）：16-24.

② 郑建新 . 乡村振兴战略背景下智慧农业助推乡村产业振兴的路径研究 [J]. 智慧农业导刊，2023，3（01）：20-23.

③ 王轶，刘蕾 . 数字化经营何以实现返乡创业企业的扩就业效应 [J]. 甘肃社会科学，2023（03）：203-214.

④ 李登旺 . 深化土地制度改革，推动乡村产业振兴 [J]. 中国发展观察，2020（23）：49-51+53.

⑤ 吴海峰 . 乡村产业兴旺的基本特征与实现路径研究 [J]. 中州学刊，2018（12）：35-40.

⑥ 张绘 . 乡村振兴与新型城镇化协同发展促进共同富裕 [J]. 人民论坛，2023（13）：38-41.

南典型村庄实践为例，总结地方经验发现，市场化背景下农地入股模式有利于推动乡村产业振兴，因此完善和提升地权整合性和经营嵌入性是实现经营主体有效性、规模经营有效性以及提升乡村产业振兴成效性的关键。[①] 此过程强调通过深化农村产权制度改革，增加农民财产性收入。改革可以包括土地承包权、农村土地流转、农村集体经济等方面，让农民能够分享土地增值收益和其他财产收益。

也有学者（欧阳秀兰等，2022；胡苏华，2023；乌兰，2023）从涉农税收优惠政策推动农业产业融合、提高竞争力的同时，鼓励土地资源优化配置和产业机构优化升级的角度阐述推动实现产业振兴的路径。同时，还有学者提出通过外部植入新产业促进地方产业振兴。[②③④] 然而，这种方式常常受到基础设施薄弱、成本高昂等问题的制约。因此，在外部植入新产业时需要综合考虑各种因素，确保可持续发展和农民收益。

这些路径反映了我国乡村产业振兴的不同策略和途径，通过多样化的手段，推动农村地区的经济发展、农民收入增长和乡村现代化进程。然而，具体实施时需要结合各地区的实际情况和特点，因地制宜，综合考虑各种因素，确保政策和措施的有效性和可持续性。

（2）关于乡村产业振兴的约束条件研究

目前我国乡村产业振兴仍然面临挑战，还存在制度、资本、技术、人才、认知等方面的约束。2020年7月9日，农业农村部印发的《全国

① 郑永君，钟楚原，罗剑朝.地权整合性、经营嵌入性与乡村产业振兴［J］.中国农村观察，2023（03）：25-43.

② 欧阳秀兰.税收支持乡村产业振兴的现状与着力点探析［J］.国际税收，2022（11）：18-23.

③ 胡苏华.税收政策助力乡村产业振兴：作用机理、实施现状与完善建议［J］.税务研究，2022（10）：49-53.

④ 乌兰，刘银喜，陈丽丽.税收政策助推乡村振兴：逻辑关联、现实局限与优化路径［J］.财政科学，2023（04）：106-115.

乡村产业发展规划（2020—2025 年）》指出，资源要素瓶颈依然突出，如资金、技术、人才向乡村流动存在障碍，乡村网络、通讯、物流等设施薄弱，且发展方式较为粗放、创新能力总体不强、产业链条延伸不充分等。姜长云（2022）从构建新发展格局的角度指出目前乡村产业振兴中存在的四个问题：盲目要求农业退出乡村、农民参与乡村产业发展的门槛过高、乡村产业同质化和产能过剩、企业带动能力和政策支持不足。[①] 黄国勤（2020）基于乡村产业振兴在乡村振兴战略中的地位与作用，归纳了我国乡村产业发展的历程并提出了当前我国乡村产业振兴中存在的问题：产业门类少、产业链条短、特色产业弱、产品质量低、缺乏竞争力等。[②] 杨江华和刘亚辉（2022）指出：一方面，农业产业链延伸有限，农产品附加值低，农业要素回报率低，导致农民生产的积极性不高；另一方面，乡村产业结构单一，产业门类不全，乡村产业振兴缺乏动力。[③] 邱跃华与郭丹（2022）指出，农村产业普遍面临结构单一、整合不足、生产规模有限以及机械化程度不高的问题。同样，芮晨晶等（2023）也揭示了乡村产业振兴过程中遭遇的诸多挑战，这些挑战包括：乡村产业人才短缺、产业选择缺乏特色及规划、乡村产业发展融资困难、农村的基础设施建设落后等。张凯洁（2023）在其关于农业产业发展的探讨中强调，农村产业的发展面临诸如资源短缺、农村产业资源开发规划落后、产业发展机制不健全、照搬照抄缺少创新等问题。[④] 张绘（2023）则指出乡村产业振兴面临"缺资本、缺内容、缺运营、缺整合"四大难题。李

---

① 姜长云 . 新发展格局、共同富裕与乡村产业振兴 [J] . 南京农业大学学报（社会科学版），2022，22（01）：1-11+22.

② 黄国勤 . 论乡村产业振兴 [J] . 中国农学通报，2020（2）：149-154.

③ 杨江华，刘亚辉 . 数字乡村建设激活乡村产业振兴的路径机制研究 [J] . 福建论坛（人文社会科学版），2022（02）：190-200.

④ 张凯洁 . 新时期乡村产业振兴的优化路径 [J] . 山西农经，2023（04）：40-42.

鹏飞和黄丽君（2020）指出，基于乡村产业振兴中存在的问题，应该优化乡村产业培育方式，改善乡村产业发展环境，提升乡村产业发展品质，建立合理的利益分配机制等推动乡村产业可持续发展。[①]

1.3.3 乡村产业振兴的政府角色与作用机制研究

（1）关于乡村产业振兴的政府角色研究

乡村产业振兴离不开政府的规划引导、财政支持、政策保障、统筹协调、指导服务和宣传推介作用，同时还需要遵循"市场导向、政府支持"的基本原则。李卓和郑永君（2022）的观点强调，在推动农村产业的复兴过程中，政府应当着重履行其作为平台的关键角色。[②]黄振华（2022）指出，县级政府则扮演着"国家代理者"和"实施者"的角色，处于承上启下的特殊地位。在推进农业为导向的一二三产业融合、健全以农村为导向的公共服务体系、构建以农民为导向的乡村振兴新格局中发挥着重要的作用。[③]县域是乡村产业振兴的空间载体，李晓园等（2022）基于产业发展的不同阶段指出，在产业发展的初期阶段，政府扮演着引领者的角色；随着产业的成长，政府的主导作用应逐渐淡化；当产业进入集群化阶段，政府的主要职责转变为引导，市场的作用开始占据主导；最后，在产业转型的关键时期，政府与市场需相互协作。[④]在县域乡村振兴中，做好产业发展是关键。战略定位、政策支持、资金投入和人才培养是县级政府在乡村产业发展中应重点关注和努力解决的问题。

① 李鹏飞，黄丽君. 乡村产业振兴的理论内涵与发展困境研究 [J]. 生产力研究，2020（07）：12-16+161.

② 李卓，郑永君. 有为政府与有效市场：产业振兴中政府与市场的角色定位——基于 A 县产业扶贫实践的考察 [J]. 云南社会科学，2022（01）：162-168.

③ 黄振华. 县域、县城与乡村振兴 [J]. 理论与改革，2022（04）：156-165+168.

④ 李晓园，徐威威，朱天义. 革命老区乡村产业振兴的资源情境与行动逻辑——以江西瑞金红色产业发展为例 [J]. 经济管理，2022，44（12）：64-82.

（2）关于县级政府推动乡村产业振兴作用机制研究

县级政府立足当地资源优势，因地制宜推动乡村产业振兴，协调城乡经济社会发展，是当前学界和政界迫切需要重视的现实问题。乡村产业根植于县域，刘承昊（2019）以传统农业大县——枞阳县为例，分析地方政府主导下电商赋能对乡村振兴的产业效应，他指出地方政府存在产业认知错位、政策效能低、产业带动与资源开发不足的问题。为此地方政府应立足实际，回归源头，做好在资源整合中的主导作用。① 杨发祥和郭科（2022）指出县级政府在乡村产业振兴中起主导作用，通过人才政策、资金支持和土地盘活等途径有效促进城乡资源要素合理流动，从而激活乡村产业振兴的经济动能。② 褚庆宜和赵祥云（2023）通过考察柞水县木耳产业的发展经验，从县域政府内部党政运作模式、项目治理模式出发，指出县级政府推动乡村产业转型升级实现产业振兴。③ 卢全有等（2023）以浙江省湖州市民宿产业发展为例，综合分析湖州市政府对乡村民宿产业发展的政策扶持，并提出开发特色项目、加大基础设施投入、跟进管理模式、挖掘品牌卖点与品牌宣传等发展策略。④ 王晓辉等（2023）以山东高青县养殖产业为例，从价值赋能、技术赋能、制度赋能和规则赋能四个方面综合分析赋能型政府推动乡村产业振兴的内在机制。⑤

① 刘承昊.乡村振兴：电商赋能与地方政府外部供给的困境与对策［J］.西北农林科技大学学报（社会科学版），2019，19（04）：122-130.

② 杨发祥，郭科.县域视角下乡村振兴的理论框架及行动方略［J］.西北农林科技大学学报（社会科学版），2022，22（05）：31-41.

③ 褚庆宜，赵祥云.县域统合：乡村产业转型升级中的政府行为逻辑——基于陕西省柞水县木耳产业发展经验的分析［J］.中国农村观察，2023（04）：30-48.

④ 卢全有，赵卫国，任永利，吴萍，沈曼曼，侯启瑞.透过桑基鱼塘的变迁看中国农业发展——以浙江省湖州市为例［J］.中南农业科技，2023，44（07）：192-194.

⑤ 王晓辉，庄杉，杨芳.赋能型政府与乡村产业振兴［J］.中国行政管理，2023，39（05）：141-145.

1.3.4 政府和市场的关系研究

"政府与市场关系"一直是国内外经济学领域研究的重点问题之一，正确处理政府与市场的关系，对资源配置和经济社会发展起着重要作用。

（1）西方经济学派关于政府和市场关系的研究

西方经济学者围绕"政府与市场关系"问题基本形成了两种针锋相对的观点：一是强调市场是资源优化配置的最优机制，而政府干预会侵蚀市场机制，削弱市场机制的作用（Friedman，2020）；[1] 二是认为市场机制并不是完全有效的，存在固有缺陷，社会经济有序生产仍需要政府发挥积极的调节作用（Mankiw，2016）。[2] 有研究指出，政府发挥的政策作用有利于市场经济的长期发展（COORAYA，2024）。[3]

随着经济学研究的推进和资本主义国家实践的发展，"政府和市场关系"的共识逐步达成，不再是非此即彼、简单的二级论，政府被不断赋予更多的经济职能。无论是以美国为代表的"自由市场经济模式"、以德国为代表的"社会市场经济模式"以及以日本为代表的"政府主导经济模式"，都肯定政府政策对本国经济发展发挥的重要推动作用，都充分发挥了政府和市场各自的优势。社会发展既要有发达的市场，也要有强大的政府（斯蒂格利茨，1998）。[4]

---

[1] Friedman M.Capitalism and Freedom［M］. Chicago：University of Chicago Press，2020.

[2] Mankiw N G.Macroeconomics［M］. New York：Worth Publishers，2016.

[3] COORAY A，NAM Y S. Public social spending，government effectiveness，and economic growth：an empirical investigation［J/OL］. Applied economics，2024：1-15.

[4] STIGLITZ J. Distinguished Lecture on Economics in Government：The Private Uses of Public Interests：Incentives and Institutions［J/OL］. The Journal of economic perspectives，1998，12（2）：3-22.

（2）国内学者关于有效市场和有为政府关系的论述

有为政府是新结构经济学的概念，这一概念的提出源于我国学者对政府与市场之间关系的讨论。林毅夫（2013）提出我国"有为政府"在经济结构调整中发挥关键的作用。[①]

随着经济全球化发展，学者们逐渐认识到要实现经济可持续发展，必须超越政府和市场对立的"两分法"（赵娜，2021）。[②] 按照新结构经济学的观点，我国经济发展成就的关键在于成功地融合了有效市场的力量与政府的积极引导作用。林毅夫（2017）指出我国经济增长必须依靠要素禀赋所决定的比较优势来实现，有为政府则应通过产业政策因势利导。[③] 张来明（2021）强调市场化不等于经济自由化，加强政府宏观调控，处理好市场与政府、市场与社会的关系，是改革取得成功的重要经验。[④] 石涛（2018）认为，从资源分配的视角，将市场与政府之间的交互关系划分为了四个渐变的类别：首先，是市场与政府力量相当的情况；其次，是市场主导而政府影响力较弱的阶段；再次，是政府主导而市场作用减弱的时期；最后，是两者都相对弱势的均衡状态。他强调政府和市场关系不存在所谓的"普世模式"。[⑤] 然而，赵娜（2021）指出，政府与市场之间的联系并非局限于单一的二元对立，如"大"与"小"、"强"与"弱"、"扩张"与"收缩"，而是复杂且相互交织的关系，并非非黑即白、

[①] 林毅夫 . 中国经验：经济发展和转型中有效市场与有为政府缺一不可 [J] . 行政管理改革，2017（10）：12-14.

[②] 赵娜 . 政府作用与市场作用结合的中国经验：比较、批判与超越 [J] . 经济学家，2021（05）：75-82.

[③] 林毅夫 . 中国经验：经济发展和转型中有效市场与有为政府缺一不可 [J] . 行政管理改革，2017（10）：12-14.

[④] 张来明 . 中等收入国家成长为高收入国家的基本做法与思考 [J] . 管理世界，2021，37（02）：1-11+262.

[⑤] 石涛 . 政府和市场关系类型、历史演变及启示 [J] . 上海经济研究，2018（12）：26-33.

相互排斥，而是有效市场和有为政府的结合。马秀贞（2021）根据市场完善程度的不同，将有效市场和有为政府的结合分为完善的市场（有效市场）+有为（有限）政府和不完善的市场+有为政府两种形式。① 裴广一（2021）提出"政府以有效市场为前提、有效市场以有为政府为基础"的辩证关系，促进了"有效市场与积极政府"的体制构建，不仅彰显了市场的角色，而且显示了政府的职能作用。② 王瑶和郭冠清（2023）指出与西方国家的"大市场+小政府"模式不同，中国特色的"有效市场+有为政府"模式建立在社会主义公有制和民主集中制的基础之上，强调市场与政府的统一性，并将有效市场和有为政府的关系概括为：有效市场以有为政府为前提，有为政府以有效市场为依归，强调市场与政府的统一性。③

（3）有效市场和有为政府的实现路径

新时期有效市场和有为政府之间已经不再是静态的耦合，而是在不断地发展中进行动态的平衡。沈坤荣和施宇（2022）从有效市场和有为政府的现实困境出发，提出深化改革、化解地方政府债务风险，矫正土地功能异化、推进环境治理等一系列措施。④ 王惠（2022）提出"党—政府—市场"三位一体机制是实现"有为政府+有效市场"的前提，并提出通过做强做优做大国有企业、改革市场准入制度、释放中小企业活力，将政府监管与市场优势有效结合的路径。按照刘建徽和黄熙

① 马秀贞. 有效市场和有为政府更好结合的形式与路径 [J]. 中共青岛市委党校青岛行政学院学报，2021（03）：26-31.

② 裴广一. 论有效市场与有为政府：理论演进、历史经验和实践内涵 [J]. 甘肃社会科学，2021（06）：213-221.

③ 王瑶，郭冠清. 中国特色的"有效市场+有为政府" [J]. 河北经贸大学学报，2023（12）：226-233.

④ 沈坤荣，施宇. 中国的"有效市场+有为政府"与经济增长质量 [J]. 宏观质量研究，2021（5）：1-15.

（2023）的观点，应当强调市场在资源配置中的核心地位，并且积极促进政府在市场经济中的宏观管理职能，以此来优化有效市场与积极政府的和谐融合。[①]

经济高质量发展离不开有效市场与有为政府的良性互动，部分学者对有效市场、有为政府和经济高质量发展的关系进行了验证。有效的政府调控和高效的市场机制共同促进了区域经济高质量发展，有效市场和有为政府有助于提升企业创新质量（葛翠翠，2023）[②]、促进产业结构升级（郑尚植等，2020[③]；王园园，王亚丽，2023[④]）、产业转型（张婷，2021[⑤]）、强化竞争策略、提升市场环境（叶光亮等，2021[⑥]）等，因此有为政府和有效市场成为经济发展的内在动力（李瑶等，2022[⑦]）。

1.3.5 研究评述

综上所述，学术界已从理论内涵和路径实现等角度对乡村产业振兴进行了多方面的研究，延伸了乡村产业振兴理论体系，丰富了各地的探索实践。然而现有的研究更多从资源要素、产业融合、城镇化等角度进

---

① 刘建徽，黄熙.有效市场与有为政府促进经济高质量发展：机理、挑战与路径 [J].当代金融研究，2023，6（07）：1-12.

② 葛翠翠.基于有为政府和有效市场互动的企业创新质量提升研究 [J].技术与市场，2023，30（09）：149-153.

③ 郑尚植，赵雪.高质量发展究竟靠谁来推动：有为政府还是有效市场？——基于面板门槛模型的实证检验 [J].当代经济管理，2020，42（5）：1-7.

④ 王园园，王亚丽.数字经济能否促进产业结构转型？——兼论有效市场和有为政府 [J].经济问题，2023（03）：35-44.

⑤ 张婷，林桂军."双循环"经济背景下市场一体化对产业转型的影响——兼论有为政府与有效市场的协同效应 [J].北京社会科学，2023（02）：73-87.

⑥ 叶光亮，程龙，张晖.竞争政策强化及产业政策转型影响市场效率的机理研究——兼论有效市场与有为政府 [J].中国工业经济，2022（01）：74-92.

⑦ 李瑶，李磊，刘俊霞.有为政府、有效市场与高质量发展——基于调节效应和门槛效应的经验研究 [J].山西财经大学学报，2022，44（02）：16-30.

行乡村产业振兴的研究，少量文献分析了政府在推动乡村产业振兴中的作用，但局限于案例描述，并未系统地落脚于县级政府对乡村产业振兴产生的效果进行机制分析和实证研究。乡村产业振兴中的动力要素及其内生动力机制，是理论界与实践层面讨论的热点问题，尤其是关于政府和市场关系的问题。目前，学界关于如何构建"有为政府与有效市场的联动机制"还存在较大争议。本书立足县域视角研究寿光特色产业发展，探索"蔬菜产业带动乡村振兴"的动态过程和"寿光模式形成的发展机制"，研究县域政府推动乡村产业振兴的机制与效应，为同类地区乡村产业振兴提供可推广、可复制的经验和样板。

1.4 研究的思路与方法

1.4.1 研究思路

本书以寿光市蔬菜产业化发展实践为研究对象，基于寿光市蔬菜产业化带动乡村产业振兴的伟大实践和典型经验，围绕县域乡村产业振兴动力机制的优化，分析"寿光模式"的形成过程、实践成效、典型特征以及在这个过程中政府与市场关系的演进，探讨构建"有为政府与有效市场的联动机制"，以期对国内同类县域推动乡村产业振兴具有启示和借鉴意义。

第1、2章为第一部分，主要为文献研究与理论基础。该部分提出研究背景，并简要阐述选择寿光市蔬菜产业化带动乡村产业振兴实践作为典型案例的原因。同时，基于文献分析梳理了国内外学者关于产业成长发展的约束条件、动力要素、发展路径的相关研究，对产业发展相关理论，以及有为政府和有效市场的相关理论等进行综述，为探讨乡村产业振兴的动力机制奠定理论分析的基础。

第 3、4 章为第二部分，主要研究寿光市乡村产业振兴的历程、内在逻辑和现状水平，重点分析了蔬菜产业化带动乡村产业振兴的动力要素及其作用。依据产业成长发展的一般规律，分析了寿光市蔬菜产业带动乡村产业发展的历程。建立了乡村产业振兴的指标评价体系，具体分析了寿光产业振兴成效，并以此将乡村产业发展划分为不同阶段，进而考察有为政府作用下各发展要素的演进升级和实践成效。同时，结合访谈主要从农业技术创新、产业结构演进、市场拓展升级、合作社组织化力量等四个方面展开案例分析。

第 5、6 章为第三部分，该部分归纳分析了寿光市乡村产业振兴的模式、形成机制、政府作用与动力机制。本部分基于蔬菜产业化带动乡村产业振兴的寿光实践的模式化特征，研究了"寿光模式"形成发展的动力要素，进而揭示了蔬菜产业化带动乡村产业振兴的动力机制。从"有为政府与有效市场联动机制"的角度分析政府如何推动乡村产业转型升级和机制优化。重点分析县级政府在乡村产业发展中怎样发挥"一线总指挥"的职责，尤其是分析如何通过促动技术创新、培育市场、组织引领、产业演进等带动乡村产业振兴的；同时，分析与乡村产业成长发展相伴随的政府和市场的关系又是怎样演变的，以及分析这种演变是如何推动乡村产业振兴及转型升级的。

第 7 章为第四部分，为基本结论与政策建议。该部分总结了寿光市乡村产业振兴中县级政府的角色，并从有为政府和有效市场的角度分析了县级政府和市场的联动关系，为国内同类县域提供了启示和政策建议。

研究思路	县域政府推动乡村产业振兴的机制研究				研究方法
核心概念 理论基础	农业产业化	→	经济型政府	→ 产业发展机制	文献研究
发展历程 发展评价	寿光产业发展 指标|评价 规模化—产业化—协调……		政府与市场互动关系	发展实践效应 动力|要素 技术、市场、组织……	实地调研 深度访谈 发展指数法
发展模式 形成机制	蔬菜产业化带动 三产协调发展		政府与市场关系演变	产业发展机制 五个结合	实地调研 归纳分析
转型升级 机制优化	蔬菜品牌化引领 三产融合发展		政府与市场关系优化	动力要素演化升级 内部、外部、环境动力	演绎分析
基本结论 政策建议	政府引导与市场主导相结合的联动机制及政策保障				总结归纳

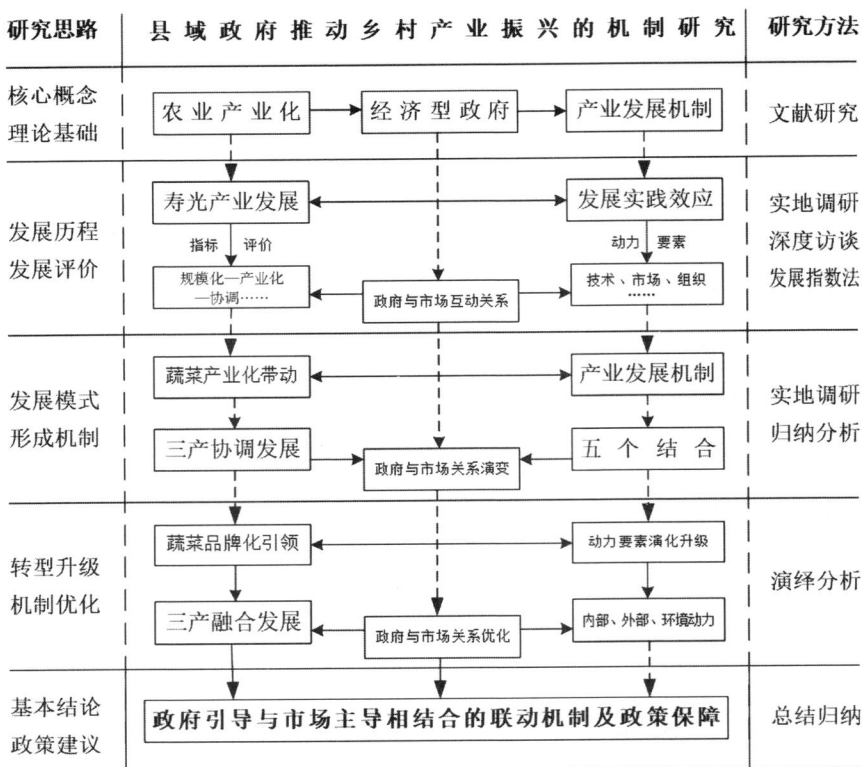

图 1-1 研究结构框架图

1.4.2 研究方法

（1）运用归纳分析与数理分析相结合的方法，以及马克思主义政治经济学和新结构经济学有为政府和有效市场等相关理论，结合县级政府培育市场、规范市场、发挥市场作用，进而与市场联动以及产业政策调整优化的实际，构建县级政府职能改革及政策调整关联对乡村产业振兴影响的分析模型。

（2）使用熵权法构建寿光市乡村产业振兴发展水平的评价体系，依据数据处理结果对寿光乡村产业发展的不同阶段进行分析。

（3）运用半结构化深度访谈、案例分析、政策文本分析等方法，基于对县级政府职能与市场的联动关系的分析，对乡村产业振兴情况进行实地调研。

表 1-1 访谈对象

访谈对象	编号
农业农村局副局长	NY-001
农业农村局工作人员	NY-002
新时代乡村振兴与区域经济发展研究院教授	YJ-001
蔬菜高科技示范园管理处负责人	SC-001
寿光蔬菜批发市场副总经理	PF-001
稻田镇镇长	ZZ-001
三元朱村村委会主任	CW-001
南木桥村村支书	CW-002
寿光农民	NM-001
寿光农民	NM-002

1.4.3 理论分析框架

本书从产业成长发展的一般规律入手，以寿光市蔬菜产业带动乡村产业振兴的典型实践为案例，研究蔬菜产业化带动乡村产业振兴的动力要素，分析蔬菜产业化带动乡村产业振兴的模式特征，揭示"寿光模式"形成发展过程中政府与市场关系的演变，探讨有为政府与有效市场结合联动的机制，以及"寿光模式"转型升级作用下，有为政府与有效市场联动机制的优化与政策建议（图1-2）。

（1）依据产业成长发展的一般路径，深入剖析寿光市蔬菜产业化的发展历程、阶段性特征和实践效应，探讨寿光市蔬菜产业化带动乡村产业振兴的动力要素及其优化组合发挥的重要作用，进而为揭示蔬菜产业化带动乡村产业振兴的"寿光模式"奠定实践基础。

（2）依据产业成长周期理论，深入剖析寿光市蔬菜产业化带动乡村产业振兴的"寿光模式"的内涵与特征，重点探讨"寿光模式"内涵的演变及其推动机制，尤其是这个过程中，政府与市场的关系发生了哪些演变，以及这种阶段性、递进式的演变对"寿光模式"的形成发展起到了什么样的作用，进而为揭示"有为政府与有效市场联动机制"奠定理论基础。

（3）依据产业成长发展动力理论，深入剖析寿光市蔬菜产业化带动乡村产业振兴的"寿光模式"面临的市场需求升级、同质化竞争激烈、新技术应用等动力要素的演化升级等挑战，提出蔬菜产业化向蔬菜品牌化转型升级的目标，进而提出"有为政府与有效市场联动机制"的演化升级的方向以及政策保障。

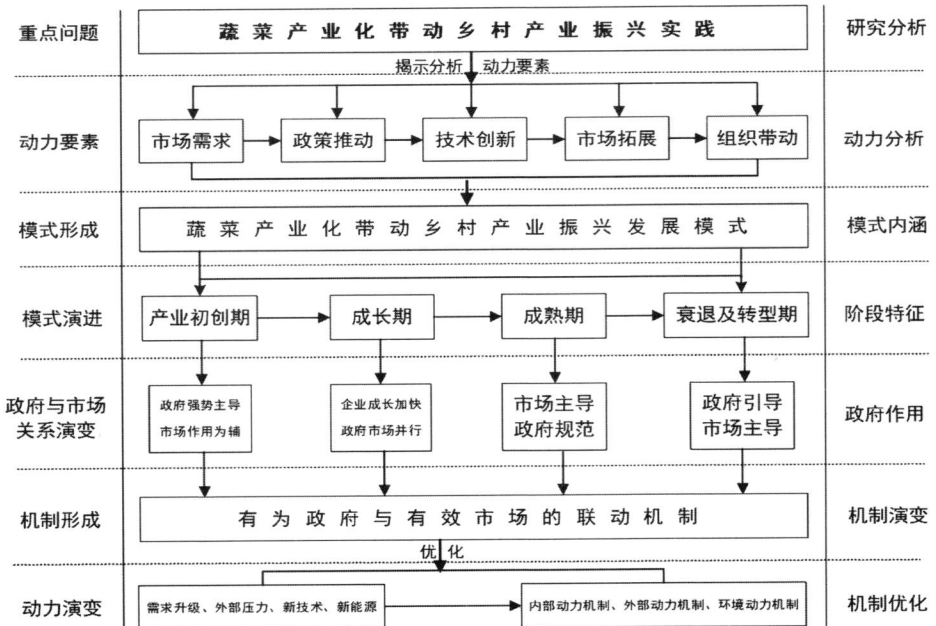

图1-2 理论分析框架图

1.5 可能的创新

（1）理论视角创新

乡村产业振兴是一个多因素、多层级互动的复杂过程。传统的研究可能侧重于政府单一的经济职能，如投资引导、财政补贴等。本研究从复杂性理论出发，多维度探索政府职能在乡村产业振兴中的作用，揭示乡村产业振兴中的非线性动态、阈值效应，提升对政策效应和系统可持续性的深入理解。

（2）乡村产业发展评价体系的创新

本研究根据寿光以蔬菜产业推动乡村产业振兴的特点，构建指标评价体系，采用熵值法对寿光不同年份的乡村产业振兴水平进行分值评价，对以特色经济作物为乡村产业振兴准手的县域政府有一定参考价值。

（3）乡村产业发展机制创新

本研究基于寿光市蔬菜产业化带动乡村产业振兴的实践，重点探讨了政府与市场关系的动态调整与优化，提出了"有为政府与有效市场联动机制"是乡村产业振兴的必然选择。乡村产业起步阶段，"基层政府强势主导"；乡村产业初具规模阶段，"基层政府与企业组织互动"；乡村产业成熟阶段，"企业组织主导"。这个过程，是政府与市场的关系不断调整与优化的结果，即"有为政府与有效市场联动机制"作用的结果，是一种内生动力，推动乡村产业转型升级。

第 2 章　基本概念与理论基础

本章在对核心概念进行界定的基础上，对国内外学者关于产业成长发展的一般规律、约束条件、动力要素、发展路径等基本理论进行概要梳理，旨在探讨产业发展的不同阶段的政府与市场关系的演变，以及为乡村产业振兴动力机制的演化升级奠定理论基础。本研究沿着"蔬菜规模化—农业产业化—乡村产业振兴—政府扶持推动—市场需求拉动—政府与市场联动"的思路，提出因地制宜发展特色农业是乡村产业振兴的根本路径。从乡村产业振兴实际出发，指出政府推动与市场拉动相结合是乡村产业振兴的根本保障。

2.1 基本概念

2.1.1 县域经济发展

县域是乡村产业振兴和城乡融合发展的空间载体，是链接城市和乡村的纽带。20世纪90年代以来，学术界对县域经济发展内涵的研究日益丰富，根据完世伟和汤凯（2020）的观点，县域经济在经济地理结构中占据着核心地位。

县域经济是县域内经济关系和经济活动的总称（王婧，李裕瑞，2016），[①]曹丽哲及其研究团队在 2021 年的分析中，全面地考察了县域经济的活力状态，他们主要依据六个关键领域进行评估，包括农业发展、工业增长、服务业（第三产业）的发展等。[②]吴业苗（2023）认为县域经济是以县城、乡镇和村为载体的区域经济发展形态，县域经济发展需要在县域城镇和县域乡村协同发展基础上推进。[③]按照姚利好及其研究团队的观点，县域经济构成一个多元化的区域经济体系，其核心特征是以县城为中心，是实现农业农村现代化和城乡融合发展的有机载体。[④]

县域经济发展是解决"三农"问题的全新突破口，斯丽娟和曹昊煜（2022）从历史观的角度出发，指出县域经济发展与乡村振兴都是以实现农业现代化和共同富裕为目标，两者相辅相成。[⑤]农业产业是县域经济的重要构成部分，县域经济发展是农业产业振兴的最终结果，同时，县域经济的高质量发展又为乡村振兴的顺利实施提供了基本保障。

2.1.2 政府经济管理

政府经济管理是指政府对社会经济活动进行管理的活动。Musgrave 在 1959 年补充了公共财政理论，分析了政府在资源分配方面的角色，他

① 王婧，李裕瑞.中国县域城镇化发展格局及其影响因素——基于 2000 和 2010 年全国人口普查分县数据［J］.地理学报，2016，71（04）：621-636.

② 曹丽哲，潘玮，公丕萍，常贵蒋，李裕瑞.中国县域经济发展活力的区域格局［J］.经济地理，2021，41（04）：30-37.

③ 吴业苗.县域经济发展：双重驱动与"三农"底色——兼论"县域经济发展有限"［J］.兰州学刊，2023（07）：134-143.

④ 姚利好，易法敏，孙煜程.农村电商、数字普惠金融协同促进县域经济增长［J］.财经问题研究，2022（11）：67-76.

⑤ 斯丽娟，曹昊煜.县域经济循环体系与数字经济发展［J］.内蒙古社会科学，2022，43（06）：114-122+2.

认为政府可以利用税收、公共支出和债务管理来实现经济和社会目标。[①]政府经济管理职能体现在社会、市场、政府的分工方面，政府要积极成为发展环境的构建者、区域经济提升的保障者和市场发展的参与者（刘红霞，2022）。[②]黄琳和管政豪（2017）指出经济管理是政府职能中的核心内容之一，体现在为所在行政区内的经济发展提供必要的基础设施和资金支持，同时根据具体经济发展情况来合理调整地区生产结构。[③]张冉（2018）将政府经济管理综合概括为政府在一定社会与历史时期，为实现国民经济全面、协调、可持续发展而协调市场与政府、市场与资源环境、市场与社会关系时所承担的社会与经济职责。[④]

在乡村产业振兴中，政府应及时转变职能，逐步减少在产业发展中的直接推动力量，坚持市场在产业发展中的主导地位，发挥政府的引导服务功能，从而培育出适应市场变化和人民需求的乡村产业（刘明月，汪三贵，2020）。[⑤]韩旭东等（2023）认为政府应该积极发挥主导作用，兼顾市场力量作用和农民自身主体性，在乡村产业振兴中构建"政府有为＋市场有效＋农民主体"三位一体的发展机制。[⑥]

[①]MUSGRAVE R A. The theory of public finance：a study in public economy［M］. New York：McGraw-Hill, 1959.

[②]刘红霞.基层政府经济管理职能优化路径探析［J］.中国产经，2022（20）：141-143.

[③]黄琳，管政豪.中国城镇化背景下政府经济管理职能转变与创新研究［J］.改革与战略，2017，33（08）：53-56.

[④]张冉.政府经济管理职能转变出路的理性思考［J］.重庆社会科学，2018（09）：17-24.

[⑤]刘明月，汪三贵.产业扶贫与产业兴旺的有机衔接：逻辑关系、面临困境及实现路径［J］.西北师大学报（社会科学版），2020，57（04）：137-144.

[⑥]韩旭东，李德阳，郑风田.政府、市场、农民"三位一体"乡村振兴机制探究——基于浙江省安吉县鲁家村的案例剖析［J］.西北农林科技大学学报（社会科学版），2023，23（03）：52-61.

2.1.3 县域治理

早在 1995 年全球治理委员会就发表了名为《我们的全球伙伴关系》的研究报告，明确阐述了治理的概念，指出它是一个融合了私人与公共元素的体系，实质上是个人或组织机构处理公共事务的一种管理模式。

在研究县域行政方面的相关问题时，我们首先要明确县域治理的相关概念，关于县域治理的定义，我国学术界的研究已较为成熟，但仍缺乏统一且广泛认同的定义。在 2013 年，贾永志强调，有效管理县域的关键在于明确县级行政区划在国家行政体系中的地位，利用资源分配和政府行政权威，以优化对区域内社会事务的管理等。① 在 2014 年的论文《县域经济与社会土地改革论》中，邹力行阐述了国家如何在县级行政区域内构建全面的政治体制、管理和运作体系。两者都强调了固定的行政区域划分，并将关注的重点放在国家权力所赋予的地方政府行使公权力的过程。地方政府的主要职责是运用公权力对县域领域内的资源进行调配并治理，他认为政府治理的过程为县域治理。② 尹方平认为县域治理的概念主体应该是多元的，不仅应该聚焦在政府组织中，非政府组织在其中也发挥了重要的作用，县域范围的治理是复杂的社会组织相互作用的结果。他明确指出，县域治理实质上是一个多层次的社会组织网络，是一种在县级政府的权限范围内，这些组织协同合作，负责统筹和管理公共及公益事务的治理模式。杨峰等学者提出行政区划内的公民也是县域治理中重要的参与者，县域治理的主体应该聚焦在公民，他们强调，县级治理的起点在于确立公民的主体角色，接下来着重改革政府职能，以

---

① 贾永志，游洋 . 江苏省实施水资源论证制度的实践与思考［J］. 中国水利，2013（03）：25-27.

② 邹力行 . 县域经济与社会土地改革论［M］. 北京：中国金融出版社，2014：24.

推动公民社会的发展。这样做的目标是构建一种治理模式，即在官民双方通过"协商"共同参与公共事务决策的过程中，实现县域内公共利益的最大化。此定义明确指出县域治理的对象不应该仅仅为政府，也应向外扩展到公民主体，并对县域治理的目标、机制等作出明确说明，是一个相对准确的说法。

笔者认为，在对县域政府治理给出定义时应该注意多方面的内容。第一，县域治理是多层次治理体系，我国国家治理现代体系强调多层次、协同合作的治理结构，包括中央、地方、县级政府之间的协同配合和合作，因此，在界定县域治理时，需要将其置于国家治理体系的框架下，考虑县级政府在整个治理体系中的地位和角色。第二，要强调治理过程中的系统性和综合性，在界定县域治理时，应考虑政府组织、制度规范、资源配置、公共服务、社会参与等多个方面的要素，全面把握县域治理的内涵和外延。第三，县域政府治理是多元主体参与的过程，既包括政府组织，也包括非政府组织、社会团体、企业和公民等。在界定县域治理时，要充分考虑不同主体之间的互动关系和合作机制，明确各主体的角色和责任。第四，应重视县级政府在制度建设和社会发展方面的作用。第五，在界定县域治理时，应关注公众参与的机制和渠道，倡导民主决策的原则，促进政府与公众之间的互动和合作。总之，在界定县域治理时，应综合运用治理理论基本内涵和我国国家治理现代体系、治理能力现代化的语境，注重多层次治理体系、系统性和综合性、多元主体参与、制度建设和创新、公众参与和民主决策等方面的要素。

综上所述，本书将县域政府治理定义为：以县级地域空间为基本空间单位展开的，政府组织通过行政权力的行使、资源调配和服务提供等手段主导，协同社会组织、市场及公民对公共事务的统一管理，为实现县域善治和民众福祉的最大化的一种公共管理活动。

2.2 理论基础

理论基础是分析和解决问题的关键。在研究县级政府如何推动乡村产业振兴的机制中，深入理解相关理论对于揭示和解释现象、问题和政策的效应至关重要。本书以寿光市蔬菜产业化发展实践为研究对象，将重点关注农业产业化理论、市场失灵矫正与有效市场、政府干预与有为政府、经济型政府、乡村产业振兴动力机制等理论。通过对这些理论的深入分析，帮助读者更好地理解政府如何有效地推动乡村产业振兴，从而建立起科学系统的分析框架，为乡村产业振兴策略的制定和实施提供科学的理论支持和实践指导。特别地，乡村产业振兴有赖于政府与市场的良性互动，应推动实现资源的最优配置，确保乡村产业在自由竞争中的公正性和持续性发展。因此，本书将农业产业化理论、政府干预与有为政府、乡村产业振兴动力机制作为支撑研究的三大核心理论。其中，农业产业化理论直接关联到如何通过改进经营模式、促进技术进步和实现产业集聚来提升乡村产业的竞争力和可持续发展；政府干预与有为政府则是推动乡村产业振兴的关键，有效的政府行为对于矫正市场失灵、提供必要的公共服务、优化资源配置和市场监管至关重要，并能够为制定更加精准和高效的政策提供依据；乡村产业振兴动力机制涉及资本的引入、创新的激励，以及产业生态的构建等多方面因素，有助于在构建持久动力系统中，提供具有针对性的策略和措施，从而推动乡村产业的全面振兴和可持续发展。

2.2.1 农业产业化理论

1957 年，戴维斯和戈德伯格定义了一种经营形式，在农业行业中，一种将农业生产、产品供应和销售紧密融合并一体化管理的经营模式，被专门称为"农业综合企业"。该企业形式涵盖了产、供、销三个方面的有机结合。随着理论的发展，涌现了农工综合体、农业一体化、农工商一体化等相关概念，为农业发展提供了新的思路和范式。在 20 世纪 70 年代，日本成功实现了农业的现代化，这一成就包括了生产工具的机械化、生产技术的科学化以及生产组织的社会化。这一时期的农业现代化进程得以促进，不仅因为农业综合企业的发展，也得益于相关理论的演进。这一成功经验为其他国家提供了可供借鉴的经验，为农业现代化提供了实质性的经验教训。

我国的"农业产业化"概念，源自 1992 年山东省潍坊市对诸城市贸工农一体化和寿光市蔬菜产业发展经验的总结。该概念提倡通过确立主导产业、实施区域布局、依靠龙头带动等战略，推动农业产业化思想在全国范围内的传播。1995 年，《人民日报》发表了题为《论农业产业化》的文章，进一步促进了农业产业化思想的推广。在李小健（2002）的观点中，农业产业化被视作一种独特的经济理念，它显著区别于那种自给自足的自然经济体系，以及那种将农业生产、后续加工严格区隔开来的传统计划经济模式。[①] 大多数学者一致认为，农业产业化的核心理念是以经济效益为中心，以市场为导向，旨在实现产供销、贸工农、农工商、农科教等多方面一体化经营体系。学者们普遍认为，该概念的核心在于以经济效益为中心，以市场为导向，构建多方面一体化经营体系。（马骥，2008[②]；李雪静，2022[③]）。

---

① 李小健. 农业产业化内涵与机制探讨［J］. 西北农林科技大学学报（社会科学版），2002（03）：54-56.
② 马骥. 农业产业化问题初探［J］. 辽宁经济，2008（01）：35..
③ 李雪静. 对我国农业产业化经营发展的观察和分析［J］. 新农业，2022（23）：79-80.

（1）农业产业化经营模式

Davis and Goldberg（1957）定义了农业企业的概念，认为其是包含农业生产、供应和营销等方面的一种运营模式。[①] 随着农业产业化发展，"农户＋公司"的经营模式率先在美国的养鸡业中运用（王浩，1999）。[②] Schultz（1987）强调农业产业化组织对改造传统农业具有重要作用，通过引入现代农业生产要素推动传统农业转变，提高农业生产效益。千叶典和立川雅司（1996）基于日本耕地少、农业资源分散的现实情况，将农业产业化发展迈向集团化、全球化的视角。

国内传统的农业产业化经营模式主要有"公司＋农户"模式、"市场＋农户"模式和"中介组织（合作社）＋农户"模式等，经营的特点是由各经营主体组合形成的农产品产供销经营形式。随着农业经济的迅速发展，新型农业产业化经营模式不断出现，主要有以下四种模式：龙头企业带动型、中介组织联通型、农民专业合作社合作一体型和农业产业化联合体。Downing（2005）通过案例证明成立农村合作社对于乡村产业的发展具有促进作用。[③] 孟秋菊和徐晓宗（2021）指出农业龙头企业可以打破小农户的局限，他们以四川省达州市为例，分析了农业龙头企业带动小农户发展现代农业的优势。[④] 刘岩和任大鹏（2022）基于共生理论的视角，系统分析了农业产业化联合体，认为小农户与现代农业发

① RUST I W. A Concept of Agribusiness, John H. Davis and Ray A. Goldberg. Boston: Division of Research, Graduate School of Business Administration, Harvard University, 1957. pp. xiv, 136. $6.00［Z/OL］//American Journal of Agricultural Economics：卷39. Oxford University Press, 1957：1042-1045.

② 王浩 . 美国农业产业化模式的借鉴［J］. 经济纵横, 1999（03）：54-56.

③ Downing M, Volk T, Schmidt D. Development of new generation cooperatives in agriculture for renewable energy research, development, and demonstration projects［J］. Biomass and Bioenergy, 2005, 175（28）：425-434.

④ 孟秋菊, 徐晓宗 . 农业龙头企业带动小农户衔接现代农业发展研究——四川省达州市例证［J］. 农村经济, 2021（02）：125-136.

展（龙头企业、农民合作社、家庭农场）围绕产业融合与利益链接有机衔接形成资源互补的联合体共生系统。[1]

（2）农业产业集聚理论

随着农业经济的发展，农业产业集聚理论不断发展。实现农业现代化的一个重要支撑就是构建现代农业产业体系，农业产业集聚是农业产业化经营的重要组成部分。多项研究表明，产业集聚的发生受到多种因素的综合影响，其中包括产业专业化、资源投入以及规模经济效应（李二玲，2020）。[2] 在对乳制品（张宏升，赵云平，2007）、蔬菜（黄海平，2010）以及苹果（孟子恒，2022）等农业领域进行的深入探究中，学者们一致发现，农业聚集对增强集中区域的农业竞争优势产生了积极影响。[3][4][5] 在农业产业集聚影响方面，乔晗等（2023）通过对要素集聚、农业技术进步和产业融合三个方面的深入探讨，揭示了农业产业集聚对县域经济增长的具体驱动机制，研究的关注点涵盖了要素集聚，即在一定地域范围内农业产业相关要素的集中聚合。农业技术进步，指农业生产中先进技术的引入和应用。产业融合，即不同产业之间、农业与其他领域之间的融合与协同发展。[6] 刘博敏等（2023）研究发现农业产业集聚

① 刘岩，任大鹏. 农业产业化联合体：产业经济组织共生系统的生成与模式探究 [J]. 农村经济，2022（08）：117-124.
② 李二玲. 中国农业产业集群演化过程及创新发展机制——以"寿光模式"蔬菜产业集群为例 [J]. 地理科学，2020，40（04）：617-627.
③ 张宏升，赵云平. 农业产业集聚对提升竞争力的效应探析——基于呼和浩特市奶业产业集聚的分析 [J]. 调研世界，2007（07）：18-20.
④ 黄海平. 基于区域竞争力的新疆特色农业产业集群发展研究 [D]. 石河子大学博士学位论文，2010.05.
⑤ 孟子恒，朱海燕，刘学忠. 农业产业集聚对农业经济增长的影响研究——基于苹果产业的实证分析 [J]. 中国农业资源与区划，2022，43（02）：231-239.
⑥ 乔晗，刘奥龙，邱珂欣. 农业产业集聚与县域经济增长——来自河南现代农业产业园设立准自然实验的证据 [J]. 商业经济与管理，2023（11）：87-100.

和特色农业产业发展推动了乡村振兴的发展。[①]

（3）农业技术进步和技术溢出

农业技术进步是破解农业资源和环境约束的关键，是实现农业产业化和乡村产业振兴的重要途径（何艳秋等，2021）。[②]王镜淳和穆月英（2022）认为农业技术通过扩散的"学习效应"和"涓滴效应"不仅可以增加农户收入、促进本地产业振兴，还能带动邻近地区农业生产水平的提升。[③]技术溢出的具体内涵为在一个地区创造性出现的新型的技术手段、知识等通过各种渠道扩散到其他区域的一个过程。肖小勇和李秋萍（2014）认为农产品生产具有很强的生物学特征，农业技术的应用受到地区气候、地形和土壤类型等自然因素的影响，因此，农产品越相似的地区，技术交流和农业技术溢出越容易。[④]

2.2.2 市场失灵与有效市场

在经济学的视角下，市场失灵（David W. Pearce，1981）指的是私有市场体系无法充分地将某些产品提升至理想效能的状态。在这种情况下，市场机制无法达成资源分配的"帕累托最优"状态。此外，市场还可能存在宏观层面的失效，主要源于市场机制自身的自发性、盲目性和反应滞后性，这导致实现充分就业和经济持续稳定的增长面临挑战。

张跃华等（2016）认为，市场失灵的前提是市场有需求而市场无法

① 刘博敏，戴嵘，杜建军. 农业产业集聚对乡村振兴的影响［J］. 统计与决策，2023，39（01）：92-96.

② 何艳秋，陈柔，朱思宇，夏顺洁，王芳. 策略互动和技术溢出视角下的农业碳减排区域关联［J］. 中国人口·资源与环境，2021，31（06）：102-112.

③ 王镜淳，穆月英. 空间溢出视角下农业技术进步对城乡收入差距的影响研究——以河南省县域为例［J］. 农业现代化研究，2022，43（06）：1017-1028.

④ 肖小勇，李秋萍. 中国农业技术空间溢出效应：1986-2010［J］. 科学学研究，2014，32（06）：873-881+889.

有效率地分配商品和劳务。① 张新宁（2021）指出市场信息不完善、垄断等导致市场调节存在盲目性、自发性和滞后性等缺陷以及市场机制在经济结构调整、生态保护、社会公正等方面的缺失都会造成市场失灵。② 周俊吉和任兰青（2023）将市场失灵总结为市场自发调节不能实现资源的有效配置，主要表现为财富分配不公、公共产品供给不足和资源过度使用的问题。③

有效市场指尊重市场规律，价格能够及时反映市场信息，能够实现效率最大化和资源最优配置（郑尚植，赵雪，2020④；沈坤荣，施宇，2021⑤）。按照林毅夫（2017）的观点，一个运作良好的市场能够促使企业依据自身所拥有的资源条件，做出最为优化的决策，从而提升国家的整体竞争力。⑥ 市场经济本质上是一种经济体系，其核心在于市场机制调控资源分配（陈云贤，2019），并依赖于几个关键要素：充分的市场竞争以确保效率，合理的法律监管以维护秩序，以及一个完善而健全的社会信用体系。⑦ 要构建一个有效的市场，关键要素包括：具备独立思考和创新精神的活跃市场参与者，一个功能完善的宏观经济管理体系（马

---

① 张跃华，庹国柱，符厚胜.市场失灵、政府干预与政策性农业保险理论—分歧与讨论［J］.保险研究，2016（07）：3-10.

② 张新宁.有效市场和有为政府有机结合——破解"市场失灵"的中国方案［J］.上海经济研究，2021（01）：5-17.

③ 周俊吉，任兰青.市场失灵在新兴产业中的表现——以数据标注行业为例［J］.产业创新研究，2023（23）：63-65.

④ 郑尚植，赵雪.高质量发展究竟靠谁来推动：有为政府还是有效市场？——基于面板门槛模型的实证检验［J］.当代经济管理，2020，42（5）：1-7.

⑤ 沈坤荣，施宇.中国的"有效市场＋有为政府"与经济增长质量［J］.宏观质量研究，2021（5）：1-15.

⑥ 林毅夫.中国经验：经济发展和转型中有效市场与有为政府缺一不可［J］.行政管理改革，2017（10）：12-14.

⑦ 陈云贤.中国特色社会主义市场经济：有为政府＋有效市场［J］.经济研究，2019（1）：4-19.

秀贞，2021 ）。[①]

2.2.3 政府干预与有为政府

（1）政府干预理论

西方经济学中的政府干预，指一国政府对本国经济进行干预和调节的手段和工具。政府干预理论是西方经济学中界定政府与市场关系的重要理论，基于不同时代背景形成了若干理论和流派。一是重商主义主张国家干预经济，认为国家干预有助于就业、促进出口和控制进口。二是古典经济学派认为资源通过市场机制调节实现最优配置，无需国家干预。萨伊主张供给产生需求，亚当·斯密则认为政府干预应侧重公共产品。三是凯恩斯主义认为供求不能自动达到平衡，需要政府对经济进行宏观干预，凯恩斯的《就业、利息和货币通论》为政府干预经济提供了理论依据。四是 20 世纪 70 年代滞胀危机后，货币主义学派强调货币供应量对经济的决定作用，而政府干预则会通过货币政策扰乱货币供应量，不利于产出和国民收入。五是按照新自由主义经济学理论，经济增长与生产要素如劳动力和资本的有效供给密切相关。因而无需政府干预。六是现代主流经济学认为市场机制能最有效率地配置经济资源，但经济需要政府干预以弥补市场失灵，保证市场经济得以正常运行和均衡发展。

随着经济的发展，当今政府干预在目的、手段、措施、领域、内容和频率等方面都呈现新发展。另外，政府干预既具有积极作用，也存在

---

① 马秀贞 . 有效市场和有为政府更好结合的形式与路径 [J]. 中共青岛市委党校青岛行政学院学报，2021（03）：26-31.

对经济、国家以及国际事务具有破坏性的消极作用（肖建辉，2022）。[①]

（2）有为政府

有为政府顾名思义，即政府有所为有所不为，目前关于有为政府的定义，学术界尚未达成统一观点。有为政府包括中央政府和地方政府（沈坤荣，施宇，2021），新结构经济学主张，在经济发展的不同阶段，政府应当灵活地针对各地、各时点以及结构性的差异，有策略地促进、监督、维护和补充市场机制，纠正市场失效的问题。陈云贤在2019年的研究中明确了有为政府的三大核心理念，即顺应市场规律、遵守市场规则、维系经济秩序，同时致力于保持经济增长的稳定性。而沈坤荣与徐礼伯在2022年的文章中，特别突出了有为政府应具备"强力"特质，他们强调政府在经济发展中的积极干预和主导作用，体现在尊重市场规律，确保市场在资源配置中发挥决定性作用。[②]有为政府也是"有限"政府，即政府限定自己的政策边界，定准位、做到位、不越位、不错位。陈梓睿（2023）从新时期现代化发展角度指出，我国有为政府的作用主要体现在推进治理体系和治理能力现代化、构建宏观调控体系、应对各种风险挑战和搭建对外开放平台，其中推进治理体系和治理能力现代化是前提。[③]

2.2.4 经济型政府

经济型政府主要探讨地方政府在经济管理和发展中的角色、职能

---

① 肖建辉.基于政府干预理论的中国供应链稳定性研究［J］.当代经济管理，2022，44（05）：27-36.

② 沈坤荣，徐礼伯.全国统一大市场建设中的有为政府及其与市场关系优化［J］.经济问题，2023（01）：1-7.

③ 陈梓睿.有力党政、有为政府、有效市场与有序社会：中国式现代化的创新与超越［J］.求索，2023（06）：175-182.

与行为模式，以及如何通过有效的政策和管理手段促进地区经济的增长和社会福利的提升。这一理论认为，尽管市场机制在资源配置和经济发展中发挥主要作用，但地方政府的干预和政策制定在很多情况下是必要的，特别是在市场失灵的情境下。政府在市场失灵中既要担负起公共产品的供给责任，保证基本公共利益的实现，又要健全市场经济的运行机制，为经济的正常运转提供有利的制度保障。地方政府的经济职能可以概括为以下几个方面：

（一）提供公共服务职能。政府的公共服务功能，是指为公众提供具有直接利益的公共物品或公共服务的职责与功能，克服由公共物品引起的市场失灵就必须从根本上解决公共物品的供给问题，政府提供的公共服务种类很多，可分为四大类：提供基本公共服务，如水、电、路等；开展政策咨询和科技创新等方面的公共经济服务；为军队和消防提供治安保障，并提供教育和医疗保健等社会公共服务。

（二）资源合理配置职能。在分配资源过程中，存在着盲目性、自发性、滞后性等问题，无法将有限的社会资源进行优化分配，从而导致了资源的浪费，因此在市场结构不平衡的情况下，政府应该对资源进行有效配置以实现社会资源的有效使用，提升经济效益。

（三）市场监管职能。市场监督是国家对市场主体及其市场经济行为进行监督、规制和监管的一种制度安排。政府应加强对市场主体的登记，使市场经济秩序得到有效控制，杜绝各种非法交易的发生，同时作为监管主体的国家，也要对假冒伪劣产品的生产与销售进行严厉的打击，建立开放、统一、有序的市场交易方式与监管体制。

2.2.5 乡村产业振兴动力机制

所谓产业形成与发展的机制是指产业从萌芽到成长再到市场地位的

确立、巩固和持续的方式和过程（向吉英，2005）[①]。产业是通过区位条件（产业萌芽），市场需求拉动（产业成长导向）、市场投资推动（产业成长直接动力）、技术（产品）创新支持（产业成长支持手段）、政策扶持（产业成长的宏观环境）得到成长演化的。正是这种动力机制为产业成长提供了协同作用的综合驱动力，具体如图 2-1 所示。

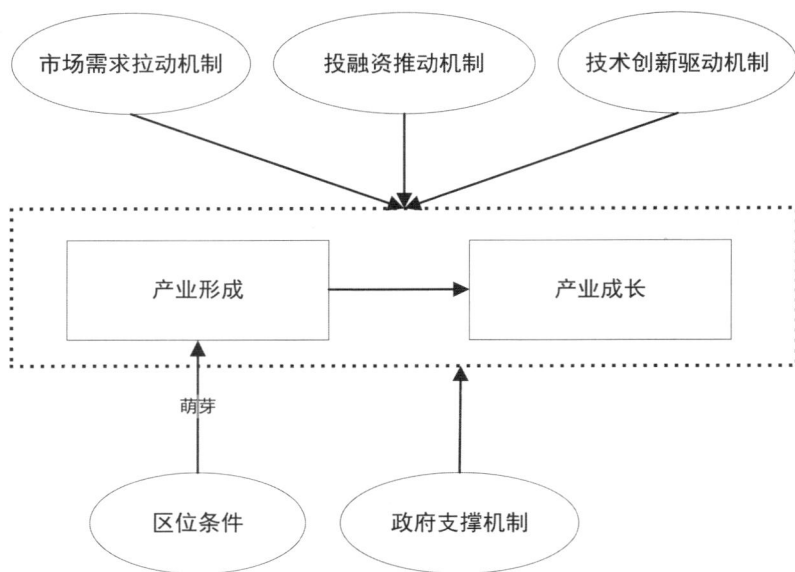

图 2-1 产业成长机制

（1）区位比较优势

产业形成往往受到地理位置、基础设施和文化环境等方面的影响，地理位置的优势能够提供便利的交通和物流条件，促进生产活动。良好的基础设施条件也是企业选择落户地的重要考量因素，特殊的文化环境可能为创新提供动力，促进产业集群的形成，产业传统的积淀也有助于吸引相关产业在特定地区发展，从而推动产业集群的形成和发展。

---

① 向吉英 . 产业成长的动力机制与产业成长模式 [J] . 学术论坛，2005（07）：49-53.

（2）市场需求拉动

市场需求是产业发展的动力源泉之一，满足需求的生产和服务构成产业。需求的多样性和规模性决定了产业的多样性和规模，市场需求的变化和演变影响着产业链的布局和结构，推动产业的升级和转型，厂商为了满足市场需求会加大产业的开发力度，从而促进产业的进一步成长（向吉英，2005；龙少波，丁点尔，2022）[1]。

（3）投融资机制创新

投资是产业成长的重要驱动力之一。投资推动技术创新、提升生产能力和拓展市场规模，通过吸引投资和提供融资支持可以促进产业的技术升级、产能扩张和市场拓展，投资不足或过度都会对产业成长造成不利影响，因此需要适度的投资。

（4）技术创新能力

技术创新是产业发展的重要动力之一。通过投资研发活动，开发新技术、新产品和新服务，可以推动产业向前发展，技术创新不仅满足市场需求，而且是产业升级和跃迁的基础，产业成长的速度取决于技术创新的速度，技术创新支撑着产业的持续发展。

（5）政府推动支撑

政府通过制定政策、提供资金支持、建立产业标准等手段来引导和促进产业的发展，政府的作用是解决产业发展中的市场和系统失灵问题，提高产业发展的效率，政府还通过鼓励投资和制定行业标准等措施支持产业的发展。政府的作用首先是处理市场和系统所不能解决的问题，避免它们依靠自身的力量而造成过多的时间和能量损失，以弥补市

---

[1] 龙少波，丁点尔. 消费升级对产业升级的影响研究：理论机制及实证检验［J］. 现代经济探讨，2022（10）：25-38.

场和系统的不足，并提高产业发展的效率（刘恒江，陈继祥，2005）①。其次是鼓励投资。投资主要指对外直接投资和对内直接投资（刘恒江，陈继祥，2005）②。这些机制共同作用，推动着产业的发展和壮大。不同国家和地区的产业发展机制可能存在差异，但这些基本的机制通常都对产业的成长与发展起着重要的作用。

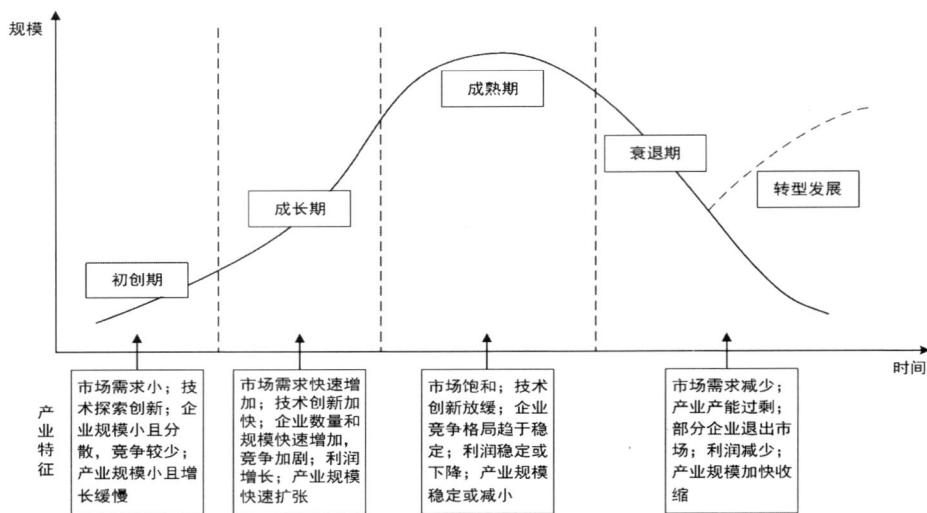

图2-2　产业成长发展的一般路径

本章小结

产业成长发展一般要经历初期成长、发展壮大、成熟稳定和衰退转型四个阶段，这个过程的实质是资源配置及其不断优化的过程，而资源

① 刘恒江，陈继祥.基于动力机制的我国产业集群发展研究［J］.经济地理，2005（05）：607-611.

② 刘恒江，陈继祥.要素、动力机制与竞争优势：产业集群的发展逻辑［J］.中国软科学，2005（02）：125-130.

配置及其优化又离不开政府与市场的作用。产业成长发展的不同阶段，政府与市场的关系是不同的，整体表现为"有为政府"与"有效市场"的联动作用，并随着产业成长发展，二者联动作用的表现形式会发生转化，即政府的作用会依次表现为"强势主导—与市场协同—政府引导"的变化，而市场的作用则会依次表现为"市场辅助—与政府协同—市场主导"的变化，进而"有为政府"与"有效市场"的联动机制亦会发生递进式演化。

第3章　寿光市乡村产业振兴历程及现状评价

　　本章主要运用农业产业化和政府经济学的基本理论，结合产业发展动力机制，对寿光市蔬菜产业化带动乡村产业振兴过程展开分析，探讨乡村产业振兴的阶段性特征、内在逻辑、政府与市场关系的递进式演变；同时，对乡村产业发展水平进行描述性分析和评价，旨在为探讨寿光市乡村产业振兴动力机制及其优化提供实践支撑。

　　寿光地处山东半岛的心脏地带，紧靠渤海莱州湾的西南沿岸，这个地区承载了我国古代农学巨著《齐民要术》的诞生地——贾思勰故乡的荣耀。自改革开放以来，寿光市凭借独特的地理位置、无限的市场潜力、创新的技术力量和政策扶持，融合其深厚的蔬菜种植历史和人文特色，逐步转型为一个以蔬菜产业为核心的都市。这个产业的繁荣涵盖了广泛的领域，如种子繁育、食品加工、生物制药、技术研发、产品推广、物流运输、农业金融服务，甚至包括乡村观光旅游。自1989年以来，寿光市实现了农业与非农业部门的均衡发展，这一策略有力地推动了该地区的GDP、财政收益、居民收入及消费水平等关键经济指标在过去的30年间的稳步提升（表3-1）。

表3-1　改革开放以来寿光市主要经济指标及变化

年　份		1978	1988	1998	2008	2018	2022
地区生产总值	总量（亿元）	4.2	13.4	98.1	400.6	902.7	1002
财政总收入	总量（亿元）	0.81	1.2	5.25	40.5	166.5	177.1
城镇居民人均可支配收入	总量（元）	536	1800	7102	16016	40464	51049
农村居民人均可支配收入	总量（元）	74	726	3650	7654	20627	28293
农村居民生活消费支出	总量（元）	329	527	2356	5766	15738	18391

数据来源:《寿光统计年鉴》《寿光年鉴》《寿光市国民经济与社会发展统计发展公报》。[①]

在 2022 年，寿光市实现了显著的经济发展成就，其地区生产总值飙升至 1002 亿元人民币，一般公共预算收入也达到了 983 亿元。当地居民的人均可支配收入达到了 29780 元，这个数字比山东省的平均值高出 2850 元。城镇居民的可支配收入更是高达 51049 元，而农村居民也有28293 元，城乡收入差距有所缩小。寿光市的发展模式，以蔬菜产业为核心，成功实现了"农业驱动农民收入增长，城乡之间的双向互动与协同发展，以及城乡发展的深度融合"。这种模式带来了持续的经济增长，居民收入稳步提升。这一实践为我国乡村振兴战略的全面推进提供了极具价值的参考案例。

3.1 寿光市乡村产业振兴的历程

寿光市蔬菜产业带动县域乡村振兴的发展过程是一个自然小农经济向现代市场经济转变的过程，也是破解城乡二元向城乡一体发展的过程，是经济与社会共同进步的过程。

---

① 以下文中所列数据，若无特别说明，均来自《寿光统计年鉴》《寿光年鉴》《寿光市国民经济与社会发展统计发展公报》。

3.1.1 寿光市乡村产业振兴路径

从产业成长发展本身来看，寿光市乡村产业振兴走的是蔬菜产业化带动乡村产业振兴的过程，历经"蔬菜规模化—农业产业化—农业与非农产业协调发展—产业富民—产业园区化—园区城镇化—农民市民化"的过程。具体来说，包括以下六个方面：

（1）蔬菜规模化

寿光农业农村现代化的发展初期，蔬菜规模化生产及其关联行业朝着规模化的方向不断进步，这一趋势起到了关键的启动作用。寿光市蔬菜产业的规模化发展经历了从蔬菜种植面积扩张、产业技术革新到产业化、市场化的全面转型，逐步形成了以蔬菜种植为核心的多元化、专业化产业链条。

表 3-2　改革开放以来寿光市瓜菜种植面积及产量情况

年份	蔬菜类		瓜类	
	种植面积（万亩）	产量（亿公斤）	种植面积（万亩）	产量（亿公斤）
1978	5	1.34	—	—
1983	14.52	4.35	1.40	—
1988	22.70	12.49	5.09	—
1992	28.98	12.50	1.70	0.44
1998	56.48	23.84	2.07	0.75
2003	86.06	36.52	9.09	2.61
2008	77.43	37.24	8.33	2.48
2013	78.06	42.45	6.81	2.80
2017	65.88	39.82	8.69	3.99
2022	62.57	38.92	11.3	6.38

注：2017 年数据，为全国第三次农业普查数据。

改革开放以来寿光市瓜菜种植面积及产量情况具体表现在以下四个

方面：一是蔬菜种植面积持续扩大。根据寿光市政府公布的数据可知，自1978年以来，寿光市不断扩大蔬菜、瓜类种植面积，从1978年的5万亩到2022年的70万亩以上，蔬菜产量从1978年的1.34亿公斤跃升到2022年的近40亿公斤，显著提升了产业规模。二是种植品种多样化、优质化。引进和培育的蔬菜品种从最初的"三大"（大白菜、大萝卜、大葱）发展到超过2400个，呈现了品种多样化和优质化的发展趋势。三是蔬菜种植基地化、专业化。寿光市已经成功地设立了多个专业化的蔬菜种植示范区，其中包括著名的"万亩韭黄""万亩胡萝卜"和"万亩芹菜"基地。推动了种植业的基地化和专业化。四是成功实现了蔬菜销售的网络化和全球化进程。在蔬菜贸易上，寿光市构建了先进的现代农业物流体系，实现了销售网络化和全球化，年成交蔬菜达60亿公斤，交易额达56亿元，确立了其在国内外市场的重要地位。

（2）农业产业化

规模化种植蔬菜自然而然地推动了农业的产业化进程，这是寿光市实现农业农村现代化的关键路径。农业产业化意味着基于当地资源条件，发掘和优先发展有竞争优势的产业，并在农业内部明确主导行业。遵循优势互补、产业互动、可持续发展和多元化协作的原则，寿光市积极倡导产、供、销的一体化模式，以及种植、养殖、加工的融合，贸易、工业和农业的结合，以及经济、科技和教育的紧密结合。

寿光市蔬菜产业化发展表现在种苗研发、农产品加工及物流、农村经济合作组织发展，以及形成农业新业态等多个方面，通过有效整合资源、推动技术创新和市场拓展，不仅实现了蔬菜产业规模化效率的提升，也促进了产业链的高度整合，这些方面的显著成就和发展范式体现了寿光市农业现代化的成功路径。

表 3-3 2022 年寿光市涉农企业发展情况

	企业数量（个）	工业产值（亿元）	主营收入（亿元）	营业利润（亿元）	利税总额（亿元）
农副食品加工业	45	76.48	76.45	2.46	2.69
食品制造业	11	5.54	5.53	0.29	0.52
酒、饮料及精茶制造业	3	5.98	6.96	−1	−0.03
纺织业	34	14.96	4.87	0.37	0.84
肥料制造业	17	135.16	133.44	8.04	11.47
农药制造业	10	6.14	6.14	0.13	0.32
农林牧渔专用机械制造业	13	2.96	2.82	0.05	0.12
皮革、毛皮、羽毛及其制品	1	0.75	0.74	0.03	0.06
木材加工和木竹藤棕草制造	2	14.64	14.47	−0.36	0.04
家具制造业	14	7.59	7.50	0.28	0.39
合计	150	270.44	258.92	10.30	16.45

2022 年寿光市涉农企业发展情况具体表现在以下三个方面：一是寿光市在种子及繁育产业上实现了显著的提升和进步。截至 2022 年，该地区已经成功设立了 6 个省级蔬菜种子研发基地。这些基地自主研发了多达 46 个创新品种，并且具备强大的年种子繁殖生产能力，能够达到惊人的 15 亿株规模。显示了寿光市在蔬菜种苗技术研发和应用方面的国内领先地位。二是农产品加工及物流产业蓬勃发展。全市共有 560 多家企业参与蔬菜加工和销售，这个区域内汇集了 56 家专注于农产品加工和制造业的公司。其中，像蔬菜产业集团这样的领军企业，其每年的食品加工量是 10 万吨，营业收入超过 10 亿元人民币。体现了寿光市蔬菜加工行业的规模效应和市场影响力。三是农业领军企业的协同乡村经济合作社的共赢发展。截至 2022 年，寿光市已经成功构建了一个由 400 家农业先锋企业和 303 个乡村专业合作社组成的紧密合作网络。这种组织形式有效促进了农业产业化，带动全市 80% 的农户参与，显著增强了农业的综合竞争力。四是农业新业态的快速发展。通过举办蔬菜博览会、建设国

家级农业旅游示范点等活动，以及建立电子商务平台、开设100余家生鲜社区连锁超市，寿光市成功拓展了农业的社会和经济效益，同时推动了农业的多元化发展。

（3）农业助推工业

寿光市的农业对工业的促进作用显著，进而实现了农业与非农业产业的均衡发展，这是该地区迈向农业农村现代化过程中一个关键的特征。通过农业规模化和产业化，寿光市成功地将传统农业转型为助推地区工业发展的重要力量。具体而言，寿光市的农业产业化不仅促进了农用生产资料及涉农工业的发展，而且带动了大量农业资本和人力资源向工业部门的转移，实现了农业与工业的互利共赢。

寿光市农业和非农产业的协调发展充分体现了农业对工业发展的强力助推作用。主要表现在以下三个方面：一是注重刺激农业生产资料及相关农业工业的进步。随着蔬菜产业的规模化扩张，对于农业生产物资和农业工业制品的需求呈现出显著增长的趋势。截至2022年，全市设立的有机肥生产企业超过100家，年产量达300万吨；高档EVA大棚膜年销量超7000吨；涉农工业企业数量达150家，工业总产值270.4亿元，利税总额16.45亿元。这些数据直观地反映了农业发展对涉农工业产生的强烈推动效应。二是农村资本助推工业发展。统计数据显示，寿光市蔬菜产业年产值约400亿元，为工业发展提供了丰富的资本来源。农业盈余部分转化为银行存款和贷款，支持了第二产业和第三产业的发展，其中大约200亿元资金被投入非农产业，促进了地区经济的多元化发展。三是劳动力非农化转移。创新的农业生产技术和产业转型促进了劳动力在农业与工业之间的有序转移。数据显示，2022年寿光市新增城乡就业人数超过1万，其中大部分为农业劳动力转移就业，表明了农业技术创新和产业化发展为工业发展提供了稳定的人力资源。

表3-4　改革开放以来寿光市人口数量及其变动情况　单位：万人

年份	人口总量	农村人口	城镇人口	域外流入人口	城乡人口比
1978	87.23	84.34	2.89	—	3.3：96.7
1988	95.41	87.73	8.51	—	8.9：91.1
1998	104.44	89.46	14.98	0.42	14.3：85.7
2003	106.41	82.71	23.70	0.56	22.3：77.7
2005	107.23	59.70	48.03	0.78	44.8：55.2
2008	102.52	54.70	47.82	0.64	46.6：53.4
2013	105.75	56.67	49.08	0.33	46.4：53.6
2017	109.60	50.54	59.06	0.25	53.9：46.1
2022	111.21	51.39	59.82	0.25	53.8：46.2

（4）产业富民

　　寿光市致力于实现农业与农村现代化，其核心策略是通过推动产业发展来提升农民的经济收益。在这个进程中，农民收入的增长主要依赖于产业的振兴与复苏。它直接关联并驱动着农民收入的稳步增长。体现了产业振兴对于推动农民致富的根本作用。

　　具体而言，一是寿光市凭借其对蔬菜产业的卓越引导，成功促使农业朝着工业化、信息化和智能化的路径转型升级，实现了三产深度融合，有力地推动了乡村产业的繁荣振兴，从而大幅提升了农民的经济收益。具体来说，自1978年农民人均纯收入仅为74元起，到2022年这一数字已经飞跃至惊人的20133元，表现出显著的增长趋势。尤其值得注意的是，该增长速度不仅超过了全国农村居民收入的平均水平，还显著高于山东省农村居民收入的平均水平，凸显了蔬菜产业对于地区农民收入提升的巨大贡献。二是寿光市凭借蔬菜产业的蓬勃发展，显著地减少了城乡之间的收入差距。自1978年至2022年间，城乡居民的人均可支配收入比率已从最初的7.24下降至仅为2.45。这一下降趋势不仅反映出农民收入的显著增长，而且还表明农村居民的财富积累大幅增加，家庭拥有的现代化生活设施数量大幅上升，人均住房建筑面积以及生活质量显著提高，安全饮用水饮用率、有线电视及宽带覆盖率达到100%，充分反映了蔬菜产业发展带来的农民生活质量的全面提升。

表3-5 改革开放以来寿光市城乡居民收入变化及与全国比较　单位：元

年 份	1978		1988		1998		2008		2017		2022	
	寿光	全国	寿光	全国	寿光	全国	寿光	全国	寿光	全国	寿光	全国
城镇人均可支配收入	536	405	1800	1181	7102	5425	16016	15780	37606	33834	51049	49283
农村人均可支配收入	74	138	747	545	3650	2162	7654	4760	19249	13432	28293	20133
城乡居民人均可支配收入比	7.24	2.93	2.41	2.17	1.55	2.51	2.09	3.32	1.95	2.52	1.80	2.45

表3-6 1998年以来寿光市城乡居民人均收入结构变化　单位：元

年份	寿光市农村居民人均纯收入					山东省农村居民人均纯收入				
	A	B	C	D	总和	A	B	C	D	总和
1998	762.0	2896.0	206.0	82.0	5309.0	722.7	1603.1	49.0	78.0	2452.8
2003	1261.8	5794.8	169.6	58.1	7284.4	1095.5	1874.5	63.9	116.6	3150.5
2008	2484.0	9494.0	367.0	760	12422.0	2263.5	2963.0	163.9	251.1	5641.4
2013	3682.0	9638.0	642.0	446.0	14408.0	5127.2	4525.2	283.9	683.8	10619.9
2017	8323.0	8137.0	1574.0	1215.0	19249.0	6069.0	6730.0	391.0	1928.0	15118.0

注：A——工资性收入；B——经营净收入；C——财产净收入；D——转移净收入。

（5）产城互动、城乡融合

城乡互动与一体化进程描绘的是在一个特定区域内，工业发展与城镇化的相互支持与促进。这种互动状态实质上是驱动寿光市农业农村现代化进程的强大内在驱动力。

寿光市的农业农村现代化过程显著展现了产业化与城镇化的互动发展和城乡融合的动态进程，体现了农业产业化不仅推进了地区经济的集聚和技术提升，而且促进了城镇化的加速以及城乡一体化的实现。这个进程由一系列阶段构成，包括以规模化种植为引领的农业产业化、"三农"深度融合以及园区化发展模式，这些共同促成了产业集约化、人口集中的显著进步。形成了产业兴城与城市促产的良性互动循环，实现了产业与城镇互动发展、城乡融合发展的目标。具体表现在以下三个方面：一是产业园区化与城镇化融合。寿光市通过蔬菜规模化及农业产业园区化发展，城乡联动通过产业驱动的理念得以实践，即农业产业链和关联工业的集群效应带动了园区都市化的进程。同时，园区和工业区凭借其优惠的政策、完备的设施和优良的营商环境，成功地吸附了更多的产业和先进技术，反过来又促进了"产业催生都市"的现象。二是农业产业专业化与乡村独特风貌的结合。寿光市充分利用其丰富的农业资源，培育出了一批专业的生产团队，特别是专注于蔬菜大棚建设和蔬菜种植的产业集群。这些集群不仅推动了经济的繁荣和人口的集中，而且还带动了公共设施的提升和社会的整体进步，比如文家街道和洛城街道的发展。这生动地展示了农业产业化的进程如何与农村特色乡镇的特色紧密结合。三是非农产业与工业特色鲜明的城镇融合。以侯镇为例，它凭借原有的产业根基，成功打造了众多大型农业园区和产值过亿的企业。这些举措促使侯镇转型成工业重镇，鲜明地体现了非农产业发展与工业特色城镇整合的独特模式。

（6）农民市民化

在寿光市，农业的产业化、园区化与城市化进程的紧密融合，显著加速了农民向城市居民身份的转变。这一转型深刻揭示了农业现代化的核心要义，实质上是驱动寿光市农业农村现代化进程的关键策略。

表 3-7　改革开放以来寿光市户籍人口构成变化情况　　　单位：万人

年份	人口总量	农村人口	城镇人口	城乡人口比
1978	87.23	84.34	2.89	3.3 : 96.7
1988	95.41	87.73	8.51	8.9 : 91.1
1998	104.44	89.46	14.98	14.3 : 85.7
2003	106.41	82.71	23.7	22.3 : 77.7
2005	107.23	59.7	48.03	44.8 : 55.2
2008	102.52	54.7	47.82	46.6 : 53.4
2013	105.75	56.67	49.08	46.4 : 53.6
2017	109.60	50.54	59.06	53.9 : 46.1
2022	111.21	51.39	59.82	53.8 : 46.2

　　具体而言，产业富民与产城互动的有效联动促成了园区城镇化与乡村社区化，为农民提供了向市民转变的经济基础、就业机会和生活空间，实现了农民在城镇化进程中的平等参与和共享发展成果的目标。具体表现在以下三个方面：一是产业化和园区化提供就业和经济条件。寿光市农业产业化和园区化为农民市民化提供了坚实的就业基础，通过产业带动确保了农民的经济来源，为农民市民化准备了充分的经济条件。特别是蔬菜产业的发展，不仅促进了就业，还提升了农民的经济收入水平，为他们提供了向市民转变的经济基础。二是为城镇化和城市扩容提供空间载体。寿光市的园区城镇化及城市扩容不仅为农民提供了居住空间，也为其市民化过程提供了必要的空间载体。这些空间不仅包括居住条件的改善，还涵盖了公共服务设施的完善，使得农民能够在转变为市民的过程中享有更高质量的生活条件和公共服务。三是人口结构变化和城镇化率提升。根据数据，1978 年至 2022 年间，寿光市农村人口总量呈现持续下降态势，累计减少 32.95 万人，而城镇人口则呈现持续上升态势，累计增长 56.93 万人。城乡人口构成比例由 1978 年的 3.3 : 96.7 变

化为 2022 年的 53.8:46.2,标志着寿光市已从一个典型的农业地区转变为城市化水平较高的地区。农村人口的不断减少和城市化水平的不断提高,说明寿光市农村居民逐渐市民化。

3.1.2 寿光市乡村产业振兴路径的内在逻辑

寿光市乡村产业发展过程是一个从低级到高级的发展过程。按照产业发展生命周期理论,产业成长发展过程一般可以划分为孕育期、快速成长期、成熟期和衰退期四个时期。从产业形态来看,寿光市乡村产业的发展过程可以概括为四个阶段:传统农业阶段(技术探索)、向现代农业过渡阶段(技术创新应用)、现代农业阶段(现代技术大范围推广应用)、新时代农业发展阶段(动能转换升级)。寿光市乡村产业振兴路径的内在逻辑依次递进,以蔬菜规模化奠定产业振兴的初始动力,推动农业产业化,强化产业富民目标,吸引生产要素集中,最终实现产城互动和城乡融合,使得农民平等参与城镇化进程并共享发展成果。

(1)从寿光市蔬菜产业化的进程来看,可以划分为以下四个阶段(图 3-1)

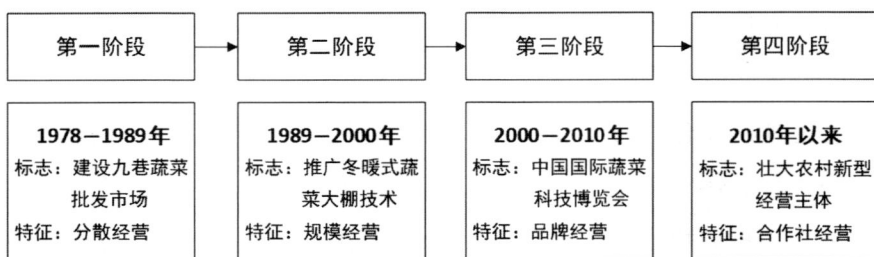

图 3-1 寿光市蔬菜产业外延发展的四个阶段

　　第一阶段，寿光市还处于传统农业阶段，市场流通是产业发展的主要瓶颈。在这一阶段，寿光市的农民依然保持传统的种植习惯，蔬菜生产旺季面临市场销路困难、蔬菜淡季面临无菜可种不能满足市场的问题，但当时，当地已经开始摸索反季节蔬菜的种植技术。1983 年，寿光市蔬菜产量达 9 亿斤，然而由于市场流通问题，1 亿多斤大白菜遭受损坏，导致经济损失超过 100 万元。面对这一问题，县领导将思想集中到"化挑战为机遇，解决的办法是抓好流通"上。在此背景下，寿光市县委书记王伯祥提出了要转变重生产轻流通的倾向，以适应农副产品急剧增加的新形势。1984 年 8 月，九巷蔬菜批发市场应运而生，投资 5 万元建设的 20 亩市场，成为产地型蔬菜批发市场的开创者。蔬菜运销联合体市场的建立与蔬菜生产相互促进，当年成交量达到 1.5 亿公斤，交易额达 5500 多万元，寿光市结束了"有菜卖不出去"的历史。

　　第二阶段，向现代农业过渡阶段，冬暖式蔬菜大棚技术的创新应用揭开了蔬菜产业化的序幕。1989 年，王乐义与村民一起在村里盖棚，建了 17 个大棚，到底行不行没人敢保证，结果种出了越冬黄瓜，那个季节市场上能有黄瓜，卖菜的都来抢，卖的价格非常高，三元朱村有了第一批万元户。第二年，全村建了 180 多个大棚，老百姓看能赚钱，都开始种棚。在县委书记王伯祥的推动下，全县建成冬暖式大棚 5130 个，寿光市一举打出了反季节蔬菜种植的金字招牌。

　　第三阶段，现代农业阶段，重点是现代技术的大范围推广应用。1989 年，寿光市南部的三元朱村王乐义通过改良冬暖式蔬菜大棚，掀起"绿色革命"，经过 20 余年的不断改良，已形成第七代智能化大棚。1999 年，原寿光市科学技术委员会主任刘学诗在寿光市北部的刘旺村实验无土栽培技术，历经 18 年，在 2017 年取得成功，结束了盐碱地上不能低成本种植蔬菜的历史。从三元朱村试种成功到全市推广，再到席卷全国的绿色革命，打响了"寿光蔬菜""中国蔬菜之乡"的品牌。同时，为能够引领市场潮流、推动经济发展，寿光市于 2000 年成功举办了第一届寿光国际蔬菜博览会。该博览会以"蔬菜搭台、经贸唱戏、政府投资、百姓受益"的理念为指导思想，取得了显著的成效。博览会吸引了来自各方的宾客，参观人数达 30 万人次，成为推动寿光蔬菜品牌影响力的有效手段。这一活动为促进蔬菜产业的发展、提升品牌知名度提供了有力支持。

第四阶段，新时代农业发展阶段，即动能转换升级阶段。正当寿光市蔬菜种植发展得如火如荼的时候，分散经营的局限慢慢显现出来，菜农发现不管是采购农资、引进技术还是市场卖菜，自己都是规则的被动接受者。同时由于缺乏有效规划和指导，蔬菜生产具有很大的盲目性，蔬菜生产过程也不规范，导致蔬菜质量参差不齐，这样的家庭作坊式生产增加了蔬菜生产的风险。如何让菜农增收、蔬菜增效成为一项新课题。寿光市政府决定以成立协会的方式把农民组织起来，把原来的单兵作战变为兵团作战。根据寿光市政府公布的数据可知，截至 2023 年 7 月底，寿光市已有农民合作社 3110 家，其中果蔬类合作社总数达到 2128 家，涉及农户 12.8 万户，农民出资总额 52 亿元，辐射带动农户 18 万户；国家农民合作社示范社 8 家（其中 7 家为果蔬类）、"亿元合作社"13 家（全部为果蔬类）；入围"2022 年中国农民合作社 500 强"27 家，列全国县级单位第一名；5 家果蔬类合作社获得我国和全球良好农业规范（GAP）双认证，这标志着寿光蔬菜获得全球高端市场的"通行证"。

（2）从寿光市蔬菜产业化的内涵发展来看，又可以划分为以下三个阶段（图3-2）

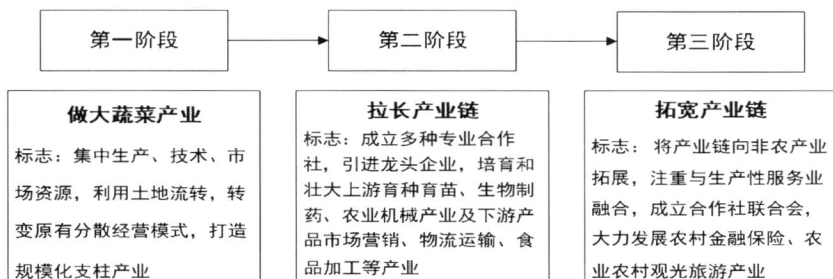

```
┌──────────┐      ┌──────────┐      ┌──────────┐
│ 第一阶段  │ ──→  │ 第二阶段  │ ──→  │ 第三阶段  │
└──────────┘      └──────────┘      └──────────┘
```

做大蔬菜产业	拉长产业链	拓宽产业链
标志：集中生产、技术、市场资源，利用土地流转，转变原有分散经营模式，打造规模化支柱产业	标志：成立多种专业合作社，引进龙头企业，培育和壮大上游育种育苗、生物制药、农业机械产业及下游产品市场营销、物流运输、食品加工等产业	标志：将产业链向非农产业拓展，注重与生产性服务业融合，成立合作社联合会，大力发展农村金融保险、农业农村观光旅游产业

图3-2　寿光市蔬菜产业化内涵发展的三个阶段

第一阶段，做大蔬菜产业阶段。集中生产、技术、市场资源，利用土地流转，转变原有分散经营模式，打造规模化支柱产业。

第二阶段，拉长产业链阶段。成立多种专业合作社，引进龙头企业，培育和壮大上游育种育苗、生物制药、农业机械产业及下游产品市场营销、物流运输、食品加工等产业。

第三阶段，拓宽产业链阶段。将产业链向非农产业拓展，注重与生产性服务业融合，成立合作社联合会，大力发展农村金融保险、农业农村观光旅游产业。

由此可以看出，寿光市蔬菜产业化带动了育种育苗、食品加工、生物制药、技术研发、产品营销、物流运输、涉农金融保险服务以及农业农村观光旅游等多产业、多行业、多部门的发展，引发了人口、资本、技术、信息等生产要素的空间集聚，带来了蔬菜生产规模化、农业产业化和园区化，进而推动了农村城镇化和农民市民化，实现了产业富民和城乡融合发展，客观上取得了带动乡村产业振兴甚至乡村全面振兴的实践效应。

（3）寿光市乡村产业振兴路径的演化逻辑

第一，蔬菜规模化是寿光市乡村产业振兴的初始动力。从蔬菜种植面积扩张、产业技术革新到产业化、市场化的全面转型，逐步形成了以蔬菜种植为核心的多元化、专业化产业链条。

第二，蔬菜规模化带动农业产业化是寿光市乡村产业振兴的核心路径。寿光市蔬菜产业化不仅实现了蔬菜产业规模化效率的提升，也促进了产业链的高度整合，客观上形成和推动了农业产业化。

第三，蔬菜规模化和农业产业化，将传统农业转化为助推工业发展的重要力量。农业产业化不仅促进了农用生产资料及涉农工业的发展，而且带动了大量农业资本和人力资源向工业部门的转移，实现了农业与工业的互利共赢。

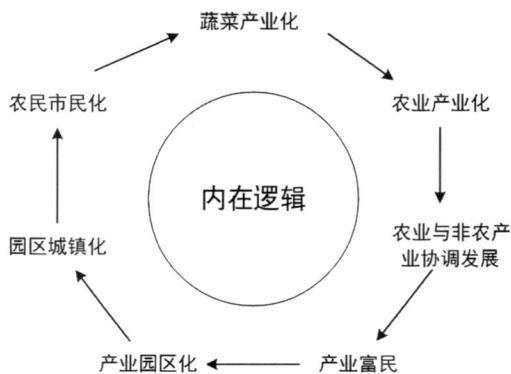

图3-3 寿光市乡村产业振兴路径的演化逻辑

第四，产业富民是进一步推动各类生产要素向乡村产业集中的目标动力。寿光市通过蔬菜产业的引领，有效促进了农业产业向工业化、信息化、智能化方向发展，实现了三次产业在农村区域的协调和融合发展，从而促进了乡村产业振兴并显著提升了农民的经济收入。显著提升的经济收入就为农民提升自身素质、掌握新技术、成为"新农人"奠定了坚实的物质基础。

第五，产城互动、城乡融合是寿光市乡村产业振兴的内生动力。寿光市乡村产业振兴的过程，是蔬菜规模化带动农业产业化、"三产融合"以及园区化发展的过程，有效带动了产业集聚、人口集聚、资本积聚和技术集聚，形成了产业兴城与城市促产的良性互动循环，实现了产业与城镇互动发展、城乡融合发展的目标。

第六，产业富民与产城互动的有效联动促成了园区城镇化与乡村社区化，为农民提供了向市民转变的经济基础、就业机会和生活空间，实现了农民在城镇化进程中的平等参与和共享发展成果的目标。产业化和园区化提供就业和经济条件，城镇化和城市扩容为农村人口流动提供了空间载体，进而推动城乡人口结构变化和城镇化率的提升。

3.1.3 寿光市乡村产业振兴进程中政府与市场关系的演变

在产业发展的过程中，政府正确处理与市场的关系是产业健康发展的重要因素。政府介入的必要性、有效性和时机，是需要关注的重点。依据"发展型国家""经济型政府"理论及新结构主义经济学核心思想，在不同的发展阶段，政府和市场的作用和关系处理需要根据产业发展的实际需求和条件进行调整。政府的角色从初期的强势主导者逐渐转变为服务者、引导者和监管者，市场的作用则从辅助性的角色成长为经济发展的主要驱动力。政府和市场之间需要建立有效的互动机制，确保两者能够协同工作，共同推动产业持续发展。

依据寿光市乡村产业不同时期的发展水平，政府与市场关系呈现出阶段性特征。在"传统农业阶段"向"现代农业阶段"过渡时期，产业发展水平落后，产业发展要素匮乏，比如资金、技术等，且不能由市场自发形成有效的要素聚集，为了实现产业发展的目标，追赶任务，政府的作用就显得尤为重要。政府通过土地经营制度改革、金融支持、税收优惠等手段，保护和扶持关键产业的发展，以实现经济的快速增长和资本的迅速积累。市场在这一阶段的作用相对有限，市场则在政府设定的框架内发挥作用。

在现代农业发展阶段，产业经历了从初步发展到成长壮大的过程，市场的作用开始增强，政府的角色和功能也随之逐渐转变，从直接干预农业生产和市场运行，转向通过更宏观、更系统的方式来支持和促进农业产业的发展。这一角色转变有助于充分发挥市场机制的优势，避免过度干预导致资源配置效率低下，并通过有效的制度和法规保障，防止市场失灵，最终促进农业产业的可持续健康发展。政府的角色更多地转变为市场的监管者和服务提供者。

在新时代新征程，创新已成为推动经济发展的关键驱动力。随着科技的迅猛发展和全球农业产业链的日益复杂，创新不仅涵盖了全新的技术发明，还包括商业模式、管理方式以及产业链布局等多个方面。市场在这个阶段发挥决定性作用，政府的作用同样不可或缺，主要体现在创造和维护一个有利于创新的环境，包括保护知识产权、提供研发资金支持、建设"政行企产学研"一体化创新平台等，通过市场竞争激励企业进行技术创新和产品升级。在这个阶段，政府与市场的互动和联动依然至关重要。尽管市场在资源配置中起决定性作用，但政府的政策引导和激励机制同样是保障市场健康运行和公平竞争的重要手段。为了确保市场公平竞争，政府应加强市场监管，防止垄断行为和不正当竞争，维护市场秩序，保护中小企业和创新创业者的权益，帮助推动技术突破和产业升级，实现以创新驱动的农业现代化和可持续发展。

3.2 寿光市乡村产业振兴指标体系构建及评价

3.2.1 指标体系的构建

本研究评价指标的建立旨在评价寿光市乡村产业发展水平的变化，关注发展的趋势和不同年份乡村产业发展的纵向比较。乡村产业振兴是众多因素综合作用的结果，从多方面进行考虑和评价，且不同地域由于推动乡村产业发展的因素有所不同，难以以相同的指标体系进行统一的评价。张挺和李闽榕等（2018）用非农业产值占总产值的比重作为正向指标，即此指标越大评分越高，这对于寿光市以蔬菜产业推动乡村产业振兴的地区来说并不适用。[①] 本书在选择指标时尽量避免选择此种与寿光市乡村产业发展有矛盾、存在争议的指标。以寿光市蔬菜产业化带动乡村产业振兴为案例，构建县级层面的评价体系时，笔者将依据以下几个核心标准来甄选和评估指标：（1）相关性原则。指标的选择要与国家关于乡村产业振兴的目标相一致，且与乡村产业振兴具有相关性。（2）因地制宜原则。主要选取寿光市乡村产业发展与第一产业发展的相关性指标，这对于相似的有经济作物特色的农村地区和县域政府对乡村产业振兴的评价具有借鉴和参考意义。（3）可获得性原则。选择可以收集到的且能反映乡村产业发展情况的指标，且指标的数据具有权威性，得到地方公共部门的认可，与当地发展的实际情况契合，优先采纳可量化的指标和比率数据，以削弱定性评价对评估效果的干扰。

---

① 张挺，李闽榕，徐艳梅．乡村振兴评价指标体系构建与实证研究［J］．管理世界，2018，34（08）：99-105.

　　由此选择了以下乡村产业振兴测度的9个正向指标和1个负向指标（表3-8）。9个正向指标为：第一产业产值、第一产业相关企业数量、农产品加工产值与农业总产值比、农作物耕种收综合机械化率、农村居民人均消费支出、农业劳动生产率、农民人均可支配收入、农村中农业从业人员比重、合作社数量；1个负向指标为：城乡居民收入比。

　　本指标的核心在于评价乡村产业发展水平，而蔬菜产业是推动寿光市乡村产业发展的核心，因此本节选取了第一产业产值和第一产业相关企业数量作为乡村产业化发展水平的衡量，同时农产品的二次加工也是产业化水平的重要衡量指标（闫周府，2019）。[①] 闫周府（2019）认为劳动生产率可以较好地评价农业生产效率。当农业产业发展越好时，会有越多的农村居民从事农业生产，合作社的建立代表农业产业发展越健康（张晓山，2009）。[②] 李乾和芦千文（2018）、胡高强（2021）指出，农民的收入情况和乡村产业发展有极为密切的关系，存在相互促进的关系，[③④] 因此在建立指标时，用农民人均可支配收入、农民人均消费支出作为农民增收的正向衡量指标。将农作物的机械化率作为评价第一产业发展水平的生产条件的指标也得到广泛的认可。[⑤]

① 闫周府，吴方卫. 从二元分割走向融合发展——乡村振兴评价指标体系研究 [J].经济学家，2019（06）：90-103.

② 张晓山. 农民专业合作社的发展趋势探析 [J].管理世界，2009（05）：89-96.

③ 李乾，芦千文，王玉斌. 农村一二三产业融合发展与农民增收的互动机制研究 [J].经济体制改革，2018（04）：96-101.

④ 胡高强，孙菲. 新时代乡村产业富民的理论内涵、现实困境及应对路径 [J].山东社会科学，2021（09）：93-99.

⑤ 张挺，李闽榕，徐艳梅. 乡村振兴评价指标体系构建与实证研究 [J].管理世界，2018，34（08）：99-105.

表3-8 寿光市乡村产业振兴评价指标体系

序号	指标	单位	指标说明及测算方法	指标方向
1	第一产业产值	亿元	第一产业增加值	+
2	第一产业相关企业数量	个	农副食品加工规模以上企业单位数	+
3	农产品加工产值与农业总产值比	%	农副产品加工业产值/第一产业增加值	+
4	农业劳动生产率	万元/人	农业产业增加值/农业生产经营人员	+
5	农村中农业从业人员比重	%	农村中农业从业人员数/农村总从业人员数	+
6	合作社数量	个	3657	+
7	农民人均可支配收入	元	28293	+
8	农村居民人均消费支出	元	19494	+
9	城乡居民收入比	%	城镇居民收入/农村居民收入	−
10	农作物耕种收综合机械化率	%	农作物机耕、机播、机收面积/播种面积	+

3.2.2 评价方法

对于指标体系权重赋值方法，本书运用了熵权法来赋予各个指标相应的权重，这种方法是基于各项指标观测值所携带信息的丰富程度来进行权重分配。通过实施熵权法，计算了每个指标的熵值。信息熵数值越小，表明信息的混乱程度越低，其效用性也就越高。以下是具体的计算步骤。

由于选取的度量单位各异，导致原始数据间存在着显著的对比偏差。为了抹平这种由单位差异引起的干扰，首先要执行数据标准化的过程。鉴于正向指标倾向于追求更高的数值（数值越大越好），而负向指标则倾向于更低的数值（数值越小越好），所以在处理这两种性质相反的指标时，需要采取针对性的规范化方法。具体的实施步骤如下。

第一，对正向指标进行处理：

$$z_{ij} = \frac{x_{ij} - min(x_j)}{max(x_j) - min(x_j)} \qquad\qquad （3-1）$$

第二，对负向指标进行处理：

$$z_{ij} = \frac{max(x_j) - x_{ij}}{max(x_j) - min(x_j)} \qquad\qquad （3-2）$$

在公式（3-1）和（3-2）中，z_{ij} 代表的是第 i 个样本对应于第 j 个指标。这里，i 值的范围是从 1 到 m，而 j 值的范围是从 1 到 n。

第三，计算在第 j 个评价指标下，第 i 个样本对此指标的具体权重比例：

$$p_{ij} = \frac{z_{ij}}{\sum_{i=1}^{m} z_{ij}} \qquad i=1,2,\ldots\ldots, j=1,2,\ldots\ldots n \qquad （3-3）$$

第四，计算第 j 个指标的熵值 E：

$$E_j = -\frac{1}{ln(n)} \sum_{i=1}^{m} P_{ij} ln(P_{ij}) \qquad\qquad （3-4）$$

第五，计算第 j 个指标的信息效用值 d：

$$d_j = 1 - E_j \qquad\qquad （3-5）$$

第六，计算指标权重：

$$W_j = \frac{d_j}{\sum_{j=1}^{n} d_j} \qquad\qquad （3-6）$$

第七，计算不同年份的综合得分 score（乡村产业振兴发展指数）：

$$score = \sum_{j=1}^{n} w_j p_{ij} \qquad\qquad （3-7）$$

3.2.3 评价结果与分析

表 3-9　各指标权重计算结果

熵权法			
指标	信息熵值 E	信息效用值 d	权重（%）
第一产业产值	0.55	0.45	9.82
第一产业相关企业数量	0.57	0.43	9.32
农产品加工产值与农业总产值比	0.55	0.45	9.83
农业劳动生产率	0.55	0.45	9.81
农村中农业从业人员比重	0.56	0.44	9.55
合作社数量	0.43	0.57	12.54
农民人均可支配收入	0.53	0.47	10.21
农村居民人均消费支出	0.53	0.47	10.34
城乡居民收入比	0.58	0.42	9.25
农作物耕种收综合机械化率	0.57	0.43	9.32

权重分析用于对各变量的权重（重要性）进行计算：第一产业产值的权重为 9.82%、第一产业相关企业数量的权重为 9.32%、农产品加工产值与农业总产值比的权重为 9.83%、农业劳动生产率的权重为 9.81%、农村中农业从业人员比重的权重为 9.55%、合作社数量的权重为 12.54%、农民人均可支配收入的权重为 10.21%、农村居民人均消费支出的权重为 10.34%、城乡居民收入比的权重为 9.25%，农作物耕种收综合机械化率的权重为 9.32%。其中指标权重最大值为合作社数量（12.54%），最小值为城乡居民收入比（9.25%）。

由此，计算出不同年份的综合得分（乡村产业振兴发展指数）（表 3-10）。

表 3-10　寿光市不同年份的乡村产业振兴发展指数得分

年份	乡村产业振兴发展指数	年份	乡村产业振兴发展指数
1983	0.13	2007	0.27
1988	0.11	2008	0.26
1993	0.15	2009	0.32

年份	乡村产业振兴发展指数	年份	乡村产业振兴发展指数
1994	0.12	2010	0.36
1995	0.13	2011	0.40
1996	0.14	2012	0.44
1997	0.13	2013	0.54
1998	0.12	2014	0.57
1999	0.14	2015	0.65
2000	0.12	2016	0.70
2001	0.16	2017	0.70
2002	0.15	2018	0.75
2003	0.18	2019	0.79
2004	0.19	2020	0.88
2005	0.22	2021	0.95
2006	0.21	2022	0.96

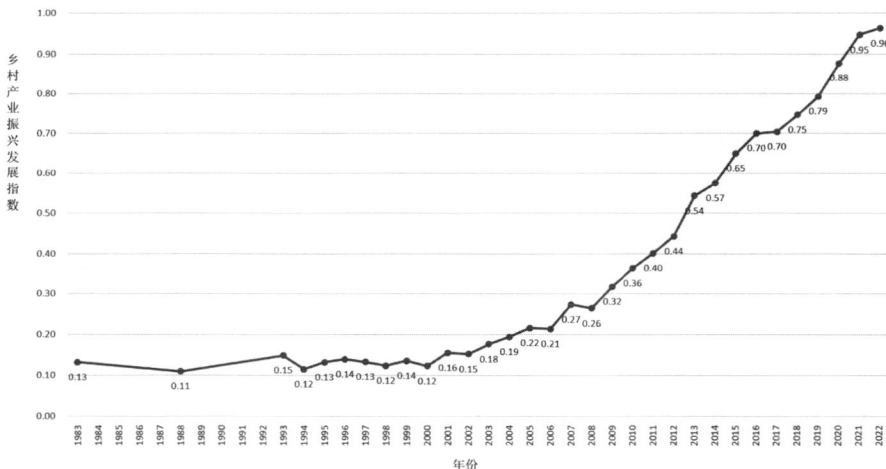

图 3-4 1983—2022 年寿光市乡村产业振兴发展水平变化图

乡村产业振兴发展指数的构建主要用来评价 1983 年以来寿光市乡村产业振兴发展的趋势,根据对寿光市 1983—2022 年乡村产业振兴发展指数(表 3-10、图 3-4)的分析可知,寿光市在 1989 年开始发展蔬菜大棚种植,从 1989 年到 2022 年,其产值一直处于平稳上升的阶段。1988 年寿光市的乡村产业振兴发展指数为 0.11，2022 年的乡村产业振兴发展指数为 0.96，2022 年乡村产业振兴发展指数为 1988 年的 8.72 倍，年均增速为 6.57%。党的十八大以来，整个寿光市乡村产业振兴处于稳定发展阶段，2022 年相比于 2012 年，增长了 118%，年均增长速度为 9.06%，这说明寿光市乡村产业振兴在党的十八大以来处于高速发展的阶段。2018 年 12 月，寿光市政府印发了《寿光市乡村振兴战略规划（2018—2022 年）》，对寿光市乡村振兴战略进行全面设计和阶段谋划。自 2018 年以来，寿光市乡村产业振兴的发展速度有明显提升，这从侧面反映了县级政府的政策引导对地方乡村产业发展有积极的影响作用。

本书从县级政府的视角出发，分析寿光市县域内乡村产业发展的情况，并根据寿光市乡村产业发展的实际情况，将其发展分为四个阶段。

第一阶段为 1978—1989 年，以小户分散种植大田菜为主，蔬菜批发市场刚刚建立，大流通带动蔬菜生产发展，但仍处于小户分散经营的阶段。从蔬菜的发展规模来看，蔬菜产业在 1989 年以前以小户分散种植大田菜为主，发展较为有限（图 3-4）。然而，随着批发市场的兴建，寿光市蔬菜产业规模迎来了显著的增长。

第二阶段为 1989—2000 年，是寿光市县级政府将工作重点放在冬暖式蔬菜大棚技术的发展、推广及规模化经营的阶段。科技创新推动绿色革命。自 1990 年以后，寿光市蔬菜产业的规模呈现出迅猛上升的趋势（图 3-5），在此阶段蔬菜批发市场的建设和冬暖式蔬菜大棚技术被迅速推广。在这 11 年的发展阶段，寿光市仍在大棚的推广发展阶段，新的种植技术逐渐铺开，新技术的推广面临的是农村农民资金、人力等生产要素的投入问题，而且仍受制于生产条件的限制，导致乡村产业发展的上升趋势并不明显（图 3-4）。1997—1998 年，寿光市的乡村产业发展水平有所下降，在此时间段，众多农业企业、居民收入受到亚洲金融危机的影响，农村产业的发展也受到制约，在此时间段寿光市的乡村产业振兴发展指数有所下降。在这10余年的发展过程中，寿光市的蔬菜产业规模进一步扩大。在2000年，寿光市蔬菜种植大棚的建设格局基本形成，农民蔬菜种植以大棚为主，蔬菜产量超过300万吨。

第三阶段为2000—2010年，是借助中国（寿光）国际蔬菜科技博览会推动蔬菜产业开展品牌经营的阶段。在此时间段，寿光市蔬菜种植规模趋于稳定（图3-5），但乡村产业发展的水平却迅速提升（图3-4）。在寿光市政府牵头下的国际蔬菜博览会对于寿光市的对外贸易起到了至关重要的推动作用，品牌效应彰显，寿光蔬菜得到广泛认可，迅速占据国内蔬菜市场，产业附加值不断升高，第一产业产值不断提升。尤其是经过10年的运营，得益于政府的大力推动和政策支持，在2014年之后，出口额度急速增长，在2022年出口额达到了2000多亿元，为乡村振兴注入了强大的动力。

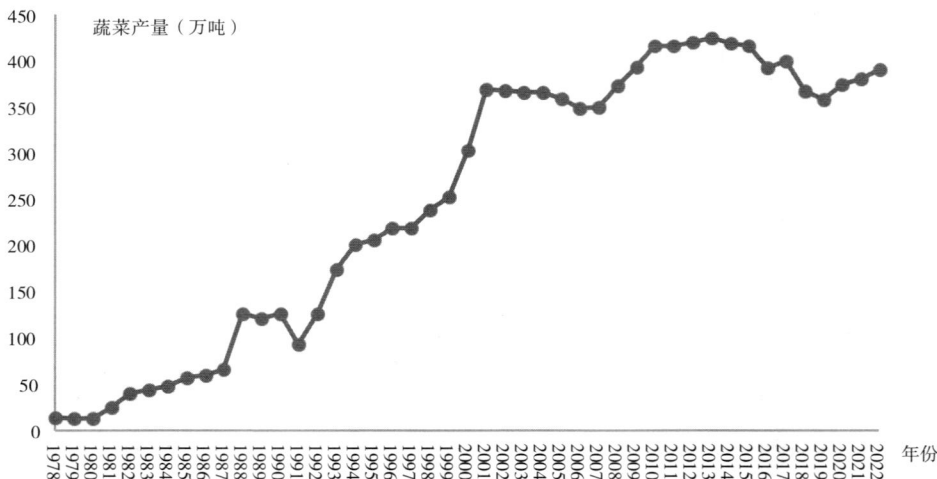

图3-5 寿光市蔬菜产量规模变化图

表 3-11　改革开放以来寿光市蔬菜产量规模

年份	蔬菜产量（万吨）
1978	13.4
1989	120.0
2000	302.3
2010	415.4
2018	366.3
2022	389.2

第四阶段为 2010 年以来，农村新型经营主体不断壮大，形成了"市场龙头 ＋ 农村经济合作组织 ＋ 基地 ＋ 农户"的经营组织形式。寿光市蔬菜产业经历了发展的前三个阶段，市场龙头、基地和农户已构成更高质量发展的坚实基础。该阶段寿光市乡村产业发展水平仍在不断提升（图 3-4）。在此阶段，寿光市持续致力于蔬菜品牌建设，鼓励企业积极进行品牌创建。在品牌认证方面，寿光市成功认证了 300 多个"三品一标"农产品，其中 15 个产品入选了农业农村部全国名特优新农产品名录，16 个产品获得了国家地理标志认证。2019 年，寿光市成功注册了"寿光蔬菜"地理标志集体商标，进一步巩固了其在蔬菜产业中的品牌地位，并将寿光蔬菜合作社联合会作为区域公用品牌的管理单位。同时，依托"合作社 ＋ 基地 ＋ 农户"的生产经营模式，推进粤港澳大湾区"菜篮子"生产基地认证工作。目前，寿光市有 14 个镇街 69 家蔬菜合作社获得大湾区"菜篮子"生产基地认定，认定面积达 4.9 万余亩，已向粤港澳地区供应蔬菜 12.2 万吨，总交易额 8.6 亿元。借助品牌优势，紧跟国家战略布局，寿光市蔬菜市场进入新发展阶段。2019 年 12 月 14 日，位于寿光市的粤港澳大湾区"菜篮子"[①]产品潍坊配送中心正式启动；

---

① 2019 年 5 月，以立足广州、服务湾区、联结泛珠、辐射内地为定位的粤港澳大湾区"菜篮子"建设启动。

2020 年 10 月 18 日，粤港澳大湾区"菜篮子"潍坊农品展示交易中心在广东省广州市越秀区正式启动运营；2022 年，"寿光模式"进入雄安新区，截至目前，寿光市已有 4 个村与雄安新区相关村庄结对共建，充分发挥寿光市蔬菜产业全链条优势，"手把手"指导当地农民掌握现代化蔬菜种植技术，建设高标准蔬菜园区共计 1300 亩，助力发展蔬菜产业，加快实现共同富裕。

本章小结

依据产业成长发展的一般规律，本章分析了寿光市蔬菜产业带动乡村产业发展的历程，即"蔬菜规模化—农业产业化—农业助推工业—产城互动—农民市民化"的发展过程。这个过程，既是一个小农经济向现代市场经济转变的过程，也是城乡二元结构向城乡一体化发展的过程，更是县域经济与社会共同推进的过程。此外，本章探讨分析了寿光市蔬菜产业带动乡村产业发展过程中的阶段性特征、内在逻辑以及政府与市场关系的演变。同时，本章评估了寿光市乡村产业振兴的发展水平，根据寿光市乡村产业发展的实际情况将其发展划分为四个阶段并分析不同阶段的不同特征。寿光市的乡村产业振兴自 1988 年以来保持良好的发展态势，且当前的发展水平相较于 30 年前有了大幅提升。

第 4 章　寿光市乡村产业振兴的动力要素分析

关于产业成长发展的动力要素有多种观点，除传统意义上的"经济增长动力要素说"之外，还有"八要素说"，"八要素"即产业选择、培训农民、技术服务、资金筹措、组织方式、产销对接、利益联接、基层党建。还有"五要素说"，"五要素"即产品好、结构优、成本低、竞争力强、效益好。从寿光市蔬菜产业化带动乡村产业振兴的过程来看，基本遵循了产业成长发展的一般规律，即产业形成期的市场需求变化和生产者对种植技术的探索、产业成长期的技术水平提升和生产规模的扩大、产业成熟期的技术先进稳定和高度的市场认可。同时，寿光市的乡村产业振兴也面临产业衰退及转型发展的问题。在这个过程中，县委、县政府推动下的技术创新、市场拓展、产业结构调整以及合作社组织升级，是寿光市乡村产业振兴的主要动力要素。本章重点考察寿光市蔬菜产业化带动乡村产业振兴的动力要素及其发挥的作用和实践成效。从时间维度上研究县级政府坚持"问题导向"，规划引导推动乡村产业振兴的鲜活案例；同时，从空间维度上研究县级政府落实"国家战略"，提前谋划布局、组织实施乡村产业振兴及其带动乡村空间发展的生动素材。

4.1 技术创新领先机

从农业技术层面看，寿光市不断推动技术创新升级，实现了从冬暖式蔬菜大棚到无土栽培技术再到育种育苗技术的突破，持续引领蔬菜生产技术的推广发展。从 1989 年的 17 个大棚实验成功到向全国推广，寿光市一直引领全国蔬菜种植技术的进步，目前已经密切结合数字技术推进到第七代智能大棚。1995 年，寿光市荣获国务院农村发展研究中心和农业部联合颁发的"中国蔬菜之乡"殊荣。

4.1.1 技术创新：由自主研发向示范推广转变

蔬菜种植技术是一门融合了多个学科知识的综合性应用技术。它不仅仅是一个简单的种植过程，更是一个需要不断探索、严谨管理、精细操作和持续创新的系统工程。寿光市蔬菜种植技术的发展历程极具代表性，从最初的传统种植模式，到如今高度集约化、现代化、科技化的发展路径，经历了从自主研发到示范推广的重要转变，充分展示了现代农业技术的发展路径和成功模式，能够为推动农业现代化和可持续发展提供重要借鉴。

（1）国家政策引导和寿光市实践探索

1980 年 3 月，新华社关于《辽宁省大抓蔬菜生产，安排好城市吃菜问题的几点经验》的专题报道受到党中央的高度评价，并批示转发至县、团级，要求全国各地学习辽宁省的先进做法，调整菜田布局，搞活蔬菜生产和经营工作。1981 年，山东省昌潍地区制定下发了《昌潍地区多种经营五年发展规划（草稿）》的通知，同年，寿光县（1993 年撤县设市）就开展多种经营进行了交流，做出调整粮食作物和经济作物比例的决定，并于当年冬季大搞多种经营：种植业、工副业、饲养业以及基本建设等同时推进，在蔬菜生产方面，除了种植一些菠菜、莴苣和大蒜等越冬菜以外，还推广建温室种高档菜。1980 年和 1981 年两年相继扩大经济作物面积至 40.8 万亩，占总耕地面积的 27.4%，人均占有 0.48 亩。1982 年，全县实现经济作物收入 7213 万元，农业经济效益显著提高，农民增收。[①] 1981 年，寿光县通过发展多种经营专业户重点户的措施，以宣传发动、典型推广等手段在全县进行农业生产多种经营、搞活生产的推广，共认定专业户 1575 户、重点户 20131 户。通过抓典型、树样板，大力总结推广专业户、重点户的先进经验，带动了周围村民发展蔬菜种植的积极性，推动了全县多种经营生产的发展。

"1981 年的时候，稻田公社有个专门种菜的农户叫宋丰友，他们家一共有 6 口人，能下地干活的有 3 个，当时和队里签了土地承包的合同，种什么可以自己选，光他们家就一共种了花菜、黄瓜、芹菜、辣椒等 16 种蔬菜，在 1981 年一年的家庭收入能有 12000 多元，除去种菜的成本和上缴大队的钱，纯收入也在 8600 元左右。"（访谈编号：ZZ-001）

"80 年代的时候，城关镇小东关大队的社员夏因武是种菜重点户，他承包了 1100 平方米的温室和 1 亩经济田，一共需要向队里交 2900 元，生产队记工 8000 分。他在大棚就种芹菜、黄瓜、西红柿、圆葱等，一年收成差不多 3 万斤，一年光大棚的收入就有 8700 元，比原地种植高 3100 元，而且经济田的黄瓜、西红柿、甘蓝还能卖好几百，光纯收入就 5500 元，还有工分，加

---

① 资料来源：1982 年，《寿光县调整作物布局情况的调查》。

上工分能到 7000 多元，他们一家人均收入都能到 1000 多元了。"

（访谈编号：NY-002）

由于寿光市种菜专业人才的带动引领，全县开始了蔬菜种植。1982年，寿光县委调查组在《寿光县调整作物布局情况的调查》中提出了"发挥技术优势，扩大经济作物"的建议，要求当时的生产大队发挥群众种菜的技术优势，开展技术指导。一是搞集约化耕作，提高单产；二是兴建小型农业工程设施，使农业生产向工厂化发展，对兴建小型温室、土阳畦来种植蔬菜，突破季节和地域限制的做法予以推广等。得益于寿光市县委县政府的政策引导、社会发动，反季节蔬菜种植技术已经在寿光市小有基础。当时的主要工作重心在于露天蔬菜的种植，包括大葱、大白菜、大萝卜和韭菜等常见的蔬菜品种。大田菜加温室菜（包括社员自种在内）当年种植面积约有 20 万亩，温室种植蔬菜规模很小。最关键的障碍在于蔬菜种植技术没有实现突破，仍然停留在传统种植技术层面。

（2）新技术实验和大规模推广

时任寿光县委书记的王伯祥同志多次强调科技对于生产的重要性。1988 年，全县引进外地各类科技人才 319 人，县、乡两级科技培训网络进一步健全，县里新建了 7 处培训中心，乡镇普遍成立了科普夜校，全年培训各类技术人员 21000 人次，加快了科学技术向生产力的转移。

"寿光一开始是没有蔬菜大棚的。1998 年冬天，从辽宁回乡的王新民给三元朱村王乐义带了两斤顶花带刺的黄瓜。当时冬天哪有新鲜蔬菜，王乐义刚过年就去了辽宁省瓦房店市陶村，发现蔬菜是大棚里种出来的。他当时请了辽宁的韩永山来寿光种棚，没有地没有钱，王乐义就和 1 名党员干部出资带头。那时候地里已经种上别的作物了，县委书记王伯祥顶着破坏农业生产的压力，支持了三元朱村的大棚建设。当年 10 月份就建立好了大棚，两个月后冬季黄瓜上市，每斤价格 10 元。三元朱村当时是很穷的，但当年出了 17 个'双万元户'，就是第一批种棚的。"（访谈编号：YJ-001）

"1989 年的时候，三元朱村为了发展农业请来大棚发明人韩永山，给了很多优惠政策、奖金、住房，为当地蔬菜产业发展提供了很大的支持。"（访谈编号：NY-002）

"我们现在种的这个'冬暖式蔬菜大棚'是王乐义发明和推广的，他对寿光市蔬菜产业发展的作用不可忽视。1989 年的时候，王乐义与村民一起在村里盖棚，建了 17 个，到底行不行没人敢保证，结果种出了越冬黄瓜，那个季节市场上能有黄瓜，卖菜的都来抢，卖的价格非常高。就是因为种棚，三元朱村有了第一批万元户，第二年，全村建了 180 多个大棚，老百姓看能赚钱，都开始种棚。"（访谈编号：CW-001）

为推广这一成功经验，全县召开了若干次蔬菜专题会议，以及 5 次全县范围内的蔬菜生产现场会议。一系列激励政策被推出以促进经济增长，其中包括县级和乡级的技术指导、物资保障以及对蔬菜销售的扶持。在村级层面，温室种植享受 3 年免征税待遇。1990 年，在县委书记王伯祥的积极倡导下，全县新增了 5130 座冬季保暖型温室大棚。寿光市反季节蔬菜种植产生了一定影响力。王伯祥同志在全县农村经济工作会议上的讲话中高度肯定了三元朱村冬暖式大棚的成功做法以及技术人才的关键作用，他说道："引进一项技术、一个技术人才，就可救活一个企业。

我们一定要采取多种形式，实行优惠政策，大胆引进技术和人才，为我所用。"

从三元朱村试种成功，到全市推广、全国推广，打响了"寿光蔬菜""中国蔬菜之乡"的品牌，"冬暖式蔬菜大棚"被国外专家誉为中国对世界农业的两项最大贡献之一。在20年的历程中，全市各行各业和广大群众不断改进革新生产种植技术，加快推进蔬菜产业发展。寿光市委、市政府授予王乐义、王伯祥、韩永山"冬暖式大棚蔬菜创建20周年三大功勋人物"荣誉称号。"三元朱村试种成功冬暖式大棚，寿光蔬菜带动影响全国"被列为"冬暖式大棚蔬菜创建20周年十件大事"之首。

"从1995年开始，我们寿光的蔬菜产业经历了巨大变化，不仅产量和品质提升了，农民收入也大幅增加，这和政府的科技投资密不可分，当时寿光种植面积达到了60万亩，年产蔬菜超过30亿公斤，销售利润更是达到了惊人的28亿元，在那个年代使得每位菜农人均收入超过3850元。"（访谈编号：NY-001）

"在'九五'期间，寿光就很重视科技创新，大棚滴灌、生物防治病虫害等100多项技术都是那个时期引进的。期间推出了380多个蔬菜新品种、24类300多项蔬菜生产新技术，每亩大棚年收益从6000元提升到3万元，甚至有些棚的年收益能超过5万元，这是很惊人的。"（访谈编号：NY-001）

作为冬暖式大棚的发祥地，从1989年至今，寿光市冬暖式大棚经历了7次大的技术变革，从面积窄小、水泥立柱、竹竿框架、草帘保温的第一代，发展到现在立体空间超大、无立柱钢架结构、现代装备技术与材料应用、信息物联网技术普及的第七代智能化温室。每一次技术的革新，都带来了生产功能的日臻完善和生产效率的大幅提高。以旧大棚改造为契机，寿光市政府适时推出了"大田改大棚，旧棚改新棚"的大棚"两改"政策，推动农业设施智能化转型，提升寿光蔬菜科技含量。

（3）破解盐碱地种植技术，缩小域内贫富差距

在冬暖式大棚获得成功之后，寿光市南部地区的蔬菜种植发展起来，农民也日渐富裕，寿光市北部由于土壤环境不适宜种植蔬菜，仍较为落后。1987年7月2日，寿光县向山东省政府提交了一份《关于搞好我县北部开发的情况报告》，汇报了"七五"期间寿北开发的总体规划。同年10月，寿北滩涂综合开发工程开始实施，县委书记王伯祥带领9位县委常委到现场指挥。经过半个多月的奋战，基本完成了寿北开发改造任务，总投资超4亿元，完成了基本水利、电力、道路、条台田、虾田和盐田的初步建设。寿北从贫瘠的盐碱地，变为农、林、养殖和化工等综合发展的潜力股，为寿北农业后续发展奠定了坚实基础。1990年3月，寿光县委、县政府联合批转《寿光西北部综合开发建设和管理的初步设想》通知，继续推进寿西北地区的农业配套建设，尤其是农田建设，重点抓水利。寿光西北特区的综合开发，为卧铺乡等地的无土栽培农业发展创造了基础条件。

寿光市农业的发展进步是坚持问题导向从实践出发，提出问题，解决问题，形成经验的过程，而科学技术在这个过程中至关重要。1991年3月8日，县委书记王伯祥在全县三级干部会议上讲到"使全县八大经济支柱上水平、增效益，并有大的突破，更需要依赖技术进步来完成。如果科学技术推广应用没有新的突破，农业再上新台阶就是一句空话"。20世纪90年代，无土栽培技术引入我国。1994年3月12日，中共寿光市委、市政府发布《关于创建"双千市"的决定》，提出"积极推广农业新技术、新品种。围绕发展优质、高产、无公害农业，着重抓好……蔬

菜无土栽培等新技术、新品种的推广和普及……"1997 年，寿光开始大规模引进无土栽培技术。

"当时我们县委领导王伯祥就说：'切实把农业发展的重点转到依靠科技进步的轨道上来，真正做到农业部门出题目，政府部门出政策，科技部门出技术。'寿光北部就是不适合种菜，怎么办，想办法改变，所以有了无土栽培。"（访谈编号：CW-001）

2001 年，寿光市《关于做好二〇〇一农业和农村工作的意见》中，特别提出"要充分利用北部土地资源，大力发展耐盐碱露地蔬菜和大棚无土栽培蔬菜，发展蔬菜 5 万亩，其中大蒜 2 万亩，大葱 1 万亩，无土栽培大棚 1000 亩"。在文件出台之前，寿光市已经开始布局无土栽培技术。

"从 1999 年开始，寿光市就开始大搞无土栽培技术，政府投了不少钱在寿北建实验棚。2000 年，我们村的'两委'也想种大棚，我们是盐碱地，就建了 46 个大棚，搞无土栽培，试种了西红柿、黄瓜、辣椒，把我们这些村民都拉来种大棚，后来我们南木桥村成功培育了口感好的草莓番茄，卖得特别好。"（访谈编号：CW-002）

"2022 年，我们无土栽培大棚种植面积就超过了 800 多亩，年产值 1600 万元，无土栽培的菜不容易生病，而且省事，品质也好，后来我们村被认定为无土栽培的示范村。现在寿光在双王城生态经济发展中心建了多个高品质园区，无土栽培种植面积达到了 3500 亩，我们这地方本来不适合种菜，就是无土栽培

改变了这种情况。"（访谈编号：CW-002）

（4）探索蔬菜种业"芯"，打破国外市场垄断

蔬菜种业"芯"技术，作为推动农业现代化和乡村振兴的关键力量，其重要性日益凸显。这些先进的"芯"技术不仅为蔬菜产业的持续健康发展注入了新的活力，也为农业生产方式的转型升级提供了有力保障。寿光市政府的政策对育苗育种倾斜是寿光蔬菜引领全国相关产业发展的重要原因。寿光市是最早成立蔬菜良种推广站的地区之一。1991年，王伯祥同志在全县三级干部会议上的讲话中提出，要做好全县蔬菜种子的经营、良种繁育和推广工作。1993年3月，寿光县政府召开农业结构调整座谈会，提出大棚不能光种蔬菜，要搞多品种，尤其是发展优特稀品种。1994年，《关于创建"双千市"的决定》中强调要做好农业新品种的推广和普及，集中抓好新品种开发示范区等工作要求。寿光蔬菜起步阶段，政府就非常重视良种对于农业生产的作用，积极推广国产种子，但由于那时候育种技术落后、国内种子供应不足，当大量进口种子涌入寿光市场时，农民们观察到这些外国种子的产量显著高于国产种子时，竞相购买和采用。短短几年时间，国外蔬菜种子就占据了寿光市场的大头。这一阶段，蔬菜良种主要依靠从国外引进，种业发展成为限制寿光市乃至我国蔬菜产业发展的重要因素。

2005年6月，寿光市政府投资建立面积500亩的优质蔬菜良种研发中心。2006年，加快农业自主创新能力，开发研制出拥有自己知识产权的蔬菜品种，提高寿光蔬菜的核心竞争力，寿光市委牵头成立了中国农业大学寿光蔬菜研究院。自此，寿光蔬菜种业开启了自主研发的新时期。

　　"在政策支持下，寿光本地的育种企业发展得到了助力，开始崛起。2008 年的时候，在政府的支持下，很多企业都决定自主研发育种，投入七八千万元进行新品种和新技术研发，宝禄粉番茄的成功研发不仅使得它成功地替代了荷兰种子，而且还显著降低了农民在育苗方面的成本。此外，寿光市还赢得了 71 个国家植物新品种权，这些种子迅速覆盖了全国 20 多个省市并销往海外。目前，寿光市自主研发了大量蔬菜品种，其年繁殖量惊人，达到了 18 亿株之多，产值更是突破 10 亿元人民币大关。这一成就使寿光市荣膺全国最大的蔬菜种子繁育中心，被正式认定为国家级区域性优良品种繁殖基地，并被列入国家级蔬菜种业创新基地的建设规划之内。"（访谈编号：NY-002）

　　2012 年，寿光市实施种子工程攻坚行动，建设国家现代蔬菜种业创新创业基地研发中心，培育建成了一批现代种苗企业和示范推广基地。自 2012 年以来，一系列的政策措施不断涌现，其中包括《寿光市政府办公室关于推动蔬菜种子行业快速发展的实施策略》等政策，这些政策广泛涵盖新品种研发、种子处理以及繁育等多个关键领域，提供了全方位的支持。累计投入的财政资金已达 3 亿元。寿光市与包括中国农业科学院、中国农业大学在内的十几家国家级科研机构建立了深度合作网络。值得一提的是，寿光市还成功孵化了诸如蔬菜种业集团、三木种子、永盛农业等 7 家省级以上的领军企业，这些企业的崛起进一步推动了行业的发展。据统计，目前全市专门从事蔬菜育苗的机构数量已增加至 485 家，显示出强大的产业活力。截至 2023 年，寿光市已经发展成为全球最大的种苗繁殖中心，年度产值更是突破了 100 亿元大关。在国产蔬菜种子市场中，寿光市的份额显著提升，从 2010 年的 54% 跃升至 2023 年的 70% 以上。

"从 2010 年开始，农业农村局就对我国蔬菜种业受国外种子垄断的现状作出了有力回应，我们制定了一系列扶持政策，每年有 1000 多万元财政资金投入，以实施 17 项发展政策。自 2018 年以来，市级财政投入超过 5000 万元专项资金，我们称其为'育繁推一体化'的蔬菜种子产业体系建设。"（访谈编号：NY-001）

"寿光市以其卓越的丹河设施蔬菜标准化生产示范园而自豪。总库容 20 万份，已成功收录 25000 余份种质资源，这个示范园是在蔬菜种业科研和创新方面的强大支持。现在寿光市自主研发的蔬菜品种达 205 个，每年繁育种苗超过 18 亿株，国产蔬菜种子市场占有率达 70% 以上。"（访谈编号：NY-001）

4.1.2 技术创新的动力作用

寿光市蔬菜产业发展过程中特别注重技术开发和推广，早期主要是内部推广，通过建设蔬菜经销服务公司，从县到乡镇、村层层建立蔬菜生产技术推广机构，构建蔬菜生产科技推广体系，利用各种形式，搞好技术推广，不断提高科学种菜水平，推动寿光市蔬菜生产规模化、标准化和产业化发展。后期随着寿光市蔬菜产业的壮大和知名度的提升，大棚技术开始输出。根据寿光市政府公布的数据可知，1995 年，寿光市就有 3000 多名技术员在外地传授大棚技术，蔬菜大棚也迅速发展到周边县市以及全国 20 多个省、自治区、直辖市，2000 年增至 5000 人左右，2023 年全市常年有 8000 多技术人员在全国各地指导蔬菜种植。除了技术人员往外走以外，寿光市还建立了潍坊市农业干部培训基地、山东省农业干部培训基地和全国农业干部培训基地，每年培训各地农业人才 1

万多人。输出的技术也从冬暖式蔬菜大棚技术到无土栽培技术，再到标准认定和品牌打造，实现了蔬菜全产业链技术标准体系，让寿光市蔬菜产业化经验传向全国，带动农民增收。

新结构经济学强调，发展中国家应根据其要素禀赋结构所决定的比较优势来选择产业和技术，以实现最低生产成本和最大竞争力。随着资本积累和要素禀赋结构的升级，产业和技术也应相应升级，以提高劳动生产率和国民财富。

第一，农业技术升级显著优化了寿光市土地利用结构和农业生产的空间布局。传统的农业生产受限于土地质量、气候条件和地理位置，而现代农业技术则打破了这些束缚。例如，寿光市通过应用无人机技术，能够以前所未有的精度和速度对土地的健康状况进行全面监测，为种植者提供实时数据支持，使他们能够作出更加科学合理的种植决策，实现土地资源的最大化利用。

第二，农业技术升级推动了寿光市农业生产的空间集中化和规模化发展。寿光市借助智能化的农业装备和现代化的农业生产技术，使农民能够实现农业生产的高效化和精准化。通过无人机、智能传感器和物联网等先进技术的结合应用，农民可以实时监控土壤环境、气象条件和作物生长情况，为寿光市农业生产提供精确的数据支持，实现精准灌溉、施肥和病虫害防治。这种集中化和规模化的农业生产模式不仅提高了寿光市农业生产效率，还有助于降低农业生产成本，推动寿光市农业生产向更加可持续的方向发展。

第三，农业技术升级还对寿光市农业产业链的空间布局产生了积极的影响。随着农业技术的不断进步，寿光市农业生产不再仅仅局限于传统的种植和养殖环节，而是向产业链的上下游延伸。寿光市通过应用现代化的农产品加工技术和保鲜技术，能够实现农产品的精细化加工和长期储存,延长农产品的保质期,提高寿光市农产品的附加值。同时,农业技术的升级也促进了寿光市农业与其他产业的深度融合发展,如农业与旅游业、文化产业的有机结合,形成了独具特色的农业观光和农业体验项目,为寿光市农业生产带来了新的增长点和发展动力。

第四,农业技术升级还促进了寿光市农业生产的绿色化和环保化。寿光市通过应用现代化的农业技术和装备,能够更加高效地利用资源,减少农业生产对环境的影响。例如,通过推广节水灌溉技术、采取生物农药和有机肥料等措施,能够降低农业生产的水资源消耗和化学农药的使用量,保护生态环境,实现农业与环境的和谐共生。

第五,农业技术升级还带动了寿光市农村经济的整体发展。随着农业技术的不断升级,寿光市农业生产逐渐实现了现代化和规模化,吸引了更多的资本和人才流入农村地区。这不仅促进了寿光市农村经济的繁荣和发展,也为农民提供了更多的就业机会和增收途径。同时,农业技术的升级也推动了寿光市农村产业结构的优化和升级,为寿光市农村经济的可持续发展奠定了坚实基础。

4.2 结构调整促转型

在寿光市乡村产业振兴的过程中,产业结构变动升级明显。从农业产业层面看,推动产业升级,实现了从蔬菜产业化到农业产业化再到农业工厂化,蔬菜产业化引领农业与非农产业协调发展。特别是随着数字技术的广泛应用,寿光市的蔬菜大棚物联网应用率超过80%,农民可以通过手机远程操控大棚设备,实现精准种植和管理。这种数字化的农业生产方式,不仅提高了农业生产的效率,还推动了农业产业的升级。农民可以管理更多的智慧大棚,平均节约劳动力40%,亩产效益提高30%,

实现了从传统农业向现代农业的转变。

4.2.1 结构调整：由规模化向产业化演进

党的十一届三中全会后，寿光县人民政府认真贯彻落实1981年中共中央、国务院发出通知提出的"决不放松粮食生产，积极开展多种经营"的方针，摆脱单一经营的思想束缚，大胆调整作物布局。到1982年，寿光县进一步将经济作物耕种面积从1979年的25万亩扩大至60万亩，其中瓜菜18.2万亩，农业生产开始活起来。经过连续4年的调整，农业生产布局日趋合理，蔬菜生产开始走出小农经济圈子，向着商品经济发展。除了政策引导，寿光县每年都会对各项指标的完成情况进行严格的评审，并特别表彰与奖励那些在发展蔬菜专业村和专业户中崭露头角的单位和个人，以此在全社会营造出浓厚的、积极促进蔬菜生产发展的良好风气，比如将城关镇蔬菜种植作为典型推广，鼓励广大群众开展蔬菜生产。同时，寿光县还提出了"抓好当家作物，相对集中种植"的发展策略，根据各地的自然条件和资源条件因地制宜地发展，比如南部重点发展蔬菜生产。

"之前虽然没有种棚，但是也开始种菜了，当时镇上村里也鼓励大家种菜，还专门划一片地，大家都在这儿种，比较集中，就是没有后来种棚的面积那么大。"（访谈编号：NM-002）

寿光市20世纪80年代初期的农业生产结构调整有很大的冒险性和开拓精神。这一系列政府举措，初步奠定了寿光市改革开放初期的乡村农业产业的布局和发展基础，是落实国家政策、引导产业发展等方面的体现。

1986 年，国家农牧渔业部、国家计委第 14 号文件批复了寿光县建立农业综合商品基地的报告。寿光县重点抓蔬菜产业各项配套服务设施，建成优质蔬菜商品基地 1 处，发展了 42 个蔬菜生产专业村和 8000 个专业户，使蔬菜生产向产业化迈出了新的一步。在 1989 年，寿光县的蔬菜种植业发展显著，其总面积已突破 20 万亩，总产量达到了惊人的 10 亿公斤，成功推动全县农村年人均收入从 1978 年的 74 元跃升到了 1989 年的 811 元。

（1）蔬菜规模化带动蔬菜产业化

蔬菜生产的规模化主要体现在以下几个方面：一是相较于传统的零散种植，规模化生产通过集中连片的大面积种植，大幅度提高了生产效率。不仅显著减少了生产中的边际成本，如单位面积的劳动力成本、水肥消耗等，还使得农业机械设备得以更高效地利用，从而进一步降低了生产成本。这种成本节约最终转化为经济效益的提升，使农民的收入得到显著提升。二是在面积方面，规模化生产使蔬菜种植突破了传统的小面积限制，实现了土地资源的集约化利用。寿光市通过科学规划，种植基地能够根据蔬菜的生长习性、市场需求等因素，合理安排种植区域，确保土地得到最合理的利用。这不仅能够满足市场需求，还可以避免土地资源的浪费，实现可持续发展。三是规模化生产也为寿光市蔬菜品种的多样化和优质化提供了有力支撑。传统的蔬菜种植往往受到种植技术和市场需求的限制，品种选择相对单一。然而，在规模化生产模式下，种植基地可以根据市场需求和消费者偏好，灵活调整种植结构，引入更多优质、高产的蔬菜品种。这不仅丰富了市场供应，也满足了消费者对于多样化、高品质蔬菜的需求。至于产量方面，规模化生产的优势更是显而易见。通过科学的种植管理、合理的施肥和灌溉，以及病虫害的有效防治，规模化种植基地能够实现单位面积产量的显著提升。四是借助现代化的农业技术，如温室大棚、滴灌、喷灌等，可以进一步提高蔬菜的产量和品质。这种产量上的增加，不仅满足了市场对寿光蔬菜的需求，也为寿光农民带来了更为丰厚的经济回报。规模化生产不仅提高了蔬菜的产量和质量，还显著增强了寿光市蔬菜产业的市场影响力。寿光市大规模的蔬菜种植基地能够稳定地供应大量优质蔬菜，从而对市场形成有力的调控和支撑。这有助于稳定市场价格，减少市场波动，保障消费者的购买需求得到满足。规模化生产还促进了技术创新和科技进步。为了适应规模化生产的需求，寿光市种植基地引入先进的农业技术和管理理念，如智能农业、精准农业等。这些技术的应用不仅提高了寿光市蔬菜生产的效率和质量，还为寿光市农业的可持续发展提供了新的动力。规模化生产也注重环境保护和可持续发展。寿光市通过合理的土地利用规划、科学的水肥管理以及病虫害的绿色防控等措施，规模化种植基地能够减少对环境的负面影响，实现绿色、环保的蔬菜生产。这不仅有助于保护生态环境，还为消费者提供了更为健康、安全的蔬菜产品。规模化生产还促进了寿光市蔬菜产业链的协同发展。在规模化生产模式下，种植、加工、销售等各个环节能够更紧密地衔接起来，形成一体化的产业链。这有助于提高产业链的整体效率和竞争力，推动寿光市蔬菜产业的持续健康发展。

蔬菜生产的规模化不仅体现在规模、面积、品种和产量等方面，还深刻影响着市场、技术、环境和产业链等多个层面。寿光市通过规模化生产，实现了农业的高效、绿色、可持续发展，为消费者提供更加优质、安全的蔬菜产品，同时也为寿光农民带来更为丰厚的经济回报。

寿光市蔬菜产业实现了显著的质量飞跃和快速增长，这一重大突破得益于三元朱村在冬季温室大棚试验上的先行成功。1990年，5000多个大棚的建立，让寿光市迅速成为北方深冬精细菜的重要生产基地，蔬菜生产也正式进入产业化发展阶段。冬暖式大棚的建立打破了蔬菜生产的季节限制和品种限制，提高了蔬菜内在的质量和商品性。在寿光市蔬菜批发市场的带动下，寿光蔬菜的产业经济效应进一步放大。1990年，全县27个乡镇（共34个）建起5130个大棚，1991年猛增到2.5万个，蔬菜种植面积也增至34万亩，总产量25亿斤，收入3亿元，蔬菜行销全国29个省、自治区、直辖市，并有部分产品打入国际市场，仅北京、天津两市每年就由寿光市直供蔬菜2亿多斤[①]。1991年，寿光县被商务部列为全国蔬菜商品生产基地县。

　　"寿光市蔬菜批发市场一直坚持着'买全国，卖全国'的理念，搭建了全国性的交易平台。其中外省交易金额占到了80%以上。以寿光市为中心，市场通过南北蔬菜的运输和交易，使寿光市成为全国蔬菜最大的集散、中转基地。冬季南方产区蔬菜往北运，夏季北方产区蔬菜往南运，确保全年都有蔬菜供应。"（访谈编号：PF-001）

　　"寿光市蔬菜市场的繁荣带动了1.7万个中介组织和近10万人的流通大军，形成了庞大的产业链，这不仅推动了蔬菜产业，还为当地居民提供了大量的就业机会。"（访谈编号：PF-001）

（2）蔬菜产业化带动农业产业化

　　冬暖式大棚成就了寿光蔬菜，有力推动了包括果树业、林业、畜牧业、渔业以及花卉业在内的多元产业的繁荣增长。一系列创新的生产方式，例如在温室中种植果树、养殖花卉等，经过试验验证后取得了显著

[①] 1991年4月5日，寿光县人民政府文件，寿政发〔1991〕第74号，《关于申请将寿光县列为全国蔬菜商品生产基地县的报告》。

成效，逐渐被广泛采纳和推广。1991年，王伯祥同志在全县三级干部会议上讲道，要充分发挥当地资源优势，大搞以粮、菜、棉、果、牧、水产品等为原料的农副产品生产和加工，走加工增值、贸工农一体化的路子，组建企业集团，尽快形成我县的支柱企业和支柱产业。同年12月，寿光县发布了《关于发展优质低耗高产高效农业的意见》，提出在现有农业发展基础上，开展适度规模经营，形成具有一定规模的农业车间、家庭农场、农业队和承包大户，获取规模效益。这一政策破解了制约农业产业化升级的土地细碎化问题。在〔1994〕18号市委文件①中，提出要全面实施农业产业化战略，加强龙头企业和农产品基地建设。通过调整农业产业结构、科技推广、规模生产、龙头企业带动等多方措施的实施，推进了农业产业化进程，促进了适应社会主义市场经济要求的农村新经济体制的建立，也促进了农村经济由粗放型向集约型转变。到1995年，蔬菜种植面积达39.6万亩，其中保护地栽培达到19.2万亩，各类大棚20万个，其中冬暖式大棚9.7万个。

> "大棚里不仅可以种菜，还能种果树，古城在2004年就试验成功了，这有山东省果树研究所认证。之前国内没有在温室种植果树的，这项技术在国际上都是领先的，这为未来的果树栽培研究开辟了新的方向，这也说明寿光市在农业领域中是有领先地位的。"（访谈编号：YJ-001）

新结构经济学认为，要素禀赋及其结构是决定一个国家经济结构的关键因素。要素禀赋包括自然资源、劳动力、资本、技术等，而其结

---

① 1994年3月12日，寿发〔1994〕18号，《关于创建"双千市"的决定》。

构则决定了要素的相对价格和比较优势，从而影响产业选择和经济发展方向。蔬菜产业的要素集聚效应是一个复杂而充满活力的过程，涉及多个方面的资源优化配置和协同发展。在这一过程中，土地、园区、资本、人才、工业以及第三产业等要素在特定的地理区域内汇集，彼此之间的相互作用和协同效应显著，推动了寿光市蔬菜产业的快速发展。土地作为蔬菜产业的基础要素，其集聚效应尤为显著。寿光市通过土地的高效利用和集约化经营，不仅大大提高了土地的产出率，还优化了寿光市农业产业结构，实现了绿色、可持续的发展。同时，集中连片的土地更有利于现代农业技术的应用，如精准灌溉、智能温室等，从而大幅提升寿光蔬菜的产量和品质。寿光市蔬菜产业园区的建设是要素集聚的重要载体。园区通常具备完善的基础设施、高效的公共服务体系和丰富的技术资源，为寿光市蔬菜产业的集群化、规模化、标准化生产提供了有力保障。园区内企业之间的紧密联系和协作，也有助于形成产业链的上下游配套，提高整个园区的竞争力。资本要素在寿光市蔬菜产业集聚过程中也发挥着至关重要的作用。随着资本的流入，寿光市蔬菜产业可以获得更多的资金支持，用于科技创新、品牌建设、市场推广等方面。同时，资本市场的发展也为蔬菜产业提供了多元化的融资渠道，如风险投资、债券发行等，有效降低了企业的融资成本，促进了产业的快速发展。人才是寿光市蔬菜产业持续创新的核心驱动力。在要素集聚的过程中，大量的专业人才汇聚于此，他们在种植技术、加工技术、市场营销等领域不断探索和创新，为寿光市蔬菜产业的升级和转型提供了源源不断的动力。同时，人才之间的交流和合作也推动了知识和技术的共享与传播，提高了整个产业的创新能力和竞争力。工业要素的支持对于寿光市蔬菜产业的升级和发展同样不可忽视。农业机械、农产品加工、包装等工业领域的进步为寿光市蔬菜产业提供了先进的装备和技术支持。这些技术的应用不仅提高了生产效率和产品品质，还推动了寿光市蔬菜产业的转型和升级，使其更加符合现代市场的需求。第三产业的繁荣为寿光市蔬菜产业提供了全方位的服务支持。市场营销、物流配送、金融服务、信息技术等领域的专业服务为寿光市蔬菜产业的流通和销售提供了便利条件。这些服务的集聚不仅拓展了寿光市蔬菜产品的市场渠道，还提高了市场竞争力，为寿光市蔬菜产业的可持续发展奠定了坚实基础。

（3）农业产业的转型升级

2000 年，第一届寿光国际蔬菜博览会开幕，这可以说是寿光市农业发展的分水岭。每年一次的蔬菜博览会让寿光市成为农业产业科技的汇聚地和辐射源。根据《农业科技园区指南》和《国家农业科技园区管理办法》等文件的要求，寿光市政府积极推动稻田镇国家级农业综合开发高科技示范区的建设。丹河设施蔬菜标准化生产示范园、现代农业高新技术试验示范基地、蔬菜高科技示范园、寿光市智能化示范大棚园区、田柳镇现代农业创新创业示范园区等一众科技示范园区相继建成。各类工厂化种植方式让寿光农民意识到科技改变产业，蔬菜工场、标准化生产成为寿光市蔬菜产业的又一次生产变革。

"稻田镇在 2002 年就建成了 2 万亩农业现代化示范园，形成了产业新格局，这一新格局在引进农业新品种和高新科技，提高经济、社会和生态效益，以及加速农业发展方面都能发挥作用，还为其他地区提供了借鉴，推动了农业现代化的全面进步。"（访谈编号：ZZ-001）

蔬菜育种、栽培、植保、设施、新品种、新技术的研发等在寿光市形成了完整的产业链条。近年来，寿光市坚持以智慧化思维和科技化手段对农业产业进行全链条重塑，打造了"寿光市蔬菜产业互联网平台"。大棚滴灌、臭氧抑菌、熊蜂授粉等 300 多项国内外新技术在寿光市的大棚里常态化使用，立体栽培、无土栽培、椰糠栽培等 30 多种种植新模式增产增效，科技进步对农业增长的贡献率达到 70%，高出全国 10.8 个百分点。[①] 现在的寿光市，60 万亩蔬菜大棚成为现代化的农业工厂，实现了蔬菜生产种植的提质、增产、增效、降本。

> "在 2012 年到 2018 年这个时间段，寿光市开始引入工业运营模式，一共建了 18 个现代农业园区。农业产业园区化是种很新的做法，需要引入外部投资。园区里和工厂一样有很专业的分工，从大棚建设到蔬菜生产各环节都形成了专业队伍，和工业生产线差不多，很高效。"（访谈编号：NY-001）
>
> "在现代农业园区里，农民更像是小工厂的'老板'，拥有非常高的参与度和决策权，并且可以进行集中的、较大规模的蔬菜种植，这使农业生产更加现代化，还提高了效益和产值，可以说，这是一场农业领域的变革。"（访谈编号：NY-002）

寿光市农业产业的转型升级构成了一个繁荣且富有活力的产业生态。这个生态不仅仅局限于生产环节，还延伸到了加工、销售、服务、体验和创意等多个方面，形成了一个全链条、全方位的产业格局。

在产业链上游，第二产业对寿光市蔬菜产业的支持犹如坚实的后盾。先进的农业机械制造业为寿光市蔬菜生产提供了高效、智能的设备，如无人驾驶的播种机、能够根据土壤湿度和养分含量智能调节灌溉量的

---

① 资料来自澎湃新闻 https://m.thepaper.cn/baijiahao_20543252。

灌溉系统，以及能够精准计算施肥量的施肥机等。这些设备的应用不仅极大地提高了寿光市蔬菜生产的效率，还显著降低了生产成本，使得寿光农民能够在有限的土地上获得更多的收益。同时，农药化肥生产业也在不断创新，致力于研发出更加环保、高效的农用化学品。通过采用生物农药、有机肥料等环保型农资产品，寿光市蔬菜产业得以减少对环境的污染，实现绿色可持续发展。这种可持续的发展模式不仅有助于保护寿光市生态环境，还能够提高寿光市蔬菜产品的品质和口感，满足消费者对健康、绿色食品的需求。在产业链下游，第三产业的贡献同样不可或缺。寿光市物流行业通过构建高效、便捷的配送网络，确保了新鲜的寿光蔬菜产品能够迅速送达消费者手中。无论是城市的高楼大厦还是乡村的田间地头，消费者都能够享受到新鲜、美味的蔬菜。销售行业则通过线上线下多渠道的销售方式，将优质的蔬菜产品推广到更广泛的市场中去。无论是传统的农贸市场还是现代的电商平台，消费者都能够方便地购买到心仪的蔬菜。

此外，"新六产"、新业态的崛起为寿光市蔬菜产业带来了更加强劲的发展动力。"新六产"通过整合农产品生产、加工、销售、服务、体验和创意等环节，形成了一个完整的产业闭环。在这个闭环中，寿光蔬菜产品得以实现深加工、品牌化运营和市场拓展等，从而提高了产品的附加值和市场竞争力。通过引入先进的加工技术和工艺，寿光蔬菜产品得以转化为更加美味、营养的食品；通过品牌化运营，蔬菜产品得以提升知名度和美誉度，吸引更多消费者的关注；通过市场拓展，蔬菜产品得以进入更广阔的市场领域，开拓新的销售渠道。同时，新业态如电子商务、物流配送、智慧农业等也为寿光市蔬菜产业带来了更加便捷、高效的运营模式和商业模式。电子商务的兴起使得寿光蔬菜产品能够通过网络平台直接面向消费者销售，减少了中间环节和流通成本；物流配送的完善则确保了蔬菜产品能够快速准确地送达消费者手中；智慧农业的应用则使得农业生产更加精准、高效，提高了生产效益和产品质量。同时，这些支持和推动也促进了寿光市蔬菜产业的绿色转型和可持续发展，使得寿光市蔬菜产业成了一个具有广阔前景和巨大潜力的产业领域。

4.2.2 结构调整的动力作用

蔬菜产业化带动的产业结构及其演化是一个充满活力的系统性过程，涉及产业链协同、技术创新、市场需求、环境影响等多个方面。从产业链协同的角度看，寿光市蔬菜产业化的空间演化带来了前所未有的整合效果。产业链上下游企业之间通过紧密的合作关系，形成了高效的协同机制。在垂直整合方面，寿光市种子研发、种植技术、采后处理、加工、销售等各个环节紧密相连，形成了一条完整的价值链。而在水平整合上，同行业内的企业通过合作、联盟等方式，实现了资源共享、风险共担和利益共享。这种协同作用不仅降低了交易成本，提高了资源配置效率，还为整个产业带来了强大的竞争力。同时，这种协同作用还有助于推动产业内部的创新和升级，促进新技术、新品种和新设备的应用和推广。

2019年，寿光市政府第63号文件《寿光市人民政府办公室关于完善新旧动能转换"八大产业"发展协调推进机制的意见》提出，要打造国内最具特色和影响力的"农业硅谷"、国家级农业高新技术开发区、国内重要的高端制造业基地和高端化工产业转型升级示范区，为新时期寿光市农业产业优化提升、新兴产业培育壮大指明了方向。寿光蔬菜围绕设施蔬菜种植、设施农业建造两个基础，积极培育上下游相关产业，拓展蔬菜产业大产业链。从产前生产资料生产供应，产中服务管理，再到产后品牌搭建与营销等环节，实现了一二三产业的协同发展，形成了一个优势互补、互为支撑的产业体系。产业体系的不断完善为蔬菜产业发展提供了成本低、服务高效、竞争力强的发展环境，促进了蔬菜产业的良性高速发展。寿光市通过创新农业生产方式，以农业培养工业、带动三产服务业，构筑了一二三产业交叉融合的现代产业体系。

"最开始寿光只是一个种菜农户很多的地方而已，后来成了国内重要的蔬菜集散地，而且还带动了二、三产业的发展，形成了一套现代产业体系。"（访谈编号：YJ-001）

"蔬菜产业发展起来，物流、餐饮业等服务业，相关的加工业也跟着发展起来，感受很明显，光是物流园周边就有一些企业，比如专门做素菜的饭店什么的。"（访谈编号：PF-001）

"最近这些年，预制菜比较流行，在蔬菜产业链方面，寿光市政府很重视预制菜市场，想构建从'一粒种子'到'一桌美食'的完整链条体系，可以说这是形成全产业链的综合发展的突破口。"（访谈编号 NY-001）

随着寿光市蔬菜产业的升级发展，其空间布局也发生了显著变化。一方面，寿光市蔬菜产业开始向优势区域集聚，形成了特色鲜明的蔬菜产业带。这些区域凭借得天独厚的自然条件和丰富的农业资源，大力发展设施蔬菜、有机蔬菜等特色产业，成为全国乃至全球知名的蔬菜产区。另一方面，随着冷链物流、物联网等基础设施的完善，寿光市蔬菜产业的空间布局得到了进一步优化。通过建立完善的物流体系和信息平台，实现了蔬菜产品的快速流通和精准对接，提高了市场的竞争力和消费者的满意度。从农业产业层面看，寿光模式的效应可以概括为从技术输出到园区输出再到模式输出，先后在江西井冈山、瑞金，陕西安塞，四川北川，新疆，贵州毕节，山东新泰、聊城（茌平）、东营（利津）等地建设了大型蔬菜基地。截至目前，"寿光模式"北到黑龙江省五常市红旗乡的"冬季温室大棚"，南到南沙永暑礁的蔬菜繁育基地，西到贵州省遵义市播州区的"枫香速度"。如今标准化蔬菜示范基地迅速传遍全国，全国的新建蔬菜大棚一半以上有"寿光元素"。

寿光市乡村产业振兴的实践充分证明，蔬菜产业升级是推动农业现代化的关键所在。随着数字技术的广泛应用和深度融合，寿光市的蔬菜大棚物联网应用率实现了显著提升，农业生产方式正在经历由传统向现代的深刻转型。农民们借助先进的物联网技术，可以更加精准地控制大棚内的温湿度、光照等环境因素，实现作物生长的最佳条件。这种数字化的农业生产方式不仅提高了农业生产的效益，也为农民们带来了更加丰厚的收入。同时，产业升级还推动了农业产业链的完善和农业生产的标准化、规模化、集约化发展，为寿光市农业现代化的实现奠定了坚实基础。

4.2.3 典型案例：农村承包地组织化流转及成效调研

（1）调研背景、调研目的、调研对象及实施过程

调研背景。农村承包地"三权分置"改革是我国新时代土地制度改革的重大创新，是农村土地制度改革体系中最先推进、影响范围遍及全国、农民自发参与度最为广泛的一项改革，是同时具有强制性制度变迁和诱致性制度变迁双重特征的改革范例。理论上讲，承包地经营权流转的加速，有利于推进农村土地实现适度规模经营和促进新型农业经营主体的发展，进而有利于农民增收致富。然而实践观察结果并不完全支持以上理论预期，现实中反而出现了承包地使用权流转加速和"小农户复制"并存的意外结果。这一理论和实践之间矛盾的产生原因究竟何在？

回答好这一问题，对于进一步优化承包地"三权分置"改革的政策实施方案，显然具有重大而深远的影响。

调研目的和调研对象。山东省既是典型的农业农村大省，也是全国范围内率先开展"三权分置"改革的地区，土地流转规模巨大、流转主体多样。笔者以寿光市东斟灌村作为调研样本，目的在于通过对其以党支部领办型合作社为主体的组织化农地流转的全面剖析，深刻认识承包地"三权分置"改革的重大实践意义，并全面厘清不同形式农地流转之间的效率差异。

实施过程。分别于2021年5月和2023年4月，通过原始资料调阅、开展半结构化访谈等方法，对样本村进行了两次深入调研，对其承包地"三权分置"改革的实践及其对合作社发展和农业园区建设的影响开展了全方位观察。

（2）调研结果

东斟灌村基本情况。东斟灌村位于山东省寿光市，2022年末在册586户2200人，耕地面积4486亩，距离城区35公里，属于典型的纯农业村庄。选择该村作为样本村的原因在于，该村加速发展的起点状态与我国众多落后农村的现实格局具有高度相似性，它既无区位优势，又无交通优势和自然资源优势，也曾一度深陷普遍贫困、人心涣散、环境破败的境地。但是其以土地组织化流转为中介，以果蔬合作社、土地合作社、资金互助合作社等"三社"为载体，全面激活了农业农村内生发展动力，其发展路径蕴含着丰富的理论和实践价值。

东斟灌村承包地"三权分置"改革的基本做法。东斟灌村承包地"三权分置"改革的起点和背景在于其村党支部领办的果蔬合作社的成功实践。2008年，该村创办了"斟灌"果菜合作社，采取"村集体＋合作社＋农户"的组织形式和"五统一"的管理模式，成功将"原子化"

小农户改造成为了更加适应市场经济要求的组织化群体。生产环节上，合作社从统一种苗和农资采购、统一管理技术服务、统一品牌运作等三个方面入手，稳定彩椒种植成本、确保彩椒品质。销售环节上，利用村口闲置房屋和场地建立了统一的蔬菜批发市场，采取合作社统一质量监测、统一购销结算的方式，化解之前种植户分散销售的信息风险和结算风险。在该合作社的集中运作下，东斟灌村彩椒种植迅速形成了特色化和产业化优势，被认定为市级农产品质量安全示范生产基地，拥有注册商标和绿色食品称号，产品不仅在国内市场畅销，价格远高于同类彩椒，而且远销韩国、新加坡、俄罗斯等国家。

在"斟灌果蔬合作社"的成功引领下，东斟灌彩椒种植户实现了快速增收，但彩椒种植扩大再生产却面临着严重的土地数量限制。为了破解这一难题，该村党支部于2012年有针对性地领办了土地股份合作社，采取"村集体＋种植户＋非种植户"的土地股权合作制组织形式和"保底收益＋按股分红"的收益分配形式，既有效化解了土地供给不足、地块零散等因素对彩椒种植业做大做强的不利影响，又成功开辟了全体村民共享产业增长红利之路。在股权设置上，该合作社坚持个人股和集体股统一参与原则，系统推进了村内全部4486亩土地的顺畅流转，农户参与率达到100%。在盈余分配上，采取二次分配方式——首次分配中，每年每股保底分红600元，并依据人口变化，每年进行一次股权调整；二次分配中按村集体60%、社员40%的比例分配。通过土地股份合作社的协调，东斟灌村目前已经发展起30亩以上家庭农场20余个、大型农业园区6个。先进农业技术和装备的引入速度也开始明显加快，2022年彩椒产业产量达到2.2万吨，实现产值1.5亿元。

随着彩椒种植收益的平稳增长，种植户在解决了土地不足的背景下，又迅速遇到了大棚升级换代所需资金短缺的难题，"棚二代"和返乡创业人员面临的资金难题尤其突出。鉴于此，该村党支部于2013年创办了山东省第一家农民资金互助合作社，采取"村集体＋合作社＋农户"的运作形式，以满足农户扩大再生产或创业过程中的一次性、短期信贷需求。合作社以高于银行同期存款利率吸收村民闲散资金，以低于银行同期贷款利率贷放给能够找到两位社员提供担保的农户。截至2022年底，全村已有近400户加入资金互助合作社，年均募集资金和借出资金也由最初的100万元左右发展至300余万元。在资金互助合作社的支持下，该村近年来已有相当数量的外流青壮年劳动力实现了回流，80后和90后"棚二代"占比已经达到23.05%，另有20余名大学生完成了返乡创业。

东斟灌村承包地"三权分置"改革及"三社"实践的基本成效。以特色农产品为突破口，以承包地"三权分置"改革为支撑，东斟灌村全面顺应了市场经济条件下农村产业发展对于激活与整合生产要素潜能的客观要求，有效拉动了村民和集体收入的共同增长，证明了农业组织化流转、农业规模化、专业化和特色化之路的巨大潜力。有数据显示，1998年村人均年纯收入只有2200元，村集体收入基本空白。随着"三社"实践的逐渐推进，2013年全村人均年纯收入提高至1.6万元，2019年提高至近3万元（2.9万元），2022年更是达到了4.3万元，比寿光全市农民人均年纯收入高出2.53万元，相当于后者的143%，甚至略高于寿光市城镇居民人均可支配收入（4.23万元）。与此同时，村集体收入也从无到有并不断壮大，2013年达到70万元，2016年后迈上100万元新台阶，2022年增至180万元。

（3）基本调研结论

通过对东斟灌村承包地"三权分置"改革成效与全国绝大多数地区农民自发土地流转方式的对比分析，笔者得到如下四方面的调研结论。

一是承包地"三权分置"改革的成效会因推进方式不同而呈现巨大差异。以推进主体和推进方式的差别为标志，承包地"三权分置"改革的实现路径包括承包地经营权农民自发流转与组织化流转（村集体、新型农业经营主体）两类基本形式。由于农民自发流转主要表现为小规模、零散化的经营权流转，并不便于对承包地进行集中整理和规模化经营，因而流转效果高度受限，甚至引发"小农户复制"格局，进而并不必然有利于农业专业化、特色化发展。与之相反，由于组织化流转具有土地流转规模较大、流转土地便于整理、易于实现集中连片经营等特点，因而能够有效破解当前农户细碎化、分散性经营难题，全面助力新型农业经营主体实现规模化经营。

二是承包地"三权分置"改革是活化农村产业发展资源的主攻方向。土地是农村产业发展的基本依托与核心支撑。从现实情况看，尽管全国农村土地资源总量比较丰富，但人均土地拥有量却极为有限，且呈现出高度细碎化的基本特点。在这一背景下，通过"三权分置"改革特别是推动承包地适度集中，就成为破解我国农地配置效率和农业经营效率"双重低下"问题的主攻方向。

三是承包地"三权分置"改革与产业组织创新同步推进是提升农业农村内生发展动力的两大保障。承包地"三权分置"改革，特别是组织化的经营权流转，尽管能够有效助力农地的适度规模经营，但是却无法解决小农户资金短缺和全面衔接大市场的矛盾。在有序推进承包地经营权规模化、组织化流转的同时，根据农民生产现代化的迫切需求，耦合性地进行产业组织创新，打通小农户所面临的要素短缺"堵点"和生产经营现代化"卡点"，才是全面提高农业农村内生发展和可持续发展的关键。

四是全面发挥村"两委"主体作用是提升承包地"三权分置"改革

实践效能的重要突破口。承包地"三权分置"改革助力农业农村现代化的内在逻辑在于促进小农户有效对接大市场，但这一逻辑的实现却有赖于存在着一个特定主体能够前置性地动员农民广泛参与土地集中的过程。由于村"两委"特别是村级党组织具有广泛的信誉基础、强大的宣传能力，干部群体的一致行动能力和隐含的风险化解背书，因而与其他经济社会主体相比具有系统推进承包地"三权分置"改革的突出优势。只有全面发挥村"两委"的组织优势，切实提高其土地和农业经营能力，才是有效提升承包地"三权分置"改革效能的重要突破口。

4.3 市场开拓增活力

新结构主义经济学强调市场在资源配置中的决定性作用，即有效市场，同时也强调政府在解决市场失灵、提供公共物品、促进产业升级等方面应发挥积极作用。从市场建设层面看，寿光市不断推动市场升级，从九巷蔬菜批发市场到国际蔬菜科技博览会再到农产品物流园区，实现了农产品市场引领农资市场与技术市场协同发展。这不仅推动了市场的物理建设和体系完善，更在市场作用的发挥上发挥了重要作用。这种拉动效应的实现，需要政府、企业和社会各方的共同努力和智慧投入。只有通过科学规划和规范管理，才能真正实现市场的可持续发展，为经济社会的繁荣做出更大的贡献。

4.3.1 市场开拓：由批发商向供应链模式拓展

（1）培育批发市场，搞活市场流通

1983 年，寿光市蔬菜产量达 9 亿斤，然而由于市场流通问题，1 亿多斤大白菜遭受损坏，导致经济损失超过 100 万元。面对这一问题，寿光市将思想集中到"化挑战为机遇，解决的办法是抓好流通"上。在此背景下，寿光县委书记王伯祥提出了要转变重生产轻流通的倾向，以适应农副产品急剧增加的新形势。1984 年 8 月，九巷蔬菜批发市场应运而生，投资 5 万元建设了 20 亩的市场，成为产地型蔬菜批发市场的开创者。蔬菜运销联合体市场的建立与蔬菜生产相互促进，当年成交量达到1.5 亿公斤，交易额达 5500 多万元，寿光市结束了"有菜卖不出去"的历史。

1986 年，随着蔬菜种植面积和外来商户的不断增加，九巷蔬菜批发市场难以适应当时的需求。同年底，寿光县委、县政府下发了《关于培育和完善九巷蔬菜批发市场的意见》，九巷蔬菜批发市场扩至 150 亩，同时改善了配套服务，寿光市正式拉开了市场经济的序幕。此后，寿光蔬菜逐步建立了内销外销结合、近销远销结合、批发零售结合的多层次、多渠道、多形式的蔬菜流通新格局。九巷蔬菜批发市场成为带动蔬菜产销的龙头，流通服务于生产，又促进生产，全县出现了蔬菜面积逐年扩大、产量逐年增加、价格稳定上升、农民收入大幅度提高的趋势。1988 年 10 月，寿光蔬菜批发市场被国家工商总局命名为"全国文明市场"。1995 年，寿光蔬菜批发市场被国务院发展研究中心认定为"中华之最——全国最大的蔬菜批发市场"。蔬菜市场发展的同时，带起了包装、蒲草、良种、毛竹、水产、畜产等一个个农副产品专业市场。另外，寿光市采取合同定销、期货交易、代购代销、联购联销、联合经营、电话订货、送货上门等形式扩大蔬菜销售，先后与全国 24 个省市区的 147个大中城市建立了稳固的蔬菜产销关系，从而在蔬菜流通中出现了内销外销结合、近销远销结合、批发零售结合的多层次、多渠道、多形式的蔬菜流通新格局[①]。市场的发展进一步促进了蔬菜生产，蔬菜面积逐年扩大，而且为了建设优质蔬菜商品基地，蔬菜生产向多层次、多品种、高产值、高效益方向发展[②]。

从 1986 年到 1991 年，寿光蔬菜批发市场三次扩建，占地面积从 20 亩扩大到 600 亩，除了销售本地菜，还承担着冬季南菜北运、夏天北菜南销的重要功能，"买全国，卖全国"成为寿光蔬菜批发市场的标签。为落实国务院提出的"菜篮子工程"，丰富大中城市居民的"菜篮子"，1995 年起，以寿光蔬菜批发市场为源头，相继开通了"寿光—北京"（1995 年）、"寿光—哈尔滨"（1999 年）、"寿光—湛江"（1999 年）等绿色通道。1999 年 3 月，海南瓜菜批发中心在寿光蔬菜批发中心设立。此后，海南、广东、广西的尖椒、菜豆，江苏的莲藕，甘肃、四川的圆葱，东北、内蒙古的马铃薯，汇集寿光市再转销到全国各地，外地菜占到寿光蔬菜市场份额的 30% 以上。寿光市当之无愧地成为我国蔬菜保障供应的"压舱石"。

> "寿光市政府很早就注意到了蔬菜销售的问题，首先就是交通，现在寿光市内交通非常通畅，公路网络健全，各乡镇之间交通方便，这与运菜有很大关系。寿光市在 2001 年的公路总里程就达到 2700 公里，蔬菜运输很方便。"（访谈编号：NY-001）

> "现在通过'绿通'能将菜运到北京、哈尔滨、湛江等大中型城市。另外就是出口，出口也很重要，寿光市通过海运、空运实现了全球出口。现在网购很火，其实在 1999 年，寿光市就开通

---

① 1986 年 10 月 7 日，王伯祥同志在乡镇党委书记会议上的讲话。

② 1986 年 11 月 1 日，寿光县人民政府文件，寿政发〔1986〕第 85 号，《寿光县人民政府关于建设农业综合商品基地情况的报告》。

了网上买菜渠道，菜农可以通过网络卖菜。"（访谈编号：NY-002）

　　寿光市蔬菜批发市场拓展升级意味着对传统市场的彻底改造和升级。这不仅涉及场地规模的扩张和基础设施的更新，更包括市场环境的优化、服务质量的提升以及交易方式的创新。可以想象，一个经过精心规划和设计的新市场，将拥有更为宽敞整洁的交易区域、现代化的交易设施和高效的物流系统。这将为商户和消费者提供更为舒适和便捷的交易环境，进一步促进市场的繁荣和发展。同时，市场体系的形成与完善也是拓展升级带来的重要成果之一。拓展升级后的寿光市蔬菜批发市场，将吸引更多的优质供应商和采购商参与，促进供应链的优化升级。这种市场体系的完善，不仅有助于提高市场的整体竞争力和效率，也为各参与方提供了更多的商业机会和成长空间。在市场作用方面，拓展升级后的寿光市蔬菜批发市场将更好地发挥其作用，推动农业产业的发展。一方面，寿光市蔬菜批发市场将为农户提供更多的销售渠道和更好的价格发现机制，帮助他们解决销售难题，提高收入水平。另一方面，寿光市蔬菜批发市场也将为消费者提供更多的选择和更好的购物体验，满足他们对高品质、安全食品的需求。这种双向促进的作用，将进一步拉动农业产业链的优化升级，推动整个农业产业的持续健康发展。除此之外，拓展升级还有助于提升寿光市蔬菜批发市场的知名度和影响力。通过引进先进的管理理念和营销手段，寿光市蔬菜批发市场可以扩大其辐射范围，吸引更多的资本和人才投入。这种知名度和影响力的提升，将进一步增强寿光市蔬菜批发市场的竞争力，推动寿光市蔬菜批发市场的持续创新和发展。

　　（2）建设蔬菜科技博览会，打造农业生产技术市场

　　寿光市冬暖式大棚种植技术的全国推广引发了各地对蔬菜生产的关

注，全国蔬菜生产的竞争逐渐从数量和品种向品质和品牌竞争转变。寿光蔬菜在全国市场上的地位受到挑战，市场竞争更加激烈。

> "最近这些年，寿光市一直都坚持'品牌兴农'，我觉得这一策略非常明智。通过实施品牌化战略，引入了很多国家级的平台，比如全国蔬菜质量标准中心、国家现代蔬菜种业基地等，对我们打造品牌都是很好的助力。"（访谈编号 SC-001）

为引领市场潮流、推动经济发展，寿光市于 2000 年成功举办了第一届寿光国际蔬菜博览会。该博览会以"蔬菜搭台、经贸唱戏、政府投资、百姓受益"的理念为指导思想，取得了显著成效。博览会吸引了来自各方的宾客，参观人数达到 30 万人次，成为推动寿光市蔬菜品牌影响力的有效手段。这一活动为促进寿光市蔬菜产业的发展、品牌知名度的提升提供了有力支持。

> "2000 年，寿光市举办了第一届蔬菜博览会，来的人非常多，展出了很多稀有的蔬菜品种，之前只计划办 5 天，因为特别受欢迎，延期到了 11 天。"（访谈编号：SC-001）

2000 年，寿光市生产的 20 大类、120 多个蔬菜品种获得国家绿色食品办公室颁发的"绿色食品"证书和产品标识[1]。中国（寿光）国际蔬菜科技博览会这一年度盛事，已然发展成纽带，连接着农民、丰富的农产品以及庞大的市场，从而积极推动了寿光市蔬菜产业的全球化进程。中

---

[1] 寿光市人民政府文件，寿政发〔2000〕122 号，《寿光市人民政府关于联合举办 2001 年中国寿光国际蔬菜博览会的请示》。

国（寿光）国际蔬菜科技博览会已发展成集科技展示、品种推广、经贸洽谈、文化交流、农业观光、设施输出等于一体的国际化专业展会，不仅推动了寿光市蔬菜产业的发展，还带动了二、三产业的发展。据统计，前24届的蔬菜展览会成功吸引了超过80个国家和地区的代表，以及来自30多个省、自治区、直辖市的高层领导和商界人士参与，累计吸引3000多万人次到会参观，实现贸易额2000多亿元。依托蔬菜博览会，寿光市提升了"寿光蔬菜"的品牌效应。借助蔬菜博览会的技术交流和自主研发，寿光市先后完成了设施农业的升级换代，育种育苗的技术突破，蔬菜物流的平台扩建等，实现了寿光蔬菜从粗放式到品质化的转型发展。

寿光国际蔬菜科技博览会如同一场盛大的科技盛宴，展示了寿光市蔬菜产业中最前沿、最创新的技术和成果。这不仅为寿光市蔬菜产业塑造了一个高科技、绿色健康的形象，还使公众对寿光市蔬菜产业产生了全新的认识。在博览会上，人们可以目睹各种先进的种植技术、智能农业设备和独特的蔬菜品种，深刻感受到寿光市蔬菜产业在现代科技的引领下，正朝着更高效、更环保、更可持续的方向发展。在促进技术交流与合作方面，寿光国际蔬菜科技博览会吸引了全球各地的行业精英和专家。他们通过参加研讨会、论坛和展览等活动，深入交流最新的科研成果、技术趋势和市场动态。这种跨国界、跨行业的交流与合作，不仅促进了知识和技术的共享，还为寿光市蔬菜产业带来了更多的商业机会和创新灵感。同时，博览会还为企业和科研机构提供了一个展示自身实力和优势的平台，有助于推动产业内部的合作与共赢。在推动产业升级方面，寿光国际蔬菜科技博览会所展示的新技术、新品种和新成果，为寿光市蔬菜产业的升级转型提供了强有力的支撑。这些创新技术和成果不仅提高了蔬菜的产量和质量，还降低了生产成本和环境污染。通过引进和应用这些先进技术，蔬菜生产者可以更好地适应市场需求，实现产业升级和可持续发展。同时，这些创新技术和成果也激发了产业内部的创新活力，推动了整个产业向更高层次、更宽领域发展。在扩大品牌影响力方面，寿光国际蔬菜科技博览会无疑是一个绝佳的平台。参与博览会的企业和机构可以通过精心策划和展示，充分展现自身的技术实力和产品优势。这不仅有助于提升企业和机构的品牌知名度和美誉度，还能够吸引更多潜在的客户和合作伙伴。同时，博览会的成功举办也能够增强企业和机构的行业影响力和话语权，为它们在市场竞争中赢得更多的优势。

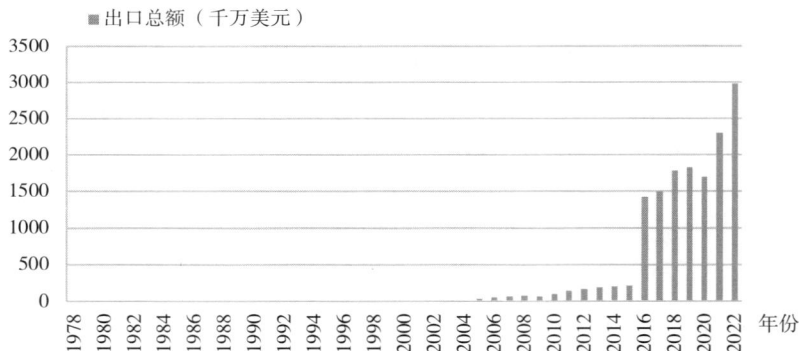

图 4-1　1978—2022 年寿光市蔬菜出口总额

在寿光市的蔬菜产业链中，标准化生产被视为塑造品牌核心的关键，同时也是现代农业的核心策略。为了强化并提升"寿光蔬菜"的品牌形象，寿光市对蔬菜生产的标准实施了更为严格的把控。

"现在，市场上有很多我们的知名品牌，比如七彩庄园、金彩益生、崔西一品等。同时，我们市有 16 个国家地理标志产品和 13 个产品入选农业农村部全国名特优新农产品名录，这些都是我们农产品优质的象征。我们的绿色无公害'三品'农产品认证数量达到了 284 个,而粤港澳大湾区'菜篮子'产品认证基地更达 56 家。"(访谈编号: YJ-001)

自 1998 年起,寿光市积极投入到研发绿色蔬菜生产技术的探索中。截至 2000 年底,寿光市的绿色食品蔬菜生产基地已经广泛渗透到整体蔬菜生产面积的 70% 至 80% 之间,且已成功获得了超过 120 个蔬菜品种的绿色食品认证。2020 年以来,寿光市开始大力发展无公害蔬菜生产,引进无土栽培技术[1][2];2001 年,寿光市以市蔬菜高科技示范园、洛城、钓鱼台、三元朱、文家等地为先行,全面推动了无公害蔬菜生产基地的构建。为进一步扩大规模,寿光市在田马、卧铺、稻田、留吕、侯镇、纪台、化龙、台头、北洛、古城、建桥、圣城、羊口、田柳、王高、上口等 16 个乡,镇,街道区域,进行了科学规划和积极发展,建设了一批无污染的蔬菜生产基地[3]。为保证目标的实现,寿光市政府制定了具体的八项政策措施,而且成立了专门领导小组进行督办和实施[4]。同年 10 月,16 处无公害蔬菜生产基地建设完成。目前,全市共建成无公害蔬菜基地 21 处,面积达 20 万亩,[5]已经在国家市场监督管理总局获得注册商标的农产品种类繁多,包括但不限于"乐义"蔬菜、"王婆"甜瓜、"荣

---

[1]1997 年,寿光市原科委主任刘学诗在寿光市北部卧铺乡刘旺村实验无土栽培技术。无土栽培技术结束了"盐碱地上不能低成本种植蔬菜的历史"。

[2] 寿光市双王城南木桥村 2000 年开始引进无土栽培技术。

[3]2001 年 7 月 25 日,中共寿光市委文件,寿发〔2001〕43 号,《中共寿光市委 寿光市人民政府关于大力发展无公害蔬菜生产的意见》。

[4]2001 年 8 月 23 日,寿光市人民政府文件,寿政发〔2001〕72 号,《寿光市人民政府关于成立寿光市无公害蔬菜生产领导小组的通知》。

[5]2001 年 10 月 20 日,寿光市人民政府文件,寿政请字〔2001〕58 号,《寿光市人民政府关于联合举办 2022 中国(寿光)国际蔬菜科技博览会的请示》。

名"葡萄以及"欧亚特"和"洛城"等蔬菜品牌。为了提升寿光蔬菜的知名度，蔬菜博览会期间，寿光市举办了"中国果菜产业十大杰出人物报告会""全国蔬菜产业发展论坛""全国农业生产资料科技（寿光）展览会""中华农圣文化节[①]"等多形式、多领域的活动。2006年，寿光市申请冠名2008年奥运会蔬菜，明确将"乐义"和"欧亚特"蔬菜基地确立为专供奥运食材的"进京进青蔬菜生产基地"，这一举措使得寿光市的蔬菜得以顺利入驻奥运食堂。2010年，寿光市全市蔬菜面积发展到80万亩，冬暖式蔬菜大棚发展到40万个，其中全市有机、绿色、无公害农产品基地面积达到71万亩，有503种蔬菜产品获得有机、绿色、无公害农产品认证。寿光蔬菜的销售网络已经遍布全国20个省份和自治区，而且其影响力远超国界，辐射了10多个不同的国家和地区。

自2021年起，寿光市将蔬菜品牌建设提升项目列为其重点推进的20项核心工程之一。该工程着重于构建完善的组织体系，提升蔬菜的品质，并加大品牌推广力度，目标直指提升农民的经济收益。它推动了"三品"认证、商标注册以及名牌申报等品牌深化举措的实施。此外，寿光市还寻求专业机构的深度参与，对"寿光蔬菜"品牌进行了高端的规划和设计。2019年，"寿光蔬菜"成功注册为地理标志集体商标。

"2022年的时候，寿光市的'乐义蔬菜'被评为了中国驰名商标，这说明这个品牌是被人民和国家认可的。更让人振奋的是，大葱、浮桥萝卜等8个农产品也摘得'国家地理标志产品'认证，凸显了这些产品的独特性和高质量。"（访谈编号：NY-001）

"寿光无公害蔬菜一直做得很好，现在也在向绿色有机转

---

①2009年12月3日，寿光市人民政府文件，寿政请字〔2009〕50号，《寿光市人民政府关于举办首届中华农圣文化节的请示》。

变，不仅在种菜的环节要注意要环保，整个蔬菜生产和流通过程都要注重环保。有机蔬菜附加值高，这些蔬菜也更高端，大家赚的钱也会更多。"（访谈编号：NY-002）

（3）经营农产品物流园，完善蔬菜供应链模式

2009年11月，农产品物流园成功落地于寿光市。这对提升寿光蔬菜品牌、促进农民增收、推动全市经济发展具有重大意义。为保障物流园顺利运行，市委、市政府成立专门的工作小组，推动蔬菜市场向农产品综合大市场的升级改造。2010年，投资15亿元、占地3000亩的寿光市农产品物流园正式运营，成为国内最大的农产品集散中心。

寿光市物流园，作为寿光市农产品供应链中的璀璨明珠，其在农产品流通中的"中心"效应犹如一颗强大的心脏，为整个寿光市农业经济的生命体注入了源源不断的活力。它不仅是一个物理空间上的集结点，更是一个信息、技术、资金和资源的交汇中心，深刻影响着寿光市农业产业链的每一个环节。

"物流园建立之前，蔬菜买卖都很分散，甚至要到镇上收。物流园建成之后，收菜的在村里收了菜，都拉到这里卖，买菜的也都到这里来，这里蔬菜种类数量多，很方便。"（访谈编号：PF-001）

从寿光市农产品物流园到中小型的农业合作社，再到田间地头市场，寿光蔬菜形成了多层级、多品种、多源头的交易网格，完成了寿光市庞大的蔬菜生产、交易与集散功能。2011年4月20日，寿光蔬菜价格指数作为首个行业指数，在商务部商务预报系统、专业的蔬菜指数网

站，以及电视等媒体上定期发布，被称为中国蔬菜价格的"晴雨表"，体现了寿光市作为北方蔬菜重要产地和集散地的双重特征，强化了对蔬菜生产、市场和价格走势的分析预警，突破了蔬菜产业的信息瓶颈，有利于蔬菜产业和市场的良性发展。寿光物流园在我国享有极高的声誉，被誉为全国最大的蔬菜集散地、价格基准制定中心、信息交易中心以及物流配送中心。

寿光物流园如同一个精心打造的舞台，将各地的农产品生产者、加工商、销售商和消费者紧密地联系在一起。通过物流园的集中管理和高效运作，这些原本分散的环节得以形成强大的合力，共同推动着农产品的流通进程。这种整合的力量不仅使得供应链更加稳定，还提高了农产品的流通效率，为农产品的快速流通奠定了坚实的基础。

寿光物流园以其现代化的设施和管理模式，为农产品的流通提供了高效的保障。在物流园内，高科技的仓储设备、自动化的分拣系统和智能化的配送网络共同构成了农产品流通的坚强后盾。这些先进的设施和技术不仅确保了农产品的新鲜度和品质，还大大提高了流通效率，使得农产品能够在最短的时间内送达消费者手中。

寿光物流园在降低流通成本方面发挥着举足轻重的作用。通过集中存储、分拣、包装和配送，物流园实现了规模经济和范围经济，有效降低了单位农产品的成本。这种成本的降低不仅为农民带来了更高的收益，也为消费者提供了更加优质且价格合理的农产品。同时，物流园还通过优化供应链、减少中间环节等方式进一步降低了成本，为农业经济的健康发展注入了新的动力。

寿光物流园的建设和发展对于促进农业经济的持续发展具有不可估量的价值。随着寿光物流园规模的不断扩大和服务能力的不断提升，越来越多的农民和企业开始加入这一供应链体系。这不仅为农村地区提供了更多的就业机会和经济增长点，还带动了相关产业的发展，形成了农业产业链的良性循环。同时，寿光物流园作为现代农业与信息技术相结合的产物，也为农业产业的转型升级提供了强大的支持。通过引入先进的生产技术和管理模式，寿光物流园推动着农业向更加高效、绿色和可持续的方向发展。

近年来，寿光市以创新提升"寿光模式"为指引，准确把握蔬菜供应链建设的目标定位，推进"标准化、品牌化、园区化、产业化"蔬菜供应链模式，打造了可复制可推广的寿光经验。商务部公布的15个2022年全国供应链创新与应用示范城市中，寿光市是唯一入选的县级市。这是2018年寿光市获批全国蔬菜供应链创新与应用试点市以来，在蔬菜供应链工作上取得的重大突破，标志着寿光市供应链体系建设跨入了创新发展、智慧创建的新阶段。

4.3.2 市场开拓的动力作用

（1）市场的品牌化效应

首先，寿光蔬菜以其卓越的品质和无可挑剔的口感，赢得了消费者的广泛赞誉和信赖。这种美誉度和信任度在消费者心中形成了坚固的品牌形象，使得寿光蔬菜在同类产品中脱颖而出，成为市场上的明星产品。消费者在选择蔬菜时，往往会优先考虑寿光蔬菜，这不仅提高了其市场份额，也进一步巩固了其在蔬菜市场中的领导地位。其次，寿光蔬菜品牌带来了显著的经济效益。由于品牌化经营的策略，寿光蔬菜的市场售价普遍高于普通蔬菜，这种价格优势直接转化为生产者的收益。生产者因此更有动力投入蔬菜的种植和品质提升中，形成了一个良性循环。同时，品牌效应还带动了相关产业的发展，如物流、包装、加工等，这些产业的发展进一步增强了寿光蔬菜的品牌影响力，为地方经济注入了新的活力。再次，寿光蔬菜的品牌化还推动了农业产业的升级和转型。传统的农业生产方式往往只注重产量而忽视品质，而品牌化经营则要求生产者在保证产量的同时，更加注重产品的品质和口感。为了满足市场的需求和提高产品的竞争力，生产者不得不通过引进新品种、新技术、新设备等方式来提高蔬菜生产的科技含量和附加值。这种转型不仅提高了农业生产的效益，也促进了农业产业的可持续发展。最后，寿光蔬菜的品牌效应为其他地区提供了可借鉴的经验和模式。其成功的品牌化经营策略和农业产业升级模式，为其他地区提供了宝贵的参考和启示。其他地区可以借鉴寿光蔬菜的经验，结合自身的地域特色和产业优势，打造出具有地方特色的蔬菜品牌，推动地方经济的发展和农业产业的升级。

（2）生产的标准化效应

建立标准是产业发展的重中之重，统一标准的建立不仅有利于产业生产，保证相关产业的质量，还能带动产业营收。最早建立相关标准的单位或地区往往可以掌握行业话语权。从产品质量和安全性方面来看，全产业链标准化的实施为蔬菜产品的品质和安全性提供了坚实的保障。寿光市通过制定科学严谨的种植技术规程和农药使用规范，可以最大限度地减少蔬菜中的农药残留和其他有害物质含量。这意味着消费者可以更加放心地享用这些蔬菜，无需担心食品安全问题。同时，标准化还确保了蔬菜的新鲜度、口感和营养价值，让消费者能够真正品味到高品质的蔬菜。这使得寿光市蔬菜在激烈的市场竞争中能够脱颖而出，获得更多消费者的青睐。标准化有助于降低生产成本、提高生产效率，能够增强企业的市场竞争力。

"咱们稻田镇崔岭西村众旺果蔬专业合作社是2014年成立的，现在已经是国家农民合作社示范社。当时就是党员带头，再组织群众，才建起来的。村集体出一部分钱，村里的人出钱和地入股，赚了钱村集体、合作社和农民一起分，当然有风险也得一起承担。村里的党支部发挥了很重要的作用，推行了技术服务、农资供应、生产管理、质量检测、产品包装、品牌销售'六统一'的管理模式，最后大家都赚了钱，是很成功的。"（访谈编号：YJ-001）

　　2018年，寿光市成功设立了全国蔬菜质量标准中心。自其成立以来，该中心便集结了一支由4位顶尖院士领军的专家团队，同时建立了国家蔬菜质量标准化创新联盟。2019年，《寿光市人民政府办公室关于进一步提升蔬菜品质的实施意见》明确提出，设立全国蔬菜质量标准中心的主要目标是开发一个全方位的蔬菜质量监控体系，这个体系的建立旨在推动蔬菜产业品质的提升。在寿光市政府的推动下，全国蔬菜质量标准中心全面推进了寿光市蔬菜全产业链标准的制修订工作，致力于保证蔬菜的优质与安全，目标是将"寿光蔬菜"打造成为全国范围内最值得信赖和最安全的典范品牌。目前，全国蔬菜质量标准中心集成了2369条蔬菜产业链相关的标准，形成了14大类、182个品类的蔬菜标准数据库，编制完成了37种蔬菜的54项生产技术规程，启动了16项国家、行业标准和110项地方标准起草工作，编制完成了《设施蔬菜标准体系研究》和《寿光蔬菜国际标准研制可行性研究》两项报告，为国际标准制定奠定了基础。蔬菜生产标准化是蔬菜品牌化战略的升级，必将会对大农业以及配套产业的发展产生深远影响。寿光市通过统一的生产标准和质量控制体系，推动蔬菜产业从传统模式向智能化、绿色化方向转变。这种转变不仅提高了蔬菜产业的科技含量和附加值，还促进了农业与其他产业的深度融合，提升了蔬菜产品的品牌形象和市场认知度，为寿光市农村经济的持续发展注入了新的活力。

> "寿光市有统一的蔬菜种植标准，大家就想怎么能够实现蔬菜的统一管理，让蔬菜种植符合标准，保证蔬菜质量，就想能不能成立一个合作社，于是就有了众旺果蔬专业合作社。这个合作社不仅村集体要出钱，而且村民也共同出资，在合作社的组织下，研发了'崔西一品'原味西红柿，这个西红柿每公斤能卖到20块。此外，合作社还可以帮忙拓宽销售渠道，一年光出口蔬菜就接近2万吨，销售收入超过1个亿。这种模式下不光合作社本身发展好了，而且还能带动附近村的蔬菜出口。"（访谈编号：ZZ-001）

从推动行业标准化进程的角度来看，蔬菜全产业链标准化具有非常重要的意义。通过制定并执行统一的标准和规范，促进了企业之间的合作和交流，推动了整个行业向更加规范化、标准化的方向发展。这种规范化、标准化的发展不仅提升了整个行业的形象和水平，还为消费者提供了更加优质、安全的蔬菜产品。同时，标准化的推广和实施还有助于提高整个行业的创新能力和竞争力，推动蔬菜产业实现可持续发展。寿光市从农业起家，现已建立了一个融合农业、工业与服务业的现代产业架构。目前，它正迈进一个新的发展时期，致力于发展成一个以全国蔬菜质量标准中心为驱动，积极塑造设施蔬菜产业的新兴领军城市。寿光市密切关注市场动态，积极推动新技术的快速应用和普及。

（3）大市场拉动大产业效应

蔬菜大市场作为蔬菜产业的核心枢纽，对大产业的空间演进和市场的拓展延伸展现出了巨大的推动作用。其深远的影响不仅表现在地域扩张、产业集聚和产业升级上，还进一步推动了消费需求、销售渠道和品牌影响力的拓展。

从市场建设层面看，寿光市蔬菜产业的发展和成功离不开"大流通"的助力。1984年，九巷市场批发市场成立，后经过多次改进和扩建，见证了寿光蔬菜的起步和快速发展。2009年，中国寿光农产品物流园成立，大流通带来了大发展，寿光市蔬菜市场范围不断壮大。至1988年，寿光市已成功与遍布全国、涵盖24个省份和147个大中城市的合作伙伴建立了稳固且紧密的蔬菜生产和销售协作网络。1995年，寿光至北京的"绿色通道"开通；1999年，寿光至哈尔滨、寿光至湛江两条"绿色通道"相继开通，随后在上海、南京、广州等187个大中城市建立了寿光蔬菜直销市场。2010年12月21日，中韩建立起"海上高速"，寿光蔬菜搭上了"海上高速"，打通了寿光市到韩国、日本的"蓝色通道"。近年来，寿光市紧跟国家政策，打开了寿光蔬菜通往东南亚等国家和地区的"亚欧大陆桥"，随后又打通了通往美国、委内瑞拉等欧美地区的"空中走廊"，截至目前，在俄罗斯、韩国、日本等30多个国家和地区开设了寿光蔬菜专卖店。2019年2月18日，中共中央、国务院印发了《粤港澳大湾区发展规划纲要》；2019年12月14日，位于寿光市的粤港澳大湾区"菜篮子"产品潍坊配送中心正式启动；2020年10月18日，粤港澳大湾区"菜篮子"潍坊农品展示交易中心在广东省广州市越秀区正式启动运营。2022年，"寿光模式"正式进入雄安新区。截至目前，寿光市已有4个村与雄安新区相关村庄结对共建，指导当地农民掌握现代化蔬菜种植技术，建设高标准蔬菜园区共计1300亩。"大市场、大流通"拉动着寿光市蔬菜产业化不断升级。

寿光市蔬菜大市场以其强大的吸附力，吸引着周边地区的农户和企业纷纷加入蔬菜种植和加工的行列，这些经济活动不再局限于核心区域，而是逐渐向外围扩展，形成了一个生机勃勃的产业带。这种扩张不仅促进了地方经济的发展，还为当地居民提供了丰富的就业机会，推动了地区整体的繁荣与稳定。同时，蔬菜大市场汇聚了众多蔬菜产业链上的相关企业，形成了明显的产业集聚效应。在这个平台上，企业可以更加便捷地获取原材料、分享技术信息和市场资源，从而降低成本、提高生产效率。这种集聚效应还促进了企业间的竞争与合作，推动了整个产业的创新能力和竞争力。此外，蔬菜大市场的有序竞争刺激企业追求技术创新和产品升级，不仅可以提升企业的竞争力，也推动了整个蔬菜产业的现代化和可持续发展。

4.4 组织升级提效能

在寿光市乡村产业振兴的过程中，组织创新成为提升产业组织化程度的重要途径。从组织建设层面看，从最早的韭菜协会到蔬菜合作社（初级社）再到蔬菜合作社联合会（高级社），党组织领办合作社全域推广，推动组织升级。寿光市通过组织合作社、农业企业等新型组织形式，农民们实现了资源共享、风险共担、利益共享的新型农业经营体系。这种组织形式不仅提高了农业生产的组织化程度和生产效益，还为农民们提供了更加稳定可靠的收入来源。同时，随着数字技术的引入和应用，农业生产逐渐实现了规模化、集约化和标准化。寿光农民通过组织合作社或农业企业等形式，实现资源共享、风险共担和利益共享，从而提高了农业生产的组织化程度。这种组织升级不仅提高了寿光市农业生产的效益，还推动了寿光市农业产业的可持续发展。

4.4.1 组织升级：由分散经营向多方联结升级

正当寿光市蔬菜种植快速发展的时候，分散经营的局限慢慢显现出来。菜农发现不管是采购农资、引进技术还是市场卖菜，自己都是规则的被动接受者。同时，由于缺乏有效规划和指导，蔬菜生产具有很大的盲目性，蔬菜生产过程也不规范，导致蔬菜质量参差不齐，家庭作坊式生产增加了蔬菜生产的风险。

（1）成立蔬菜协会，把农民组织起来

如何让菜农增收、蔬菜增效成为一项新课题。寿光市政府决定以成立协会的方式把农民组织起来。寿光市第一家蔬菜协会成立于1994年，由寿光市三元朱村支部书记王乐义牵头组建，会员也主要是本村菜农。协会一头连着农民，一头连着政府和市场，是农民和外界的联系纽带，旨在向菜农无偿传授蔬菜种植技术，代表菜农与政府和企业对话。初期的蔬菜协会组织较松散，功能较单一，规模较小，带动辐射作用较弱，在履行协会职能上存在限制。

寿光市文家街道历来有种植韭菜的传统，靠着丰富的经验，韭菜种植呈现规模化，但由于盲目追求产量，导致滥用农药，当地韭菜出口遇到了苛刻的绿色壁垒。在寿光市政府的推动下，2003年成立了韭菜协会，菜农加入协会后实现了统一标准、风险共担、利益共享。品牌得到认可，并开拓了国际市场。

　　"文家街道种的韭菜很出名，2004年的时候就有上万亩，很壮观，当时西蔡村就是文家韭菜协会的试验示范点，半年就有600多户种韭菜的农户加入了该协会。就是因为这个协会会带着大家一起种，有一样的标准种，'跃龙'这个牌子就是这么建起来的，出口特别多，主要是往韩国、日本卖。为啥能卖这么好，就是有统一标准了，很规范，品牌就做好了，大家都认可你。"

（访谈编号：NM-001）

为了进一步加强蔬菜产业化过程中产、供、加、销方面的紧密结合，加强行业自律，保护会员合法权益等，2004年4月，寿光市农业局推动成立寿光蔬菜瓜果产业协会。该协会是寿光市农业局直接领导下的非营利性社会团体组织，由蔬菜生产、加工、销售、生资供应方面的企业负责人、蔬菜种植户、专业户和科技人员组成。寿光蔬菜瓜果协会作为组织实体，积极推进寿光市蔬菜区域公用品牌建设，先后申请注册了"寿光韭菜""桂河芹菜""寿光大葱"等一系列地理标志证明商标。2019年，该协会申请注册"寿光蔬菜"地理标志集体商标。"寿光蔬菜"为全国第一个蔬菜全品类区域公用商标。从几个农民的协会到整个寿光市蔬菜产业的协会，寿光蔬菜瓜果协会已经成为为农民发声、为产业谋划、为外界搭桥的组织机构，正在为推进寿光蔬菜品牌建设、生产标准建立以及市场资源整合等作出贡献。

可以说，蔬菜协会的农民组织化效应不仅具有显著的经济意义，还具有深远的社会意义。通过组织化，农民们可以更加高效地利用资源，提高生产效率和市场竞争力；促进产销对接，降低交易成本，提高收益；增强市场意识和风险意识，降低市场风险；促进农民之间的合作与交流，实现共同发展。这些效应共同推动了寿光市蔬菜产业的繁荣和发展，提高了农民的经济地位和社会地位，为寿光市农村经济的持续发展和社会的和谐稳定作出了积极贡献。

（2）发展合作社，确立联结机制

随着农业专业化和产业化程度加深，小农户式生产方式缺乏市场竞争力，而建立农民专业合作社可以有效促进小农户与现代农业有机衔接。寿光市蔬菜产业经过前三个阶段的发展，市场龙头、基地以及农户三方已有了良好的基础，而农村经济合作组织这一环节还比较薄弱。寿光市农民合作社正式起步于《农民专业合作社法》施行的 2007 年，经过一年的发展，2008 年全市已分别在蔬菜、果品、畜牧等方面成立了 19 家农民专业合作社，入社成员近 700 户，注册资金总额达 2500 万元。

2011 年，根据《关于加快发展农民专业合作社的通知》（寿政发）〔2011〕23 号文件^①的要求，寿光市各镇（街道）把鼓励和发展农民专业合作社纳入重要议事日程，制定政策措施，充分发挥农村专业人才、经纪人和种养大户在发展农民专业合作社中的主力军作用。农村合作社实现了蔬菜生产组织模式的转变——农超对接，蔬菜由寿光直接送到北京超市，省去了中间流通环节，产品成本降低，价格和质量得到了提升。2012 年 5 月，寿光市成立农民专业合作社工作委员会^②，通过组织领导推动农民专业合作社的发展。寿光市依托"合作社＋基地＋农户"的生产经营模式，推进粤港澳大湾区"菜篮子"生产基地认证工作。目前，有 14 个镇街 69 家蔬菜合作社获得大湾区"菜篮子"生产基地认定，认定面积达 4.9 万余亩，已向粤港澳地区供应蔬菜 12.2 万吨，总交易额 8.6 亿元。

2021 年，寿光市又入选全国农民合作社质量提升整县推进试点单位，就此开展了"全面统筹，整县推进""政社联动，头雁领航"的合作社质量提升行动，取得了显著成效，涌现出一批有国家级荣誉的合作社，数量居全国前列。这些合作社不仅是农民群体组织的构建者，还是激活

---

① 2011 年，寿政发〔2011〕23 号文件，《关于加快发展农民专业合作社的通知》。
②2012 年 5 月 22 日，中共寿光市委办公室文件，寿办发〔2012〕60 号，《中共寿光市委办公室关于成立中共寿光市委农民专业合作社工作委员会的通知》。

乡村资源要素和引领乡村产业发展的重要力量。截至 2023 年 7 月末，寿光市已拥有 3110 家农民合作社，其中果蔬类合作社总数达到 2128 家，涉及农户 12.8 万户，农民出资总额 52 亿元，辐射带动农户 18 万户；国家农民合作社示范社 8 家（其中 7 家为果蔬类）、"亿元合作社" 13 家（全部为果蔬类）；入围 "2022 年中国农民合作社 500 强" 27 家，列全国县级单位第一名；5 家果蔬类合作社获得我国和全球良好农业规范（GAP）双认证，这标志着寿光蔬菜获得全球高端市场"通行证"；寿光市令欣蔬菜专业合作社入选农业农村部合作社办公司观察点（潍坊市唯一 1 家，山东省共 4 家入选）。

"古城街道前疃村是寿光市最早种植番茄的村之一，但是后来人变多了，地就少了，1400 多人，就 2000 多亩地。种的棚就是很老的那种，种植技术也没什么改进，产量一直都不高。其实大家都知道，有更好的棚了，应该换了，但没人带头做。后来 2016 年旺民蔬菜专业合作社联社成立，开始给大棚换代。合作社通过土地流转，规划了一个面积达 100 亩的现代农业园区，建了 10 座 150 米长的高标准大棚，一个新大棚年均收入能超过 20 万元。生产、菜的检测、市场对接都是合作社在管，现在发展得很好。2022 年，全村的菜卖了 1 个多亿，村民赚得多了，村集体也赚得多了，这就说明合作社成功了。"（访谈编号：YJ-001）

为了整合寿光市"多而散、小而弱"的合作社单体品牌资源，塑造运营"寿光蔬菜"的整体形象，在寿光市委、市政府的支持下，2020 年 9 月，寿光市成立了全国首家蔬菜合作社联合会。该组织能够增强合作社参与市场竞争的能力，有效帮助合作社解决经营管理中的困难和问题，推进合作社之间的联合，破解单个合作社在市场开拓、规模经营、技术推广、品牌打造、质量安全等方面遇到的难题，引导蔬菜合作社在生产经营管理中规范运营。寿光市农民合作社联合发展，整体的市场竞争力不断加强。寿光市蔬菜合作社联合会作为"寿光蔬菜"区域公用品牌打造和"寿光蔬菜"标准推动的主体，不断地推动合作社在标准化生产过程、产品认证程序、品牌策略实施、质量管理以及包装与销售环节中进行持续的优化和升级，全面提高了寿光蔬菜的整体水平和行业影响力。2021 年 4 月 24 日，"寿光蔬菜"区域公用品牌发布，寿光蔬菜有了自己的官方标识。该标志被无偿提供给符合条件的企业、社会团体、专业合作社、家庭农场、个体工商户等经营主体使用。

蔬菜合作社联合会的成立，建立了高效的信息共享机制，赋予了成员独特的竞争优势——能够及时获取到关于市场需求、价格变动、竞争对手情况等重要信息，不仅帮助他们更好地了解市场动态，做出更明智的生产和销售决策，还为他们提供了与合作伙伴和客户进行有效沟通的依据。相比之下，普通合作社在信息获取方面往往存在局限性，导致成员在市场竞争中处于不利地位。蔬菜合作社联合会还通过实施风险共担机制，为成员提供了强大的支持和保障，能够组织成员共同应对市场风险、自然风险等挑战，降低了单个成员的风险承担压力。同时，在品牌建设方面，蔬菜合作社联合会也展现出了卓越的执行力。通过统一的品牌标识、质量标准、营销策略等方式，蔬菜合作社提升了产品的市场竞争力，使得产品在众多品牌中脱颖而出。

（3）党组织领办合作社，增强企业社会责任

自 2016 年以来，寿光市积极推行由村"两委"主导的合作社项目，鼓励各地因地制宜地试验不同的专业合作社形式，来促进合作社的发展。秉持着"两委主办、两委管理、共创成功"的理念，寿光市实施了

"村两委＋合作社＋农户"的业务模式。合作社为农户提供了包括配方施肥、病虫害防控和种植技术支持在内的全方位服务。在党的坚强领导下，寿光市大力推广合作社的运作模式，收效丰硕。

> "刚开始种大棚的时候，大家都不知道效果怎么样，我们就是关心能不能赚钱。建一个大棚，投入不少，一年下来赚不到钱怎么办。当时就是村委里的，还有村里党员先建大棚，他们赚得多了，我们才敢一起种。"（访谈编号：NM-002）

党组织领办农民合作社，具有强大的组织生命力，为寿光市的现代农业注入了发展的新动能，为全国农业发展提供了可借鉴可复制的范例样板。不断追求卓越的寿光市并没有停下脚步。在党的二十大和2022年中央农村工作会议精神的指引下，寿光市扎实推进农民合作社提升行动，积极挖掘农民合作社在蔬菜标准建立与实施、品牌运营与输出、全产业链融合等方面的发展潜力。2022年4月，《寿光市蔬菜合作社样板社规范提升实施意见》为提高寿光市蔬菜合作社样板社发展质量，推动样板社建设由简单合作生产向全链条融合转变提出了具体要求。该意见旨在全力推进寿光市农民合作社高质量发展，为现代农业经营体系提供有力的载体支撑。

4.4.2 组织升级的动力作用

新结构主义经济学认为，政府应通过产业政策来引导和支持具有比较优势的产业发展，以此促进经济的持续增长和结构优化。在乡村振兴的大潮中，寿光市党组织领办的合作社，不仅在经济层面发挥着重要的作用，而且在社会责任方面展现出了卓越的效应。这种效应体现在多个方面，包括其精准的方向感、强大的带动力、技术推广的专注、品质保证的坚定、品牌建设的创新以及有序竞争的引导，形成了一种强大的向心力和带动力，使得广大农民积极参与合作社的各项活动，形成了一种"人人参与、共同发展"的良好氛围。不仅激发了农民的积极性和创造力，而且推动了农业生产的规模化、集约化，显著提高了农业的整体效益和农民收入水平。

（1）加速了技术推广效应

寿光市党组织领办的合作社高度重视科技投入和技术推广，积极引进新技术、新品种、新设备，并加强对农民的技术培训，帮助农民掌握先进的农业技术。这些举措不仅提高了农产品的科技含量和附加值，还增强了合作社的市场竞争力和抗风险能力。

（2）增强了品质和品牌意识

在品牌建设方面，寿光市党组织领办的合作社展现出了极高的战略眼光和创新精神。注重品牌形象的塑造和品牌文化的培育，通过加强品牌宣传和推广，提高品牌的知名度和美誉度。同时，合作社还注重品牌价值的提升和品牌影响力的扩展，使品牌成为连接消费者和农产品的纽带和桥梁。这种对品牌建设的重视和投入，不仅增强了农产品的市场竞争力，也提高了合作社的盈利能力和可持续发展能力。

（3）保障了有序竞争

在市场竞争中，寿光市党组织领办的合作社始终坚持公平竞争、诚信经营的原则。加强行业自律，规范市场秩序，推动形成公平、公正、有序的市场竞争环境。这种有序竞争不仅促进了合作社的健康发展，也提高了整个行业的竞争力和可持续发展能力。同时，合作社还积极倡导合作与共赢的理念，推动产业链上下游企业之间的合作与协同，实现资源共享、优势互补、互利共赢的局面。

4.4.3 典型案例：农民合作社绩效调研

（1）调研背景、调研目的、调研对象、调研方法及实施过程

调研背景。新型农业经营主体是乡村振兴的主力军。党和国家高度重视乡村振兴和新型农业经营主体发展，党的十九大报告和二十大报告均作出过明确指示。2023年，《中共中央　国务院关于做好2023年全面推进乡村振兴重点工作的意见》中进一步提出深入开展新型农业经营主体提升行动。《中共山东省委　山东省人民政府关于做好2023年全面推进乡村振兴重点工作的实施意见》中对充分发挥新型农业经营主体作用做了部署。农民专业合作社（以下简称"合作社"）是新型农业经营主体的重要组织形式之一。截至2023年10月，全国农民合作社总数已达215万家，其中山东省24万多家，数量居各省首位。在"2022中国农民合作社500强"中，山东省160家合作社入选，占总数的32%，居全国首位。在全国特别是山东省农民合作社如火如荼的发展过程中，对合作社的发展情况进行深入调查研究，正当其时！

调研目的。根据《中华人民共和国农民专业合作社法》的定义，"农民专业合作社，是指在农村家庭承包经营基础上，农产品的生产经营者或者农业生产经营服务的提供者、利用者，自愿联合、民主管理的互助性经济组织"。"互助性经济组织"明确了合作社的两个基本功能：服务和盈利。因此，经济绩效和社会绩效是合作社绩效评价需要考察的重要指标，同时，任何社会组织都应该承担生态责任，所以，生态绩效也是对合作社进行绩效评价中应考量的指标。此外，从合作社自身来看，其内部管理能力、可持续发展能力是决定合作社当前情况及未来发展前景的关键因素，也应作为合作社绩效评价的指标。为准确判断当前合作社的综合绩效，并且为进一步探究影响合作社绩效

的主要因素及为提出提升合作社绩效的对策建议奠定基础，笔者对合作社进行了调研。

　　调研对象。笔者以寿光市蔬菜合作社为调研对象。寿光市是"中国蔬菜之乡"，是"全国农民合作社质量提升整县推进试点单位"，是"国家乡村振兴示范县创建单位"。寿光市合作社起步早，发展快。在 2014 年，寿光市合作社总数已达 1705 家，其中果蔬类 1366 家，在当时合作社总数及果蔬类合作社数量均居全国前列。截至 2023 年 7 月末，寿光市已有合作社 3110 家，其中，蔬菜类合作社 2100 多家，占总数的 70% 左右；国家级合作社示范社 8 家（其中 6 家为果蔬类）、"亿元合作社" 13 家（全部为果蔬类）；"2022 年中国农民合作社 500 强" 27 家，列全国县级单位第一名；5 家果蔬类合作社获得我国和全球良好农业规范（GAP）双认证，这标志着寿光蔬菜获得全球高端市场通行证。

　　寿光市及其蔬菜合作社的发展情况在全省和全国都具有代表性。因此，笔者以寿光市蔬菜合作社为研究对象，对其绩效问题展开调研。寿光市及其合作社的代表性使本次调研结论对于全省和全国具有一定的普适性，对于提升新型农业经营主体绩效、推动乡村产业振兴具有指导意义。

　　调研方法及实施过程。主要运用座谈会、深度访谈、实地观察、问卷调查等方法开展调研，运用计量分析方法对数据进行处理。2023 年 6—8 月间，笔者与农业农村局相关负责人、国家级合作社示范社负责人、蔬菜合作社联合会会长等人举行座谈会，与来自不同合作社的 20 多位成员进行深度访谈，获取了丰富的第一手资料。笔者还针对合作社负责人和成员分别设计了调查问卷，发放给包括国家级示范社、省级示范社和普通合作社在内的 30 个合作社（合作社名称及编号见表 4–1），共发放 30 份合作社负责人问卷，全部回收且全部为有效问卷，回收率 100%，有效率 100%；发放合作社成员问卷 250 份，全部回收，有效问卷 224 份，回收率100%，有效率89.6%。笔者运用计量分析方法对数据进行处理，得出合作社绩效评价结果，通过对结果的分析得出调研结论。

表 4-1 样本合作社名称及编号

合作社名称	编号	合作社名称	编号
亮泽果蔬专业合作社	S1	友功果蔬合作社	S16
令欣蔬菜专业合作社	S2	自由自在果蔬合作社	S17
双桥无土栽培蔬菜合作社	S3	益绿瓜菜合作社	S18
斟都果菜专业合作社	S4	华蒙果蔬合作社	S19
众旺果蔬专业合作社	S5	旺民蔬菜合作社联合社	S20
兴田果蔬合作社	S6	健玲蔬菜合作社	S21
土海果蔬合作社	S7	玉宝果蔬专业合作社	S22
娄静果蔬合作社	S8	松先蔬菜专业合作社	S23
益绿果蔬合作社	S9	全福顺蔬菜合作社	S24
民隆果蔬合作社	S10	顺绿发蔬菜合作社	S25
海强果蔬合作社	S11	博通果蔬合作社	S26
乐收多蔬菜合作社	S12	书晓蔬菜合作社	S27
王玉丽蔬菜合作社	S13	上口镇惠及果蔬合作社	S28
东华蔬菜合作社	S14	顺腾蔬菜合作社	S29
荣欣果蔬合作社	S15	达飞蔬菜合作社	S30

（2）合作社绩效评价指标体系构建

一级指标（B层）包括经济绩效（B_1）、生态绩效（B_2）、社会绩效（B_3）、内部管理绩效（B_4）、可持续发展能力（B_5）5个，详见表4-2。

二级指标：每个一级指标包含若干个二级指标（C层），共19个二级指标，详见表4-2。

绩效评价指标权重采取层次分析法确定（过程从略），结果如表4-2所示。

指标权重反映了该指标对于合作社绩效的影响程度，权重越高的指标对合作社绩效的影响越大。从一级指标的权重看，影响最大的指标是经济绩效，影响最小的指标是生态绩效和社会绩效。从二级指标的权重看，影响最大的指标是成员人均年收入，其次是合作社年盈余，再次是政府对合作社的扶持力度，最小的是合作社节能环保投入额。

表 4-2　合作社绩效评价指标体系及指标权重

A 层	B 层	权重	C 层	权重	综合权重
综合评价指标 A	经济绩效 B_1	0.5050	合作社年盈余 C_1	0.261	0.1318
			成员人均年收入 C_2	0.633	0.3197
			合作社资产总额 C_3	0.106	0.0535
	生态绩效 B_2	0.0546	实施生产质量标准类型 C_4	0.471	0.0257
			农产品质量认证 C_5	0.172	0.0094
			合作社节能环保投入额 C_6	0.073	0.0040
			土地复种次数 C_7	0.284	0.0155
	社会绩效 B_3	0.0546	主品牌品牌度 C_8	0.234	0.0128
			带动非成员农户数量 C_9	0.085	0.0046
			合作社带动当地经济发展程度 C_{10}	0.139	0.0076
			成员对合作社服务的满意程度 C_{11}	0.542	0.0296
	内部管理绩效 B_4	0.1274	理事长的工作能力 C_{12}	0.643	0.0819
			合作社的示范级别 C_{13}	0.074	0.0094
			成员对合作社管理层的满意程度 C_{14}	0.283	0.0361
	可持续发展能力 B_5	0.2584	合作社的技术投入 C_{15}	0.260	0.0672
			合作社销售产品的市场前景 C_{16}	0.134	0.0346
			成员参与学习培训的次数 C_{17}	0.068	0.0176
			合作社召开成员大会频率 C_{18}	0.035	0.0090
			政府对合作社的扶持力度 C_{19}	0.503	0.1300

（3）合作社绩效评价结果分析

根据前文构建的评价指标体系及确定的指标权重，运用层次分析法和功效系数法构建寿光市蔬菜合作社绩效评价模型（过程从略），计算样本合作社各项指标绩效评价得分及综合得分，并对结果进行分析。

样本合作社数据无量纲化处理结果：对样本合作社的问卷调查数据进行无量纲化处理，结果如表4-3所示。

表4-3　样本合作社数据无量纲化处理结果

编号	C_1	C_2	C_3	C_4	C_5	C_6	C_7	C_8	C_9	C_{10}	C_{11}	C_{12}	C_{13}	C_{14}	C_{15}	C_{16}	C_{17}	C_{18}	C_{19}
S1	71	68	80	100	85	88	70	100	76	100	80	100	100	100	90	100	100	70	80
S2	45	87	100	100	70	64	70	100	84	100	100	100	100	100	100	100	78	70	60
S3	80	80	46	100	85	46	70	40	88	100	100	100	70	70	78	100	85	55	80
S4	69	90	52	100	100	52	100	100	84	100	100	100	100	100	72	100	63	70	80
S5	100	91	52	100	100	64	70	100	76	100	100	100	100	100	75	100	63	100	100
S6	52	56	48	70	55	40	100	40	48	55	60	60	55	40	43	80	40	40	40
S7	43	44	46	100	70	83	70	85	76	70	80	80	85	70	63	80	55	40	60
S8	44	62	42	70	70	40	40	40	40	40	60	40	40	41	60	40	40	40	40
S9	42	41	52	85	70	40	100	40	44	55	60	80	55	70	40	60	48	40	60
S10	45	87	53	100	85	64	70	100	76	100	100	100	100	100	60	100	70	70	80
S11	44	68	48	70	70	42	70	40	40	70	80	80	55	70	43	100	40	70	60
S12	44	56	44	70	70	40	100	55	44	70	60	60	70	70	42	80	40	70	80
S13	42	62	48	55	85	40	40	70	48	85	80	80	70	70	60	100	85	85	80
S14	44	100	60	100	70	64	70	100	76	85	80	100	100	100	70	100	78	70	80
S15	46	68	52	40	70	40	100	55	60	55	60	60	40	70	45	40	40	55	60
S16	50	68	48	40	70	40	100	55	68	70	60	60	40	70	60	80	40	40	60
S17	50	75	43	40	70	40	100	40	52	70	70	40	40	70	60	60	40	55	40
S18	44	75	46	85	70	40	100	55	48	55	70	60	55	70	50	80	40	40	60
S19	46	68	44	70	70	40	70	40	47	55	70	60	70	70	55	80	40	40	60
S20	44	87	43	100	70	52	70	85	40	85	100	100	85	70	60	80	85	85	80
S21	63	87	58	70	55	100	70	70	100	85	70	80	55	70	90	80	78	55	60
S22	41	56	46	85	85	52	40	70	40	55	60	60	55	70	50	80	48	40	60
S23	41	68	44	70	55	52	70	70	48	85	80	80	70	70	55	100	85	55	80
S24	41	62	41	100	70	47	70	40	42	70	70	80	70	70	45	80	40	40	60
S25	41	75	41	100	70	45	70	55	40	70	80	80	70	70	43	80	85	85	80
S26	40	40	40	40	85	42	70	40	40	40	40	40	40	40	40	80	40	40	40
S27	40	46	42	85	85	42	70	40	56	70	80	80	55	70	70	80	63	55	60
S28	42	75	41	70	85	41	100	40	42	70	80	60	55	70	42	80	55	40	60
S29	40	68	42	100	85	42	70	40	41	70	80	80	55	70	45	80	63	40	60
S30	43	40	80	70	70	42	40	40	76	85	100	80	85	100	50	100	63	55	80

样本合作社绩效评价结果。根据表4-3的数据，运用功效系数法计

算样本合作社各项指标的绩效评价得分，得到综合绩效评价结果，经分解分别得到一级指标和二级指标的绩效评价结果。

一是综合绩效评价结果。样本合作社综合绩效评价结果如表4-4所示。

表4-4 样本合作社综合绩效评价结果

绩效排序	合作社名称（编号）	绩效得分	绩效等级
1	众旺果蔬专业合作社（S5）	91.50	优秀
2	斟都果菜专业合作社（S4）	84.48	良好
3	东华蔬菜合作社（S14）	83.50	良好
4	令欣蔬菜专业合作社（S2）	81.77	良好
5	双桥无土栽培蔬菜合作社（S3）	80.71	良好
6	亮泽果蔬专业合作社（S1）	79.98	良好
7	民隆果蔬合作社（S10）	79.13	中等
8	旺民蔬菜合作社联合社（S20）	76.29	中等
9	健玲蔬菜合作社（S21）	75.47	中等
10	顺绿发蔬菜合作社（S25）	68.05	及格
11	松先蔬菜专业合作社（S23）	67.29	及格
12	王玉丽蔬菜合作社（S13）	64.94	及格
13	益绿瓜菜合作社（S18）	63.45	及格
14	海强果蔬合作社（S11）	62.55	及格
15	上口镇惠及果蔬合作社（S28）	62.30	及格
16	顺腾蔬菜合作社（S29）	62.14	及格
17	友功果蔬合作社（S16）	61.83	及格
18	全福顺蔬菜合作社（S24）	60.30	及格
19	达飞蔬菜合作社（S30）	60.23	及格
20	华蒙果蔬合作社（S19）	60.11	及格
21	荣欣果蔬合作社（S15）	59.90	及格
22	乐收多蔬菜合作社（S12）	59.74	及格
23	自由自在果蔬合作社（S17）	58.60	不及格

绩效排序	合作社名称（编号）	绩效得分	绩效等级
24	士海果蔬合作社（S7）	57.65	不及格
25	书晓蔬菜合作社（S27）	56.30	不及格
26	玉宝果蔬专业合作社（S22）	55.94	不及格
27	兴田果蔬合作社（S6）	53.07	不及格
28	益绿果蔬合作社（S9）	52.25	不及格
29	娄静果蔬合作社（S8）	50.07	不及格
30	博通果蔬合作社（S26）	42.28	不及格

二是一级指标绩效评价结果。一级指标绩效评价结果如表4-5所示。

表4-5 一级指标绩效评价结果

一级指标	权重	绩效排序
社会绩效 B_3	0.0546	1
生态绩效 B_2	0.0546	2
可持续发展能力 B_5	0.2584	3
经济绩效 B_1	0.5050	4
内部管理绩效 B_4	0.1274	5

三是二级指标绩效评价结果。二级指标绩效评价结果如表4-6所示。

表4-6 二级指标绩效评价结果

二级指标	权重	绩效排序
合作社销售产品的市场前景 C_{16}	0.0346	1
成员对合作社提供服务满意程度 C_{11}	0.0296	2
实施生产质量标准类型 C_4	0.0257	3
农产品质量认证 C_5	0.0094	4
理事长的工作能力 C_{12}	0.0819	5

二级指标	权重	绩效排序
土地复种次数 C_7	0.0155	6
合作社带动当地经济发展程度 C_{10}	0.0076	7
成员对合作社管理层的满意程度 C_{14}	0.0361	8
成员人均年收入 C_2	0.3197	9
合作社的示范级别 C_{13}	0.0094	10
政府对合作社的扶持力度 C_{19}	0.1300	11
主品牌品牌度 C_8	0.0128	12
成员参与学习培训的次数 C_{17}	0.0176	13
带动非成员农户数量 C_9	0.0046	14
合作社的技术投入 C_{15}	0.0672	15
合作社召开成员大会频率 C_{18}	0.009	16
合作社节能环保投入额 C_6	0.004	17
合作社资产总额 C_3	0.0535	18
合作社年盈余 C_1	0.1318	19

（4）绩效评价结果分析

表4-4显示，绩效评价结果为优秀的合作社只有1家，良好5家，中等3家，及格13家，不及格8家，优秀和良好的比例为20%，不及格的比例为27%。这样的结果表明：合作社当前的绩效水平总体较低，同时也表明合作社绩效还有很大的提升空间。

表4-5显示，被调查者对一级指标的评价由高到低依次是：社会绩效、生态绩效、可持续发展能力、经济绩效、内部管理绩效。评价结果是被调查者对合作社五个方面满意程度的反映。这样的结果表明：被调查者对社会绩效最满意，充分肯定了合作社的社会服务功能；对权重最大的经济绩效比较不满意；对管理者的经营管理能力最不满意。被调查者对社会绩效和生态绩效比较满意，其原因可能在于被调查者不重视这

两个指标，所以对它们的期望值也低，因而更容易满意。

表4-6显示，被调查者对二级指标评价最高的是市场前景，其次是成员对合作社提供服务满意程度，评价最低的是合作社年盈余。这表明：被调查者对未来充满信心，并且对合作社基本功能之一的"服务"比较满意，对合作社的盈利能力不满意。对绩效评价影响最大的二级指标"成员人均年收入"在19个指标中排第9位，表明被调查者对于从合作社获得的收入基本是满意的。

合作社绩效评价结果反映出：虽然被调查者当前对合作社总体评价较低，但是对合作社提供的服务和从合作社获得的收入是比较满意的，更重要的是，被调查者对合作社的未来充满信心。这样的结果表明：在合作社如火如荼的发展过程中，探寻当前影响合作社绩效水平的因素，探索提升合作社绩效水平的路径是非常必要、重要和迫切的！

本章小结

寿光市蔬菜产业化带动乡村产业振兴的实践效应主要表现在：一是农业技术层面上逐渐突破了从冬暖式蔬菜大棚到无土栽培技术，再到育种育苗技术的"瓶颈"；二是农业产业层面上实现了从蔬菜产业化到农业产业化再到农业工厂化，蔬菜产业化引领农业与非农产业协调发展的"态势"；三是市场建设层面上形成了从九巷蔬菜批发市场到国际蔬菜科技博览会再到农产品物流园区，农资市场与技术市场、有形市场与无形市场协同发展的"格局"；四是组织建设层面上，实现了从最早的韭菜协会到蔬菜合作社（初级社）再到蔬菜合作社联合会（高级社），全域推广党组织领办合作社的"现象"。

综上，"技术创新升级—产业结构演进—市场拓展拉动—组织化合作带动"等发展要素及其互动融合,已经内生为寿光市乡村产业成长发展的动力机制,不仅推动了产业的持续发展,而且有效促进了资源的优化配置和市场竞争力的提升。这些动力要素也深刻回应了理论基础,在技术创新驱动机制方面,技术的进步和溢出不仅提升了农业生产效率,还促进了相关产业的集聚和规模经济效应的发挥;市场拓展和组织化合作则是对市场失灵的一种矫正,通过有效的市场策略和组织结构调整,弥补了市场在资源配置中的不足;政府的支持机制体现了有为政府和经济型政府的理论,通过提供公共服务、资源配置以及市场监管,支持和促进了乡村产业的振兴。从时间维度上看,县级政府坚持"问题导向",通过规划引导推动乡村产业振兴,为乡村振兴注入了新的活力,对应了市场失灵与矫正理论,即在市场无法有效配置资源时,政府以问题为导向,通过制定相关政策和规划,引导产业发展,弥补市场的不足,促进了乡村产业的发展。从空间维度上看,县级政府落实"国家战略",提前谋划布局、组织实施乡村产业振兴,为乡村空间发展注入了新的活力,对应了政府干预与有为政府理论,即政府在产业发展中扮演了积极的角色,通过战略规划和组织实施,推动了乡村产业的振兴和乡村空间的发展,展现了政府的决策力和行动力。

更重要的是,寿光市乡村产业振兴理论与实践的互动统一还推动了理论创新,在特定的区位条件和市场需求下,技术创新和组织合作能够显著提升产业的自主创新能力和市场竞争力,为农业产业化理论提供了新的实践证据。同时,政府在推动产业结构优化升级和市场有效性方面的角色,对有为政府理论提供了更具体的应用示例,展示了政府在现代乡村经济体系中的积极作用。

第5章　寿光市乡村产业振兴模式及其形成机制

依据产业成长发展的一般规律，寿光市的蔬菜产业化不仅带动了乡村产业的振兴，还形成了独特的发展模式。"寿光实践"从县级政府强势主导的初期成长阶段开始，这一阶段主要通过政府的直接投资和政策支持，为产业起步和初期发展提供必要的资源和环境。随后，进入政府与市场逐渐协同推进的发展壮大阶段，这一阶段政府逐渐转变角色，从直接干预转向提供平台和环境，市场机制则开始发挥更大的作用，促进产业规模扩大和技术迭代升级。目前，寿光市正处于市场主导与政府服务综合推进的成熟稳定发展阶段。这一阶段，市场在资源配置和产品创新上起主导作用，政府则更多地扮演优化发展环境和提供高效服务的角色。依赖于政府和市场的双轮驱动，寿光实践以"产城互动、城乡融合"为根本特征，以"产业壮大、农民富裕"为核心价值，以蔬菜工业化的现代化路径为核心策略，形成相互促进的整体机制，实践成效显著、地方特色鲜明、发展动力持续、社会认同广泛、借鉴推广度高，因而被称为农业农村现代化进程中的"寿光模式"。本章基于寿光市乡村产业振兴的动力要素，从实现传统与现代的有机融合、建立主体间高效互动与协同创新模式、增强区域发展特色和稳定性、推动产业与市场同步提升、结合国际化策略五个层面明晰"寿光模式"的形成，进而揭示蔬菜产业化带动乡村产业振兴的动力机制。

5.1 寿光市乡村产业振兴的模式与特征

寿光市的发展历程经历了从初期的温室农业到后来的农业工业化转型，特别是以蔬菜工业化的推进为引领，这种转变塑造了以"产城互动、城乡融合"为根本特征的"寿光模式"。寿光模式的成功是政策支持、科技创新、市场运作、人才培养等多元因素协同作用的结果，不仅在蔬菜产量和质量上实现了巨大的飞跃，更在产业链整合和城乡一体化建设方面取得了显著成绩，彰显了我国现代农业的无限潜力和发展前景。同时，"产城互动、城乡融合"的发展模式，促进了城市基础设施建设和农村生活水平的提升，体现了寿光市在农业科技持续创新和城乡协调发展方面的卓越能力。这种模式为全国乃至全球的现代农业发展提供了一个成功的范例。

5.1.1 寿光市乡村产业振兴模式的内涵

在寿光市政府的有力推动下，党员干部起到了表率作用，广大民众团结一心，共同塑造了一个以"产业壮大、农民富裕"为核心价值的"寿光模式"。这个模式的动力来源于政府的引导、市场的驱动以及科技的支持，致力于推进蔬菜产业的品牌建设，实现农业的工业化和农村的现代化。寿光市积极倡导创新，探寻与乡村振兴战略相契合的可持续发展模式。

寿光模式的构建与提升是一个多元因素协同作用的产物。深入剖析其成因和发展过程的研究，对其他地区的乡村振兴具有显著的实际指导意义。

（1）充分利用蔬菜种植的潜力和优势，科学确定核心主导产业

寿光市，作为农学圣贤贾思勰的故乡，积淀了深厚的传统农耕文化和悠久的蔬菜种植历史。改革开放以来，孙家集镇和三元朱村首开蔬菜大棚种植的先河，带来了显著的成功。这项技术被誉为"绿色革命"，从而激发了全国范围内蔬菜栽培的热潮。如今，蔬菜种植已成为寿光市农业发展中的核心产业。

"寿光为什么选择了蔬菜产业？因为寿光有种植蔬菜的基础，然后探索出了蔬菜大棚这个种植技术。市场有冬季对蔬菜的需求，农民能赚钱，所以能发展起来。政府不断在这方面提供投入，包括政策的引导、对技术的鼓励等，还帮助拓展市场……"（访谈编号：NY-001）

在政府、市场和科技的共同驱动下，蔬菜产业尽管看似普通，却在种子繁育、生物制药、科技创新和农机设备等领域起到了引领作用。它的影响力延伸至产品分销、物流配送、食品制造业、乡村旅游业以及农业金融服务等多个下游环节，催生了一系列如温室设施制造、种植业集群等新兴产业群。这些发展有力地推动了地方经济和社会的全面发展与进步。

（2）强调并全力发挥政府在推动发展中的关键作用，积极地推进农业农村的优先和重点发展

在改革开放的洪流中，寿光市的决策者与农业经济的相关参与者成功地构建了积极的互动与协同创新机制，这种关系旨在满足制度的需求，并提升制度效能。

"寿光市政府一直对蔬菜产业很重视，我们建设批发市场，包括对接国内外的销售市场，基本上政府都参与其中。"（访谈编号：PF-001）

"毫无疑问，建立蔬菜生产标准这个事情是政府推动的，农民、经销商等是没有这个意识的。这件事虽然没有直接的利益回报，但是长期来看肯定是有利的。领导意识到这件事，投入了人力、物力，这个事才逐渐做起来。"（访谈编号：SC-001）

寿光市政府一直致力于推动蔬菜产业的进步。他们在财政预算中优先保障对科技研发、人力资源开发以及基础设施建设的投入，具体表现为：斥资建设完善的道路网络、高科技示范园区等生产服务设施。同时，全力支持蔬菜产业的领军企业，鼓励菜农参与或创立农村经济合作社，实施引才计划以引入高端科技人才。这些系列举措显著提升了蔬菜生产的组织化和标准化程度，有力地推动了蔬菜产业集群的形成和农业产业的现代化进程。

（3）党员在履行其领导职责之际，始终坚持对群众创新思维的尊重和鼓励

1988年，冬暖式蔬菜大棚的创新者韩永山在村党支部书记王乐义的引荐下，获得了寿光县委书记王伯祥的认可与支持。王乐义积极果敢地邀请韩永山来传授他的独门技术。紧接着，在王伯祥和王乐义的积极推动下，三元朱村无私地分享了他们精湛的蔬菜大棚种植技术和管理经验，让更多的人能够从中获益，以实现"让更多人实现富裕"的愿景。

"三元朱村能最先把大棚建起来，就是当时的村支书王乐义

和县委书记王伯祥推动的，他们有想法，觉得能做成，还提供支持。"（访谈编号：CW-001）

（4）发挥市场拉动作用，完善市场流通体系

寿光市致力于在蔬菜产业体系化的进程中，积极推进产业链的拓展和深化，以实现农业与非农业产业的紧密融合和协同共生。

> "现在整个市场的流通都很完善。我们的蔬菜从进货到销售，蔬菜从每个村到批发市场、物流园，从外地到市场，都有交易平台，甚至是出口都能完成，到韩国、日本的特别多，整个物流体系建立起来了。"（访谈编号：PF-001）

寿光市通过创新举措，如设立绿色蔬菜快速通道、构建专业化市场，并强化销售网络，有效地解决了蔬菜销售的难题，进而打造了一个全面的大型农业多渠道市场体系，涵盖了专业市场、乡镇批发中心、农村集市、农家直接销售点以及"中国蔬菜市场网"等多元交易平台。这个体系覆盖全国210个主要城市，实现了从全国采购到全国销售的规模化的交易和大规模的物流配送。此外，寿光市还与日本、韩国、俄罗斯、美国等国建立了稳固的蔬菜贸易伙伴关系。

（5）发挥创新驱动作用，加快新旧动能转换

科技创新作为主要驱动力，推动了产业升级，这是寿光模式形成和演进的关键。虽然冬暖式温室蔬菜种植技术并非寿光市的独家发明，但寿光市却致力于其全方位的普及与不断革新。寿光市不仅在国内广泛推广这种技术以及相关的设备和运营模式，还将触角延伸至全球。通过连续举办20余届的中国国际蔬菜科技博览会，寿光市成了全球蔬菜生产

技术的汇聚地，这里不仅是实验、验证新技术的平台，也是新技术传播和推广的重要窗口，这进一步加速了其蔬菜产业向品牌化和国际化的转型进程。

　　"寿光蔬菜发展怎么样，你看（蔬菜）博览会就知道了，现在本地人来得少了，外地的来得多，全国各地都来，就是来看技术，找一些新品种，学习经验的……"（访谈编号：SC-001）

　　寿光模式的诞生根植于寿光民众的独特智慧，它既承载了悠久的历史积淀，又映射出其发展轨迹，象征着改革开放时期广大劳动者所展现出的创新精神和他们在农业科技领域的不断革新能力。

5.1.2 寿光市乡村产业振兴模式的特征

　　在当前的学术探讨中，"模式""发展模式"以及"经济增长模式"常常被视为相互关联的概念。通过对国内标志性的模式，如"苏南模式""珠三角模式""温州模式"和"晋江模式"的深入剖析，笔者观察到地区发展模式呈现出五个关键特性：实质性的成效、独特的地域特色、推动持续发展的动力、得到社会的广泛接纳、能为其他地区提供学习与借鉴的范例。因此，本研究采纳这些特性作为衡量一个经验或行为能否被称为"模式"的核心标准。

　　寿光模式作为我国农业农村现代化的一个成功范例，其发展经验具有明显的模式化特征，这些特征不仅反映了其在实践中的成功，还体现了寿光模式在区域发展中的创新性和可持续性。寿光模式社会认同的广泛性和深入性，不仅基于其所取得的经济社会发展成果，更在于其能够满足农民、农村和农业可持续发展的深层次需求，形成了一种由内而外的认同和支持，且为寿光模式的持续推广和深化提供了坚实的社会基础。寿光模式具体有五个方面的特征。

（1）实践成效显著

寿光模式的独到之处在于其在实践中展现出显著的成功。自1989年冬暖式大棚种植技术被大规模应用以来，寿光市的蔬菜产业实现了迅猛发展，并引领了整个农业产业的集约化转型。这种发展模式显著提升了寿光市的GDP、财政收益的收入水平，这一系列经济指标保持着连续三十年的增长势头，体现了寿光模式在推动经济持续增长、农民持续增收和居民生活水平稳步提高方面的成功。这种实践成效的显著性，是寿光模式被视为发展路径和解决问题方法的典范的核心原因。

（2）地域特色鲜明

寿光模式深植于其特有的地理位置、丰富的蔬菜种植历史和文化背景之中。寿光市的蔬菜种植历史可追溯至古代，这种深厚的历史文化底蕴为寿光市蔬菜产业的发展提供了独特的资源。改革开放以来，寿光市通过技术创新和品牌建设发展蔬菜产业，这主要得益于"冬暖式温室"技术的应用。众多具有地方特色的蔬菜品牌也都沿用了"寿光"这一地名来标识自己，体现了鲜明的地域特色。这种基于地理、经济、社会和文化条件的理性选择，使寿光模式具有独特的区域标识，体现了因地制宜的发展理性。

（3）发展动力持续

寿光模式的另一个显著特点是其发展动力的持续性。寿光市蔬菜产业的崛起不仅带动了相关上下游产业的发展，而且形成了自我强化的循环机制，即蔬菜生产技术创新不断推动产业升级，进而促进农业产业化、园区化和城镇化的进一步发展。寿光市蔬菜产业的繁荣昌盛是诸多因素交织作用的结果——深厚的历史文化底蕴、改革开放的优惠政策、公众的创新精神以及科技进步的驱动。这些元素共同构建了产业的核心驱动力。

（4）社会认同度高

寿光模式的社会认同来自其显著的发展成效和广泛的社会影响。地区内部，寿光人民对于农业农村现代化的成就感、自信心和自豪感非常强烈，这种域内认同是寿光模式得以持续发展的社会基础，寿光人民对于模式的认同进一步加强了社区凝聚力，促进了模式的持续发展和优化。同时，寿光模式也得到了国内外的广泛认可，成为其他地区学习和借鉴的对象，寿光模式的成功被视为农业新技术的试验田和推广地，成功后的技术和经验又被推广到国内外，展示了寿光模式的辐射和带动作用。寿光模式得到了国家级和国际级的高度赞誉。这些荣誉不仅是对寿光模式实践成效的认可，也是对其推动农业和农村现代化进程中作用的肯定。

（5）借鉴推广度大

寿光经验的可借鉴性和推广性体现在其发展模式的普遍适用性。虽然寿光模式根植于本地的特定条件，但其发展的一般规律和成功经验，如产业化、园区化、城镇化推动农民市民化的过程，为其他地区提供了可借鉴的发展路径。这种模式的推广不仅局限于国内，其影响力及适用性已经跨越国界，成为全球农业现代化和城乡一体化发展的重要参考。

5.2 寿光市乡村产业振兴模式的形成机制

在运作体系上，寿光模式不仅聚焦于产业进步，还致力于提升民众福祉，其核心策略是以蔬菜工业化的现代化路径为引领。这个模式的关键在于依赖政府的引导力和市场的驱动，巧妙地融合并协调了自然环境、历史文化遗产、农业科技革新、公共服务型政府的角色以及广大民众的积极参与等多元发展的要素。在推动农业现代化的过程中，政府通过制定和实施政策支持、投入资金、推广技术和建设基础设施等综合措施，发挥关键的引导作用，从而形成相互促进、协同发展的整体机制。

5.2.1 历史与现代的结合：农圣文化的传承与弘扬相结合

寿光模式的文化底蕴深厚。追溯到1500多年前的北魏时期，贾思勰撰写了《齐民要术》。该书涵盖了"以民为本，关注民生，富而后教"的深刻理念。书中还揭示了综合农林牧副业发展、科技力量的关键作用，经营管理中的关键元素，以及坚持实事求是和持续创新的精神内涵。这些思想深深影响了寿光世代农民，激发他们不断传承并革新农作物种植的技术。据康熙年间《寿光县志》所述，寿光居民在那个时代已经熟练掌握超过30种蔬菜的种植技艺，并且独创了培土和遮蔽等新颖种植策略。这种创新使他们在严冬季节也能成功培育出韭黄等作物。韭黄因其卓越品质被高度赞誉，享有极高的评价①。

"我们这儿一直就有种菜，在有大棚之前也种，那时候就是应季的菜，种出来自己吃一部分，大部分就在集（市）上卖。那时候也没有出口的说法，就是想吃什么赶集的时候买……"（访谈编号：NM-001）

自新中国成立以来，寿光的村民们始终坚持培育与种植蔬菜，积累了深厚的蔬菜种植传统和技艺。即使在强调粮食为主的年代，他们仍保

---

① 九巷：位于寿光市城区，以生产韭菜闻名，曾被建设为江北最大的蔬菜批发市场，现已成为乡村社区。

留了一定比例的土地用于种植蔬菜。改革开放初期，寿光的蔬菜种植面积达到了惊人的 5 万公顷左右，年产量将近 1 亿公斤，这为他们后续凭借蔬菜产业赢得声誉的发展奠定了稳固的基础。在改革开放的洪流中，寿光民众不仅稳固并发扬了他们深厚的蔬菜种植技术传统，更展现了创新精神，不断探索和提升种植技术，从而极大地推动了蔬菜产业的繁荣。截至 1988 年，寿光全境的蔬菜种植面积已经扩展到超过 30 万公顷，年产量惊人地突破了 10 亿公斤。冬暖式蔬菜大棚的种植技术快速向整个山东省以及北方地区扩展，在我国北方地区引发了深远影响，结束了冬季蔬菜供应短缺的历史，被视为"绿色革命"进程中的一个重大突破。

> "开始种棚基本就是 1990 年之后的事，在 2000 年之前基本只要种菜的就都种上棚了，都知道赚钱多，那时候地改棚还有补贴什么的，基本建一个棚种一年就回本了。"（访谈编号：NM-002）

1997 年，寿光的民众再次展现出他们的创新才能，他们率先进行了无污染蔬菜生产的试点项目。寿光居民开启了对"设施农业"发展模式的探索，坚守"别人没有我有，别人有但我更优秀，优秀后我再求转型"的技术创新原则[①]。他们已经在盐碱地带实现了无土栽培蔬菜技术的显著突破与拓展。如今，寿光的居民正积极投身于创新的蔬菜生产方式，比如智慧型温室、阴阳棚以及无土栽培温室等，他们大力推行了一种被称为"第六代"的大棚生产技术，这种技术具备长寿、无需支柱、内部保温、高度密封等特性。与此同时，一种创新的"第七代"温室设施已经

---

① 人优我转：如果别人已经做得非常好，没有潜在发展空间，我就转移目标，或升级，或做
  其他。

成功研发，它集成了精细管理土壤温度、空气湿度、pH 值调控、光热能的有效储存，以及对高温和高湿环境的适应性切换等功能，实现了高产和高效。这款设施即将与传统大棚改良技术（"两改"）融合，应用于蔬菜种植。

"后来就是又棚改，就是建新棚，新的棚能看到温度啥的，之前还得挂温度计，然后之前还得人工放棚，新棚基本上就是卷帘机自动的，浇水也省事了很多。"（访谈编号：NM-002）

寿光市始终坚持农圣文化的精髓，将传统与创新紧密融合，持续推动思想解放，不断推进技术创新与发展，从而稳固地保持了在国内蔬菜生产技术领域的前沿地位。据统计，当前寿光市在蔬菜生产中，95% 采用的是先进的技术，98% 的品种为优质种类，科技对农业增长的贡献率已高达 70%。

5.2.2 他山之石：乡村振兴既要产业塑形，也要文化铸魂

文化是一个国家、一个民族的灵魂。乡村振兴既要塑形，也要铸魂。2018 年全国"两会"期间，习近平总书记在参加十三届全国人大一次会议山东代表团审议时，就实施乡村振兴战略作了深刻阐述，要求山东充分发挥农业大省优势，打造乡村振兴的齐鲁样板。

（1）典型案例："文化＋产业"助力产业富民——葫芦艺术雕刻产业

聊城东昌府区葫芦雕刻是具有悠久历史的国家级非物质文化遗产，其传承保护已形成良性运转，形成了"文化带动产业，产业带动就业，就业拉动经济，经济反哺文化，促进文化振兴"的良好局面。东昌府区改善葫芦雕刻传承人传习环境，支持开办传习所、开设培训班，逐渐形

成"校育师、师带徒、长传幼"的阶梯培训模式，培养了一批葫芦雕刻人才。发挥"葫芦雕刻艺术"的带动作用，采取"企业 + 基地"的种植模式，推动葫芦产业一体化发展，全区现有葫芦种植户 4500 余户，种植面积达 1.3 万亩，种植葫芦品种 30 余个；加工经营户 1500 余户，电商经营户 2000 余户，销售额约占全国销售份额的 70%。目前，产品远销日本、韩国、美国、东南亚等国家和地区，"买天下葫芦、卖天下葫芦"的集散效应日益凸显，年综合效益达到 10 亿元。其中，堂邑镇路庄村采用"互联网 + 电子商务"的模式，家家种葫芦、户户搞电商，全村在天猫、淘宝、阿里巴巴等平台共开设 300 多家网店，年均网络销售工艺葫芦 700 万个，被农业农村部评为"一村一品"示范村镇，并入选全国乡村特色产业亿元村。

（2）典型案例："小贝壳 + 新农村 + 大美丽"——钿贝世家文化企业

螺钿工艺是我国的一项传统艺术瑰宝，是使用螺壳、海贝磨制成人物花鸟等图案，根据画面需要镶嵌或粘在器物的表面，形成十分强烈的视觉效果。据了解，全世界贝壳种类有十几万种，但钿贝工艺可选用的贝壳只有三十多种，都属于深海品种，通过切割、打磨，利用贝壳的珍珠层，使用硬钿或者软钿的工艺技法，让器物散发出新的光彩，在乐器、盒匣、家具、漆器等诸多方面都有应用，根据不同的材质和工艺，一件定制的产品从几百元到几万元价格不等。胶州市铺集镇孙家工业园的钿贝世家文化传播有限公司，就是这样一个专注于螺钿工艺的文化企业。该企业负责人纪正强小时候经常看爷爷做这些螺钿的东西，20 多年前他在一个家具厂偶然接触到了螺钿，激发了其小时候想做螺钿的梦想，于是便拜访多位名师不断研究摸索。经过 20 多年的深耕，该公司的规模已经发展到几十人，出口到 20 多个国家和地区，经济效益良好，并在 2022 年成功申请了县级非物质文化遗产。目前，该公司已经成为传承古人智慧结晶，着眼"小贝壳"、立足"新农村"、制造"大美丽"的典型样板！

2019 年 6 月，中共中央办公厅、国务院办公厅印发的《关于加强和改进乡村治理的指导意见》指出，"加快乡村文化资源数字化，让农民共享城乡优质文化资源"。数字媒介具有智能、便捷、快速、多样、互动、信息量大等特点，为乡村文化振兴铺就了一条"信息高速公路"，使手机成为新"农具"，数据成为新"农资"，直播成为新"农活"。不仅可以有效记录和保存传统村落、村史村志、文化名人、传统技艺、非物质文化遗产等乡村文化资源，而且能够基于文化名镇、特色镇街、自然景观等开发文化旅游新场景，还能够提高乡村传统文化的表现力、传播力和影响力，催生乡村文化新业态，展现乡村文化新气象。如淄川区秉持"百姓点单、专家制单、政府买单"的理念，以"淄川文化云"为载体，整合全区文化资源，融通线上与线下，精准对接群众文化需求与政府服务供给，为公众按需享受公共文化服务提供了优质便捷的平台。遵循"均衡"和"全覆盖"的思路，着力构建"15 分钟公共文化服务圈"，确保城乡群众就近享受优质的公共文化服务。寿光市深入实施"数字 + 农业"工程，以工业互联网思维和技术对农业产业链进行全方位重塑，打造了潍坊寿光市蔬菜智慧管理服务平台，既可实现"三管"（菜农管大棚、市场管交易、政府管市场），又可积极开发数字创意产品，提升乡村文化附加值。

5.2.3 中央与地方的结合：改革开放政策推进与地方政府扶持结合

在改革开放的历史潮流中，寿光模式的兴起与地方政府的积极倡导密不可分，这为其发展奠定了显著的政治背景。自改革开放以来，我国政府逐步实施了一系列针对农业的政策措施，例如 1983 年的"家庭联产承包责任制"、1984 年的土地承包期延长、1985 年的废除农产品统购派购制度，以及 1986 年的加大农业投入等。这些举措的推行强有力地释放了农村的生产潜力。

> "在我国对外开放前，不是不种菜，而是种得不多，主要是不让卖，种的就是自己吃，换着吃，或者给大队了，卖菜就是搞资本主义，都不敢，改革开放之后大家有了自己的地，种得多了才开始卖菜。"（访谈编号：CW-002）

寿光市积极响应改革开放的号召，全面践行国家关于农业、农村、农民（简称"三农"）的政策，结合本地特色，推出了一系列旨在推动蔬菜产业发展的重要举措。市政府从多个方面提供扶持政策，全力助推蔬菜产业的进步。市政府尤为注重扶持蔬菜产业龙头企业的发展，已与12 家企业合作进行种子繁育，扶持 23 家企业涉足蔬菜产品加工（其中包括合资项目），并培育出 11 家蔬菜加工行业的领军企业。此外，市政府引领农民进行专业化经营，鼓励职业化的菜农加入或组建农村经济合作组织，与中国农业大学、山东农业大学以及中国农科院等知名学府和科研机构紧密合作，大力推广微生物有机肥改良土壤和绿色植保防虫的创新技术。同时，寿光市致力于建立符合国际标准的蔬菜质量管理体系，初步构建了全面的蔬菜质量评估和规范框架，从而显著提升了蔬菜生产的组织化和标准化程度。

在持续深化改革开放的过程中，寿光市成功地建立了决策者与农业经济主体之间的高效互动与协同创新模式。这个模式有效地推动了制度需求的全面表达，并且优化了制度的提供。正是这种合作创新机制，激活了蔬菜种植户和相关企业的活力与创新精神，成为驱动蔬菜产业进步的核心力量，奠定了寿光市在全国蔬菜产业发展中引领地位的基础。

5.2.4 干部与群众的结合：党员干部示范带动与群众凝心聚力结合

在区域发展模式中，保持特色稳定的关键在于实践主体，尤其是其持续的积极性和创新精神。在这个过程中，寿光模式的实施者群体多元且关键，主要包括实力强大的党员干部和勤奋质朴的广大民众。党员干部作为引领者和推动者，通过自身的示范行动，与群众紧密合作，他们共同构建了寿光模式得以形成和发展的社会根基。

在推动蔬菜产业进步的过程中，党员干部体现出了崇高的进取精神、责任担当和无私奉献精神。以寿光市为例，村党支部书记王乐义及17位党员成员勇为人先，成功培育出反季节黄瓜，从而为村民们带来了丰厚的经济回报。在王伯祥的引导下，寿光市促进了全县农民的增收和富裕。三元朱村更是慷慨地分享他们的蔬菜大棚种植技术与管理知识，这些宝贵的实践经验和技术不仅惠及本县，更辐射至全省乃至全国的农村地区。

"我们现在一直在向外推广我们的技术。别人会不会抢占我们的市场，大家是有担心的，但是村委、村里的党员都同意推广技术，说可以让更多人赚钱，县里也是这个态度，我们现在种棚的技术，很多都是村里党员先试，效果好了推广给村民，再向外推广。"（访谈编号：CW-001）

在蔬菜种植领域，广大人民群众凭借不懈的实践经验，广泛传播并发展了一系列实际操作技术。这涵盖了对常见蔬菜病虫害的本土防治策略，如简易且有效的防治方法；自动化的卷帘机运用；薄膜覆盖下的大棚清洁技术；提高蔬菜授粉效率的创新方法。寿光市实用的蔬菜种植和管理方法激发了全国其他地区对农业科技的热切追求，吸引了众多前来观摩和学习的人群，有力扩展了"寿光模式"的辐射效应。

5.2.5 生产与市场的结合：农业产业大发展与专业市场大流通结合

寿光模式之所以能实现长久且快速的经济增长，关键在于其独特的策略——将大规模的农业产业发展与大规模的专业市场流通紧密结合。这种结合使得农业与市场同步提升，共同推动了经济的繁荣。

> "产品、生产和市场是分不开的，寿光有了蔬菜产业的发展，就有了市场流通的需求，市场大了，都来这里买卖，就成了集散中心。"（访谈编号：YJ-001）

在寿光市，他们不仅推进了大规模的蔬菜种植，而且还积极扩展其他产业链，涵盖了蔬菜加工、储存、包装、运输、销售等多个环节，以及各种农业展览和多元化的农业旅游项目，形成了一条完整的上下游产业链。这种策略有力地扩大了农业产业的规模，并促进了农业与非农业产业的均衡发展。尤其在蔬菜种子行业中，寿光市汇集了433家企业，其中包括35家国际知名公司。这些企业每年共销售约6.3万公斤的种子，从而使得寿光市成为全国乃至全球最大的蔬菜种子研发基地。寿光市通过实施一系列举措，如设立针对蔬菜的免费"绿色"专道，构建专业的蔬菜产品流通市场，并强化销售网络，成功解决了蔬菜销售和流通方面的难题，从而构建出一个庞大的农业全流通市场体系。

寿光市依托其强大的蔬菜产业，大力推动了农业产业的规模化和集约化进程，催生了繁荣的大型市场，从而构建起一个互利共赢的正向循环体系。在这个体系中，生产与流通之间形成了紧密的联动：生产活动的活跃刺激了流通业的发展。2018年的第十八届中国（寿光）国际蔬菜科技博览会展示了105项前沿科技，涵盖了生物培育、椰糠基质栽培等领域，同时还展示了87种独特的种植模式。此次博览会汇聚了全球48个国家的200多个关键代表团参与，吸引了高达210.2万的观众人次，达成的贸易额更是达到了惊人的127亿元人民币。寿光市坚决地走在乡村振兴和农业产业繁荣的前沿，开辟出一条区别于苏南、温州、晋江以及珠江三角洲等地区的独特发展路径。

5.2.6 国内与国际的结合：蔬菜生产技术外溢与城市国际化相结合

科技创新在塑造地区生产力方面扮演着至关重要的角色，它直接塑造了区域的产业优势以及整体的发展实力。寿光模式的发展历程中，始终贯穿着对技术进步的重视，这种理念不仅是寿光模式得以确立和持续发展的重要内驱力，更是其备受赞誉的核心特征。

虽然冬暖式大棚蔬菜种植技术并非起源于寿光市，然而，寿光人却独创了"寿光模式"。寿光市不仅在本地积极推行并改良这种技术，还成功地将这项技术、配套设备以及运营模式推向了全国，甚至全球，从而树立了其独特的行业地位。寿光市以其蓬勃发展的蔬菜产业而闻名。在过去的30年间，寿光市大力引进了来自全国各地的高端农业专家和学者等人才，不断开展各类培训课程如培训班、农民夜校以及科技研讨会等，广泛推行"科技下乡"项目。这些持续的投入造就了一批精通现代蔬菜种植与管理技术的农业科技专业人才。寿光市不仅稳固保障了蔬菜产业的高水平、持续性进步，还在全球范围内推动了蔬菜生产技术的集中研发、验证，并有效地进行了国内外的技术交流。在激励机制的驱动下，寿光市的蔬菜技术不断创新并不断提升。据统计，自1990年以来，寿光市已经向全国乃至国际派出超过5000名技术专家，指导各地温室大棚的建设工作。实际上，全国约有53%的新建温室大棚都借鉴并应用了"寿光模式"的关键元素。

　　"寿光的大棚我觉得是最好的，很多地方都来学，用我们的技术。虽然最开始大棚不是寿光发明的，但是是寿光改进推广的。很多地方有发展经济作物的需求，想种菜，大部分都是来我们这儿学。"（访谈编号：NY-001）

　　寿光市凭借其先进的农业科技，积极推行与海外蔬菜产业的深度互动与沟通，其国际发展战略清晰且实施有力。寿光市通过一系列活动，如中国（寿光）国际蔬菜科技博览会、中华农圣文化国际研讨会，不断强化其与国际的联系。自2000年以来，寿光市连续成功举办了24届这样的科技博览会，这个展会已荣升为国家5A级农业盛事。其广泛的国际声誉和技术创新实力，使其在全球范围内都产生了深远影响，不仅是专业的蔬菜科技展览会，更是蔬菜品牌的展示平台。通过这一世界级的活动，寿光市得以确立其在全球农业技术领域的试验和验证中心地位。

5.3 有为政府与有效市场的联动作用及表现形式

　　县域作为我国国家治理的基本单元，在推动乡村产业振兴中具有至关重要的作用。现有的乡村产业振兴经验表明，县域不仅具备以乡村振兴为基本导向的内生发展需求，还拥有以工促农、以城带乡的基础条件，因而成为推动乡村产业振兴的有效地域空间载体和支点。县级政府作为县域范围内国家权力的执行机关，承担着优化治理和促进发展的重要职责。通过制定和实施符合地方实际的政策和措施，县级政府能够有效整合资源，促进产业发展，提升公共服务水平，增强基础设施建设，改善农民生活条件，其治理职能的持续优化和充分发挥，对于实现乡村全面振兴具有重要意义。

5.3.1 县级政府在乡村产业振兴中的角色

在乡村产业振兴中，县级政府的职能表现与其承上启下的特殊地位密不可分。县级政府既作为"基层政府"承接上级政府的各项政策任务，结合本地实际情况对政策方针进行转化，使政策更具有可操作性；同时，县级政府又作为"地方政府"负责政策监督落地和服务社会大众，以便推动乡村两级执行政策。可以说，县级政府在乡村产业振兴实践中肩负"一线总指挥"的关键职能，通过统筹规划、政策引导、公共服务、宣传推广、监督管理等实现乡村产业整乡推进、整县提升。

从表5-1和表5-2可以看出：1989年以前，寿光县委、县政府致力于农业产业结构的调整，重点是"蔬菜规模化"，即强力推动扩大蔬菜种植面积，建设蔬菜批发市场，支持发展温室蔬菜。

1990—1996年，寿光县委、县政府致力于冬暖式蔬菜大棚技术的推广，重点是推广新技术，提高农业经济效益和发展能力。

表 5-1　1981 年以来寿光市推动乡村产业发展的政策措施

年份	政府文件或会议名称	乡村产业发展工作重点
1981	县委书记在公社党委书记、工作片党总支书记会议上的讲话	发展多种经营、正确处理粮食作物与经济作物的关系、抓好水利建设、实行科学种田；发展温室蔬菜。
1986	关于培育和完善九巷蔬菜批发市场的意见	蔬菜种植面积和外来商户不断增加，成立管委会，副县长亲抓市场管理；银行、工商、邮局、旅馆、商店配套建设。
1986	寿光县人民政府关于"七五"期间蔬菜商品生产基地建设规划的报告	增加高档菜的比重，提高产量和质量；抓好名、优、特蔬菜生产的同时，发展出口创汇蔬菜品种；争取打入国际市场；蔬菜贮藏、加工设施。
1987	寿光县人民政府关于建设农业综合商品基地的情况报告	做好宣传，加强领导、合理使用资金、严把质量。
1989	蔬菜生产研讨会纪要（寿政办〔1989〕第 7 号）	稳定蔬菜面积；强化服务机制，支持和保护农民种菜；抓好技术进步，保持名优产品；加强对蔬菜生产的领导。
1990	关于印发《寿光县十项农业技术开发实施方案》的通知	实施科技兴农发展战略。
1990	王伯祥同志在全县农村经济工作会议上的讲话	决心建设冬暖式大棚；建立健全农业社会化服务体系、抓好农田水利基本建设、开展农村社会主义思想教育和基层组织建设、发展外向型经济。
1991	寿光县人民政府关于成立寿光蔬菜批发市场整顿领导小组的通知	加强蔬菜市场管理，实现市场秩序根本好转。
1992	中共寿光县委 寿光县人民政府关于印发寿光县发展高产优质高效农业实施意见的通知	以市场为导向，调整优化农业结构；开发新资源；发展外向型农业；提高劳动生产率；发展乡镇企业；实施科教兴农，改善农业生产条件，搞活农产品流通，实行优惠扶持政策。
1994	中共寿光县委 寿光县人民政府关于批转《今冬寿北绿色工程建设情况报告》的通知	进行绿色工程建设。
1995	中共寿光市委办公室转发市政协《关于我市蔬菜生产及深加工理论研讨会情况的报告》的通知	蔬菜生产、销售、加工共同发展，引进、种植国际市场需求的蔬菜品种，形成上联国际市场，下联农户，产加销的生产经营体系。
1996	中共寿光市委 寿光市人民政府关于发展蔬菜生产和加强蔬菜市场管理的意见	抓好以新建 5 万个大棚为重点的蔬菜生产。
1997	中共寿光市委办公室 寿光市人民政府办公室关于成立蔬菜批发市场改造建设领导小组的通知	改造建设蔬菜批发市场，保持市场繁荣和持续发展。

续表

年份	政府文件或会议名称	乡村产业发展工作重点
1998	中共寿光市委关于印发《寿光市农业现代化建设方案》的通知	增加农业投入，推进科技进步，壮大优势产业，培植新兴产业，抓好农业商品基地、龙头企业和市场体系建设，提高土地产出率、劳动生产率和农产品商品率，促进农业和农村经济的两个根本性转变，实现农民整体素质的不断提高和社会全面进步。
2000	国家星火计划静止法绿色蔬菜无土栽培技术现场会暨研讨会	发展推广无土栽培技术。
2001	领导骨干会议	加快农业富民。
2001	关于做好2001年农业和农村工作的意见	增加农民收入，加快农业国际化进程，促进科技进步，调整优化农业结构，发展高科技、高效益、创税、创汇农业，推进农业产业化经营。
2002	中共寿光市委 寿光市人民政府关于扶持重点农业龙头企业建设的意见	对农业龙头企业在财政、税收、用地、用电、信贷等方面给予政策支持。
2002	寿光市委十届七次全委扩大会议	推行标准化生产，加强龙头企业建设，推进农业国际化。
2003	农业和农村工作会议	调整农业结构，提升效益；推进农业标准化生产，提高农产品质量；建设农业龙头企业，提高农业竞争力；提高农业集约化经营水平；加大农业招商引资，加强农业基础设施建设；加快发展农村合作经济组织。
2004	全市领导干部会议	发展特色产业，加强农业基础设施建设，全力筹备第六届蔬菜博览会。
2005	工业、农业、城建暨蔬菜博览会工作会议	加快农业结构调整，发展优质高效农业，确保农民增收。
2006	寿光市领导骨干会议	加快农业结构调整、建设社会主义新农村。
2007	全市新农村建设调度会	发展现代农业；壮大村级集体经济；改善农村生产生活条件。
2008	政府工作报告	发展现代农业；推进农业标准化和产业化；打造品牌。
2009	政府工作报告	推进农业产业化；推进标准化生产，加快育种育苗自主研发。
2010	政府工作报告	发展现代农业；推进农业结构调整，加强质量管理增强农业可持续发展能力，加快创建品牌。
2011	政府工作报告	发展现代农业；加强质量管理、品牌建设。

年份	政府文件或会议名称	乡村产业发展工作重点
2012	政府工作报告	提升现代农业；加强质量管理、品牌建设；规范农业企业及合作社。
2013	政府工作报告	提升现代农业；加快种业"育繁推"一体化进程；加快土地流转，严格质量管理，构建新型农业经营体系。
2014	政府工作报告	培强现代农业；发展种苗产业，经营规模化，增强科技创新，加强质量管理、品牌建设。
2015	政府工作报告	高效发展现代农业；育种育苗创新研发，环境质量管理。
2016	政府工作报告	全产业链的现代农业发展；科技创新、品牌建设、营销网络和优质服务；产地环境改良、标准化生产体系建设，生产设施改良。
2017	政府工作报告	推动农业转型升级，发展高端农业；加快育种育苗研发，推进生产设施改良，规范物流、市场建设，注重质量管理，规范合作社管理运营。
2018	政府工作报告	扩大品牌优势，加快育种育苗研发，改良土壤，加强质量管理，推进农业机械化生产。
2019	政府工作报告	转变经营方式，加强产品质量管理和监督，推进产业行业标准化，进行标准输出，强化品牌引领；推动蔬菜产业转型升级。
2019	寿光市鼓励引导城市工商资本下乡推进乡村振兴的指导意见【寿政办发电〔2019〕1号】	鼓励资本向农村流动，激活农村生产要素。
2019	寿光市人民政府办公室关于进一步提升蔬菜品质的实施意见【寿政办发〔2019〕25号】	加强质量管理、品牌建设。
2020	政府工作报告	扩大农业引领优势；深化标准体系，增强种业研发竞争力，打造高端品牌；规模化经营，全过程蔬菜产业质量监督管理；增强人才、农民培训，深化农村改革，完成脱贫攻坚。
2020	寿光市人民政府办公室关于印发寿光市财政金融政策融合支持乡村振兴战略制度试点工作实施方案的通知【寿政办发〔2020〕45号】	农村振兴金融政策的创新与整合。
2021	政府工作报告	推动现代农业；探索育种育苗标准化；输出"寿光模式"，健全产业链标准体系；打造品牌，深入推进蔬菜产业质量管理，完善农村公共服务，加强人才引进和培训，引导土地流转；建立脱贫长效机制。

续表

年份	政府文件或会议名称	乡村产业发展工作重点
2021	寿光市财政衔接推进乡村振兴补助资金管理办法【寿财农〔2021〕26号】	确保脱贫攻坚成果的巩固和拓展、统筹使用各级财政衔接资金。
2022	政府工作报告	加快推进农业农村现代化；引进人才，推进种业研发；扶持"育繁推一体化"种业企业，建设蔬菜全产业链标准体系，提升品牌知名度；保障农产品质量安全。
2023	政府工作报告	强化人才培养引进，推进农村集体增收。
2023	寿光市人民政府办公室关于印发加快推进现代蔬菜种业创新发展扶持政策的通知【寿政办发〔2023〕18号】	加强蔬菜种业自主创新能力，构建商业化育种体系，贯彻落实现代种业创新发展政策。

1997—2016年，寿光市党委政府致力于发展现代农业，重点是改造升级蔬菜批发市场，建设农业技术交易市场，积极开拓国际市场。同时，培育农业龙头企业、标准化生产、完善农业社会化服务体系逐渐被重视。

2017年以来，寿光市党委政府致力于推动农业转型升级，发展高端农业，重点是加快育种育苗研发，健全产业链标准体系，集成输出"寿光模式"。

表5-2 1986年以来寿光市五年规划推动乡村产业发展的政策措施

规划时间	文件名称	乡村产业发展工作重点
1986—1990年	寿光县国民经济和社会发展第七个五年计划	完善家庭联产承包责任制，提高农业生产的灵活性和适应性；促进农业结构的合理化，推广新技术，提高农业经济效益和发展能力；因地制宜发展第一产业，促进农民增收。
1991—1995年	寿光县国民经济和社会发展第八个五年计划	巩固农业基础；加大农业投入，完善农业基础设施建设；引进新品种、新技术；大力推广冬暖式大棚；提高蔬菜质量和市场占有率，开拓国际市场。
1996—2000年	寿光市国民经济和社会发展第九个五年计划	稳定巩固第一产业；大力发展无公害蔬菜产业，推广蔬菜大棚种植区域化，打造特色蔬菜品牌。

续表

规划时间	文件名称	乡村产业发展工作重点
2001—2005 年	寿光市国民经济和社会发展第十个五年计划及 2010 年远景目标纲要	强化科技兴农，全面推进农业现代化；提高农业附加值，促进农产品品质和效益提升；建设蔬菜种苗繁育基地。
2006—2010 年	寿光市国民经济和社会发展第十一个五年规划纲要	创新农业科技，引领农业发展趋势；打造"寿光蔬菜"品牌，提升国际竞争力；深化农业结构调整，推动订单农业发展；提高农业产业化水平。
2011—2015 年	寿光市国民经济和社会发展第十二个五年规划纲要	重点发展蔬菜产业，提高标准化水平，加强质量与品牌建设；推进农业产业化，加大科技和资金投入，提高农业机械化水平，扶持相关龙头企业发展；改善农村基础设施，拓宽农业增收渠道。
2016—2020 年	寿光市国民经济和社会发展第十三个五年规划纲要	加强种苗繁育和标准制定；改造农业设施；提升品牌知名度；培育新型农业经营主体，推动合作社发展；改善农产品流通，推动产地直供，发展电商平台。
2021—2025 年	寿光市国民经济和社会发展第十四个五年规划和 2035 年远景目标纲要	利用质量标准优势，发挥产业链优势，打造"中国蔬菜硅谷"，创新终端消费模式，扩大蔬菜产业规模，实施"蔬菜+"战略，带动关联产业升级，打造乡村振兴样板区。

（1）统筹规划

统筹规划是县级政府推动乡村产业振兴的首要职能。在国家宏观乡村振兴战略规划和政策指导下，县级政府从乡村实际情况出发，遵循乡村本位原则，想乡村之所想，急乡村之所急，统筹考虑城乡产业发展，合理规划乡村产业布局，以形成县城、中心镇（乡）、中心村层级分工明确，功能有机衔接的产业格局，为乡村产业振兴"定调子"。2018 年 12 月，寿光市乡村振兴战略的实施蓝图——《2018—2022 年乡村振兴战略规划》正式出炉。该规划细化实化工作重点、政策措施、推进机制，是全市各镇（街区）各部门编制规划、实施方案或行动计划的重要依据。2021 年 9 月 13 日，寿光市政府发布了《寿光市 2021—2025 年国民经济和社会发展规划纲要及 2035 年远期目标》，强调乡村振兴、产业兴旺是重点。该文件立足寿光市发展实际，提出持续推动以蔬菜产业集群为代表的农村一二三产业融合发展，丰富乡村经济业态，为乡村产业发展作出总体规划部署。

（2）政策引导

政策引导与扶持指发挥政府有形之手，聚焦完善政策体系，对资源进行配置和再配置。结合乡村产业发展规划，县级政府通过出台一系列支持政策，如财税优惠、补贴、扶持贷款等为乡村产业振兴"搭台子"，支持乡村产业的发展。2019年1月，寿光市政府发布《关于引导城市商业资本下乡以推进乡村振兴的策略指南》，其核心目的是激励和引导城市的商业资本、高端科技、顶级人才及前瞻思想等关键资源流向农业和农村地区。2020年5月，寿光市政府出台《寿光市财政金融政策融合支持乡村振兴战略制度试点工作实施方案》，旨在全力突破农业"融资难、融资贵"的瓶颈，充分适应乡村振兴的多元化和不同形式的金融需求，并促进城乡的深度融合，以引导更多的金融资源倾向于注入乡村地区以及那些经济较薄弱的环节。

（3）公共服务

加强公共基础设施建设，夯实产业发展基础，完善公共服务管理机制是推动乡村产业振兴的重要保障。县级政府通过提供社会保障、公共安全、人才培训等公共服务以及配套改善乡村产业发展所需要的交通、电力、通信等基础设施，协调配置自然资源、农业、城镇等各种功能发展空间，"软""硬"兼施，为乡村产业发展提供更加稳定的基础保障。2022年9月，寿光市开展"乡村振兴首席专家'五个一'服务行动"，在农业、教育、卫生等重点领域，组织开展公益性服务活动，缓解基层公共服务体系人才不足，提升基层公共事业发展水平。此外，寿光市还发布《关于实施乡村振兴"金种子"工程、培育新型农民的意见》，为新型农业经营实体提供服务。新型农业经营实体涵盖的群体多样，包括大规模种植或养殖的专业户、个体家庭农场主、农民合作社的成员等。该意见的发布旨在在农业领域建立"雁阵型"乡村人才队伍,确保乡村产业薪火相传、后继有人。2021年8月,寿光市财政局、乡村振兴局等五部门联合印发《寿光市财政衔接推进乡村振兴补助资金管理办法》,明确安排财政资金支持水、电、路、网、仓储物流等农业生产配套基础设施建设。2023年,寿光市安排投资约2000万元用于基础设施和产业项目。

（4）监督管控

在乡村产业发展过程中,农企合作关系、农副产品质量、市场环境、政府运行各个环节都离不开政府的有效监督。为了保证乡村产业发展质量、确保农民权益不受侵犯、防范公共资金和权力的不当使用,以及维护公平竞争的市场秩序、纠正市场失衡现象,政府在一定程度上必须实施有效的监管和管理。在发挥监督管控职能上,一方面,寿光市政府非常关注对农产品的质量监测。长期以来,寿光市致力于打造蔬菜质量安全全程管理服务体系,在寿光全域推动实现蔬菜质量安全市镇村网格化监管"三级全覆盖",采取最严格的标准、实施最细致的监控、实施最严厉的处罚以及实行最严谨的责任追究机制来执行,全力保障蔬菜质量安全。另一方面,寿光市持续加强对农资市场的监管。通过完善农药、化肥等农资生产经营信息化管理,落实农药等农业投入品经营实名制购销电子台账制度,在全市范围内全面禁止销售和使用剧毒、高毒等禁限用农药等措施,依法从严规范农业投入品生产经营。最后,寿光市政府不放松对乡镇政府的监管,对各乡镇政府财政资金做了严格管控,严控各乡镇政府对产业资金的预算和决算,要求各乡镇对产业预算编制应细化,且产业申请项目资金要程序化,保障了乡村产业振兴的健康、有序推进。

（5）宣传推广

乡村产业振兴是一个系统工程，需要积极调动广大人民群众的积极性，通过舆论宣传和思想教育工作，强化农民、企业家的主体意识。早在 2018 年，寿光市政府网站便设有"乡村振兴"专题，重点解读乡村振兴相关文件政策，公示财政专项衔接资金分配、产业项目计划与实施、耕地质量提升计划等内容，尊重农民群众的知情权、参与权、决策权和监督权。2021 年，山东广播电视台和寿光市委、市政府联合制作的纪录片《蔬菜改变中国》上映，其中鲜活的人物和生活化的细节不仅向外界展示了寿光人敢为天下先、艰苦奋斗的精神，也启迪着更多的寿光老百姓投身农业，以"寿光菜农"身份为荣，把蔬菜产业越做越好，越做越强。此外，寿光市政府注重及时总结推广乡村产业振兴先进经验、先进做法，重点支持纪台镇村、三元朱村、东斟灌村、贺家西村、崔岭西村、北洋头村、宋家庄子村 7 个村在产业发展方面广泛开展示范创建活动，树立先进典型，凝聚乡村产业振兴力量，为全市提供可复制可推广的样板经验。

5.3.2 县级政府在乡村产业振兴中的作用

政府在乡村产业振兴中处于主导性地位。相较于市级或乡镇政府，县级政府拥有更强的政策承载能力、政策调试能力和资源统筹能力，肩负着乡村产业振兴"一线总指挥"的职能，这决定了其在乡村产业振兴中既要服务国家发展战略，引导基层落实国家方针政策，发挥基于"国家战略"的引导作用；又要立足当地实际，主动发现问题、认识问题、研究问题、解决问题，发挥基于"问题导向"的主导作用。

（1）基于"国家战略"的引导作用

一是坚定地把农业和乡村领域列为关键的发展方向，致力于推动城乡的融合发展，以实现城乡资源与要素的有效流动和交互。畅通城乡要素流动。可以说，在生产要素和资源配置上坚持"农业农村优先发展"的总方针为乡村振兴提供了新机遇。寿光市政府紧扣国家方针部署，坚持以整县推进为手段、城乡融合为重点、全域振兴为目标，全力推进乡村建设与振兴。在资金要素配置上，应按照"取之于农、主要用之于农"的要求，扭转土地价值增值收益历来偏向于"由农村流入城市"的不均衡现象，改革土地转让收益在城乡之间的分配机制。为了更有效地配置人力资源，寿光市设立了山东农村振兴学院，面向基层干部、实用人才开展专业化培训，大力培育高素质农民；畅通支部引领带民富、新型农民助民富、人才回乡帮民富等致富渠道，实施"贾思勰·新农人"行动。近五年返乡创业、回村种棚人员增加20%以上，"70后""80后""90后"占到菜农数量的54.8%。在土地要素配置上，寿光市通过优化利用周边资源，缓解非农村居民在村庄开展创业和发展的过程中遭遇的土地短缺问题，创新"点状用地"乡村产业供地新模式，2023年新建改造高标准农田1.4万亩。

二是深入实施种业振兴行动，强化农业科技和装备支撑。党中央对种植业安全给予了深切关注，并着重提出了提升国家整体种植业能力的要求。山东省、潍坊市也多次对打好种业"翻身仗"作出具体安排。寿光市构建了"育繁推"一体化、全链条标准化、多元化对外合作"三大体系"，旨在打造自主可控、安全可靠的蔬菜种业产业链。2023年，寿光市自主研发的蔬菜新品系已经成功达到了178种，并且这些品种均享有植物新品种权的保护。与10年前相比，寿光市在国内蔬菜种子市场的份额已经显著提升，从最初的54%增长到现在超过70%。从一粒种子到一盘菜的蔬菜产业体系建设典型经验入选中央迎接党的二十大"奋进新时代"主题成就展，打好蔬菜种业"翻身仗"初见成效。

三是需综合考虑和优化农村基础设施与公共服务的分布规划，致力于营造一个舒适、有利于产业发展的优美乡村景观。2023 年的中央一号文件强调，加快建设农业强国，建设宜居宜业和美乡村，并对扎实推进宜居宜业和美乡村建设作出具体部署。新时代新征程，寿光市政府深刻领会中央精神，以满足人民群众美好生活的愿景和期盼为动力，积极推动美丽乡村建设从"一村美"向"全域美"迈进。一是推动乡村规划建设现代化，全面实施农村人居环境综合提升行动，累计投入 10 亿多元，集中开展道路、供气等"十改"工程，实现城乡公交、供水、垃圾清运等"八个一体化"。目前，寿光市 80% 的村庄达到美丽乡村省定 B 级标准，成为"全国村庄清洁行动先进县"。二是乡村公共服务效能大幅提升，成立农村公共资源交易服务中心，实现公共资源交易平台向基层延伸；扎实开展国家基层卫生健康综合试验区建设，省级标准化卫生室、农村居民健康档案实现全覆盖。三是乡村治理更加有效，农村移风易俗做法全国推介，被列为美德山东和信用山东建设试点，成为全国首批 50 个新时代文明实践中心建设试点市。

四是保持农业家庭承包经营模式的同时，培育新型的农业运营实体，推动社会化的服务发展，以此来促进农业生产的适度规模化。这一策略对于实现我国农业现代化进程具有至关重要的作用，是在"大国小农"这个基本国情农情条件下对"怎么种好地"的深刻洞察和有力回答。作为"中国蔬菜之乡"的寿光市农业底子牢固。寿光市政府立足自身产业优势，在培育新型农业经营主体、引领农业适度规模经营方面成效显著。首先，厚植制度优势，发展基础更牢固。2022 年 4 月，寿光市政府印发《寿光市家庭农场规范提升实施意见》和《寿光市蔬菜合作社样板社规范提升实施意见》，指出要抓好家庭农场和农民合作社两类农业经营主体发展，以使农业产业的发展基础更加牢固。其次，2020 年 9 月 26

日，我国首个蔬菜合作社协会诞生，其主要目标是通过规范化管理，强化合作社的运营能力。该协会构建了一种以自身为核心，以乡镇分会为辅助，依托于示范基地的合作社管理体系。2022 年，寿光市 27 家合作社入选"2022 中国农民合作社 500 强"，占全省 1/6 多，成为全国农民合作社质量提升整县推进试点重点县。最后，打造产业龙头，引领带动更有力。寿光市主动融入潍坊国家农综区建设，整合国家蔬菜工程技术研究中心寿光试验站等研发资源，引导寿光市蔬菜产业集团出资 1.5 亿元注册成立了寿光蔬菜种业集团，全力打造蔬菜新品种研发的大龙头。

（2）基于"问题导向"的主导作用

一是高位推动技术革命，攻坚蔬菜产业"卡脖子"难题。从农业农村经济发展来说，寿光市与工业城市经济增长一样，离不开新要素的发明和使用。如何让蔬菜产业具有持久的生命力？寿光市给出的答案正是"技术创新"。以政府推动为主导，鼓励创新探索蔬菜新品种、新肥料、新农药、新机器、新耕作技术、新管理方法，让寿光市持续引领蔬菜生产技术"潮流"。1989 年 8 月，寿光县建起 17 座冬暖式蔬菜大棚，种上了反季节蔬菜。在时任县委书记王伯祥的领导下，寿光县成立冬暖式蔬菜大棚推广小组，带领老百姓搞蔬菜种植。之后，寿光市又毫无保留地将掌握的宝贵技术推向了全省、全国，让寿光市成为农业新技术的试验田和推广地。进入 21 世纪，寿光市政府充分发挥农民和企业双主体的力量，在盐碱地环境里成功实施了无土栽培蔬菜的技术实验，并由此激励了寿光市民积极投身于"设施农业"的推广和实践。秉持着"人有我优"的观念，寿光市积极推动技术升级。为彻底扭转蔬菜种业受制于人的被动局面，早在 2011 年寿光市就开始布局蔬菜种业研发，全力建设"中国蔬菜种业硅谷"。长期以来，寿光市政府坚持"内培＋外引＋扶持"，先后 4 次出台扶持蔬菜种业发展的政策。截至目前，寿光市累计投入财政资金 3 亿元助力种业发展，已建成全省最大的蔬菜种质资源库，收集种质资源 2.5 万份，初步形成现代蔬菜种业产业体系。

二是强化市场体系建设，纾解蔬菜市场流通难的问题。1978 年党的十一届三中全会后，寿光市的蔬菜产业实现了显著的增长。1983 年，其蔬菜总产量达到了惊人的 9 亿斤。然而，由于物流不畅的问题，那一年秋天上市的蔬菜中有 1 亿多斤的大白菜因未能及时销售而腐烂，直接造成了超过 100 万元的经济损失。因此，在 1984 年夏天，寿光县委、县政府研究决定投资 5 万元在九巷村建起占地 20 亩的"九巷蔬菜批发市场"（后称"寿光蔬菜批发市场"）。市场建成后吸引了周边县市及外省蔬菜批发商前来上市交易，老百姓的菜有了着落。1986 年底，寿光县委、县政府下发了《关于培育和完善九巷蔬菜批发市场的意见》，指出将九巷蔬菜批发市场扩至 150 亩，以满足交易需求。2000 年 4 月 20 日，国内贸易局、农业部全国"菜篮子工程"办公室、潍坊市人民政府和寿光市人民政府，在寿光蔬菜批发市场举办了首届中国（寿光）蔬菜博览会，使寿光蔬菜和寿光蔬菜批发市场的知名度大大提高。目前，寿光蔬菜交易市场已转型成为集各种功能于一体的综合性平台，涵盖了蔬菜批发、信息交流、价格形成、物流配送，以及蔬菜标准的设定等多元化服务，是全国最大的蔬菜批发市场。

三是加强质量安全监管，树立寿光蔬菜品牌形象。寿光蔬菜已成为我国农业产业的一个标杆，一座灯塔。"如何让中国人的'菜篮子'更充盈更安全？"在寿光看来，就是始终坚持把蔬菜产品质量安全作为产业发展的"生命线"，树立寿光蔬菜品牌形象。在过去的几年里，寿光确立了保障农产品质量安全的核心目标，积极推行创新的网格化和全面监控体系。寿光勇于尝试，不断实践新的农药管理策略，成功实现了对农产品品质安全的深层次、根本性的保护。同时，寿光市委、市政府把深入实施商标战略作为推动新旧动能转换、服务高质量发展的重要抓手。为了强化和提升"寿光蔬菜"的品牌知名度，并且拓宽其在高端市场的销售渠道，寿光市通过有效的策略确保品牌蔬菜能够保有卓越的品质并实现高的产品附加值。2021年4月，"寿光蔬菜"区域公用品牌正式发布，"寿光蔬菜"有了自己的Logo和标志。"寿光蔬菜"区域公用品牌的打造由寿光市蔬菜合作社联合会承担，实行统一技术指导、统一生产管理、统一农资供应、统一质量检测、统一注册品牌、统一包装销售等"六统一"服务模式，加强规范提升，并授权成员单位10—20家使用"寿光蔬菜"区域公用品牌标识，推进品牌化建设，完善品牌包装设计，实现"寿光蔬菜"的优质优价，为发展"寿光蔬菜"产业品质品牌战略奠定了良好的基础，让"寿光蔬菜"产业长期处于引领全国市场的地位，成为蔬菜产业的标牌。

四是夯实共同富裕基础，带动群众增收致富。乡村振兴战略的核心任务旨在提升农民的经济收益，激活农村生机，从而积极促进全社会共同富裕的实现。"如何使乡村建设的成果惠及广大人民群众"是基层政府各项工作的出发点。在乡村建设中，寿光市政府坚持"乡村振兴为农民而兴、乡村建设为农民而建"的农民主体原则，对农民稳步增收、农村稳定安宁起到有效推动作用。一方面，深化农村集体产权制度改革工作，激活农村要素市场，增加农民财产性收入；另一方面，将家庭农场的培育和发展作为乡村振兴的重要抓手，有效盘活了农村闲置土地资源，激发了农村资源要素活力，拓宽了群众增收渠道。最后，健全农村市场环境和条件，鼓励大众创业和万众创新。目前，寿光市城乡居民收入比优化为1.8∶1，好于全国的2.45∶1，金融机构存款余额突破1700亿元，是全省存款最多的县。2023年6月，寿光市获评全省共同富裕先行示范县，乡村振兴促共富成效得到肯定。

5.3.3 有为政府与有效市场的联动机制

寿光农业产业作为一种独特的产业形态，既符合产业成长的一般规律，其形成与发展又具备自身特征。根据前文的理论分析和机制分析，可知政府可以通过加强基础设施建设，推动农业科技创新，为农业产业发展提供坚实的物质基础，以政策和制度的介入，推动农业生产的规模化和集约化，提升农业产业的整体竞争力，从而在乡村产业振兴中发挥重要的作用。在此基础上，笔者结合寿光乡村产业发展的具体路径及其实践效应，构建寿光市蔬菜产业成长发展的动力机制模型（见图5-1）。

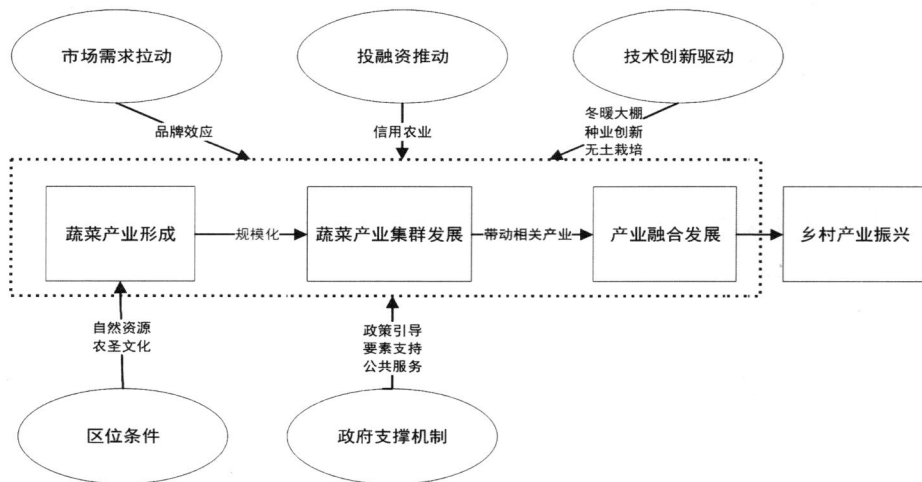

图5-1　寿光市蔬菜产业成长发展的动力机制模型

（1）发挥先发和比较优势

一是坚持因地制宜。相较于工业与服务业，农业的资源依赖性较强，对自然资源的要求比较高，容易受水文、气候、地质等方面的影响。寿光市蔬菜产业集群的发展也是如此，自然资源条件仍是发展产业集群需考虑的首要因素。寿光市地处华北（沿海）平原，地势南高北低，海拔最高点仅有 49.5 米。得天独厚的地理优势特别有利于蔬菜产业的发展。此外，从经济学的角度来看，寿光市的自然资源条件决定了农业投入要素的价格水平，形成了一定的竞争优势。

二是持续弘扬农圣文化。寿光种植历史悠久，是农圣贾思勰的故乡，有着传统农业基因。贾思勰是北魏时期的一位杰出的农业学家，他积累了前人丰富的农学智慧，并编撰了享有盛誉的农业专著《齐民要术》。贾思勰激励着历代寿光人民不断传承并创新农作物种植技术。自新中国成立以来，寿光市的民众积累了深厚的蔬菜种植经验和丰富的技术基础，他们一直专注于各种蔬菜的培育和种植。随着改革开放的深入发展，1989 年，寿光县成为首批采用"冬季保暖式蔬菜大棚"种植技术的地区，并获得了显著的丰收成果。冬暖式大棚种植技术的应用，开启了寿光市蔬菜产业的萌芽阶段。

（2）打造市场需求拉动机制

市场需求也是引领寿光蔬菜不断升级的一大动力机制。随着人们健康意识的不断提升，蔬菜市场也呈现出更加多元化、个性化的发展趋势。同时，对绿色蔬菜、有机蔬菜的需求也不断增加，这对农业生产提出了更高、更严的要求，从而推动寿光市蔬菜产业的发展。寿光市主动探索新型消费导向，以品牌打造、融合发展提升终端附加值，致力于转变农业生产模式，使其不仅注重产量的提升，更强调产品品质的保证；从粗放型的管理方式转变为精细化的运营；并推动供给结构的升级，从低端产品向高端产品迈进。为满足日益增长的市场对健康绿色食品的要求，寿光市早在 2003 年就建立了农副产品质量检测中心，对上市蔬菜进行质量检测，保证了餐桌安全，也促进了寿光市蔬菜产业的良性发展。市场是检验品牌的唯一标准，近年来寿光市按照"区域＋企业＋产品"三位一体的思路，全力推动品牌打造。一是打造区域公用品牌。多年来，

"寿光蔬菜"已经成为寿光市的一张最亮丽的城市名片，形成了自己的公用品牌，寿光市也成了名副其实的"菜篮子"。二是打造知名企业品牌。积极引导企业开展品牌创建。目前，寿光市荣幸地拥有两个享有中国驰名商标的产业标识，即"乐义蔬菜"和"七彩庄园"。更值得一提的是，包括桂河芹菜和古城番茄在内的 15 种特色农产品，已被农业农村部列入国家级名特优新农产品名录。三是打造明星单品品牌。寿光市蔬菜种类繁多，品种多样，应围绕单品打造品牌。近年来，寿光市积极引导企业筛选口感佳、风味足、品质优的新品种进行种植推广，形成了桂河芹菜、草莓西红柿、羊角蜜甜瓜、玉米黄瓜等一批企业品牌下的明星单品。寿光蔬菜品牌的影响力不断扩大，极大地提升了寿光市蔬菜产业的竞争力，推动了寿光市蔬菜产业的不断发展与进阶。

近年来，借助蔬菜品牌优势，寿光市建成投用了全国规模最大的农村淘宝县级运营服务中心，与京东物流、阿里巴巴签订战略合作协议，落户了阿里巴巴全国首个"数字农业产业带"，成功上线运营了淘宝"特色中国"寿光馆，建立了诸如农圣网和"种好地"在内的本地电商平台。目前，寿光市通过网络销售的农产品种类丰富，已超过 5000 种蔬菜和种子，以及 200 多种独特的土特产品和农业特色商品，进一步推动了相关产业的集聚与发展。

（3）培育"信用农业"推动机制

信贷资金便捷快速，助力蔬菜产业竞争力增长。近年来，寿光市创新金融服务方式，探索以信用为主要依据的信贷投放新模式，撬动更多的金融资源流向"三农"和小微企业主体，走出了一条"信用 + 金融"支持乡村振兴的"寿光路径"。寿光市金融服务的覆盖率、可得性和满意度不断提高。其联合农商行推出"菜乡 e 贷""人才贷"等信贷产品，给予每名农业人才 20 万—1000 万元的授信额度。从贷款申请到发放仅需要 5 分钟的时间，打通了农业人才资金需求的快速通道。蔬菜领域"信用农业"模式的推广，使涉农主体融资由传统的固定资产担保等方式，逐渐向个人的文明信用、交易数据信用等转变，极大地拓展了融资渠道，促进了涉农信贷投放量持续增长。其中，寿光农商行发挥地方法人机构体制机制灵活的优势，创新实施"整村授信"，结合村民信用状况、资产情况、口碑评定等，通过党员和村民代表，按照 A 级、AA 级和 AAA 级进行评定，根据评定的文明信用等级，为有望荣获市级以上道德模范、最美家庭等殊荣的村民或家庭，设计了专属的信用贷款方案。该服务的最高限额可达 30 万元，并享受最低的优惠年利率 4.35%。此外，这些优秀群体还被给予额外的信用加分政策。"信用农业"模式让农户的文明守信行为真正可以当"钱"用，有效解决了村民担保难、贷款难等问题，助力更多农户实现"菜农梦"，实现了由普通农民到职业工人的转变。

（4）创新技术赋能机制

一是冬暖大棚技术。冬暖大棚技术结束了北方冬天吃不上蔬菜的历史。从 1989 年至今，寿光市冬暖式大棚经历了 7 次大的技术变革，从面积窄小、水泥立柱、竹竿框架、草帘保温的第一代，发展到现在立体空间超大、无立柱钢架结构、现代装备技术与材料应用、信息物联网技术普及的第七代智能化温室。每一次技术的革新，都带来了生产功能的日臻完善和生产效率的大幅提高，目前的蔬菜亩产量约是第一代大棚的近 3 倍。二是在 1997 年，寿光市初次尝试了无公害蔬菜的生产实践，这一创新举措引领了蔬菜生产技术的第二次重大革新。进入 21 世纪后，寿光市在盐碱地带实现了无土栽培技术的显著突破。三是种业创新。近年来，寿光市又紧抓"种业创新"和"智慧农业"，全力打造蔬菜种业硅谷，并且推动蔬菜产业现代化发展。技术创新不断驱动寿光市蔬菜产业发展。

（5）改革完善政府作用机制

政府作用机制主要包括以下几个方面（见图5-2）：政策引导、资源分配与公共服务。在一系列关键的农业改革中，如1983年的家庭联产承包责任制、1984年的土地承包期延长、1985年的农产品统购派购制度废除以及1986年的农业投入增加等国家举措的推动下，农村的生产力实现了显著释放，农民的活力和创新精神得到了空前的激发。寿光市政府积极响应并深入实施国家政策，结合地方特色，制定了详尽的农业发展计划，陆续出台了一系列有利于蔬菜产业发展的政策和标准化规定，全方位地支撑农业的发展，推动了蔬菜集群化以及农业产业化发展。

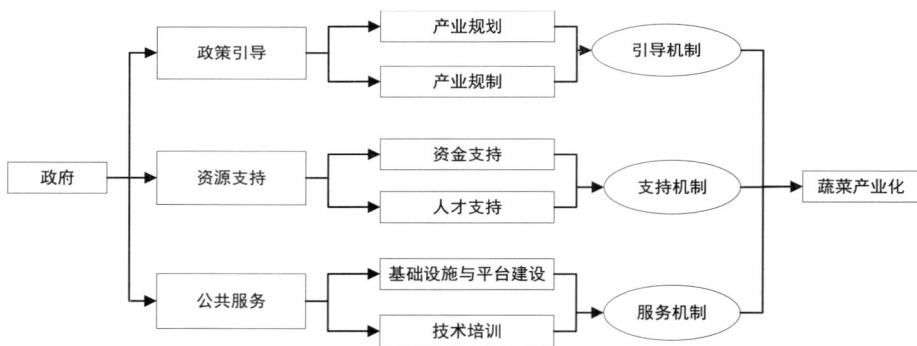

图5-2 政府作用机制

本章小结

寿光市乡村产业振兴的成功实践，构建了独特而有效的"寿光模式"。这一模式不仅是我国农业农村现代化的一项创新实践，也是政府与市场相互配合、相互促进的成功范例。其形成机制主要表现为：一是"历史与现代的结合"，通过传承农圣文化和推动技术创新，实现传统与现代的有机融合；二是"中央与地方的结合"，在改革开放和地方政府扶持的双重推动下，建立决策者与农业经济主体间的高效互动与协同创新模式；三是"干部与群众的结合"，通过党员干部的示范带动和群众的凝心聚力，增强区域发展的特色和稳定性；四是"生产与市场的结合"，大规模农业产业的发展与专业市场的流通紧密结合，推动产业与市场的同步提升；五是"国内与国际的结合"，蔬菜生产技术的持续进步与城市国际化策略相结合，确立寿光模式的持续发展和国际影响力。在寿光模式中，县级政府始终扮演着至关重要的角色，它以国家战略为引导，制定并推动执行乡村产业振兴的发展策略，被视为乡村产业振兴的"一线总指挥"，发挥着统筹规划、政策引导、公共服务、监督管理、示范带动的职责。并且，随着乡村产业的成长发展，政府与市场的关系会发生动态调整，从乡村产业起步阶段的"基层政府强势主导"，到初具规模阶段的"基层政府与企业组织互动"，再到成熟阶段的"企业组织主导"，这种演变过程实际上是"有为政府"与"有效市场"有机结合、不断演化递进的"联动机制"的体现。在这一过程中，政府的作用是动态调整的，既要保持引导和推动的作用，又要充分尊重市场规律，激发市场主体的活力，实现政府与市场的良性互动，共同促进乡村产业的可持续发展和农民福祉的提升。

第6章　寿光市乡村产业振兴的
转型升级及其动力机制优化

依据产业成长发展的一般规律，处于成熟稳定发展阶段的产业往往会面临"衰退"，此时，产业转型升级就成为这一阶段不可避免的发展选择。针对这一现实，为将"寿光模式"提升为"齐鲁的典范"乃至"全国的楷模"，在推动乡村产业振兴的过程中，必须不断创新提升"寿光模式"的新内涵，培育新技术和新动能，持续强化"以产业化带农、富农，城乡互动融合发展"的战略思维，加速推进新旧发展模式的转变，推动产业转向现代化、绿色化和高效化，有效防止产业的衰退，引领区域乡村产业的全面振兴，率先达成乡村振兴的战略目标，使"寿光模式"成为全国乡村产业发展的楷模。

6.1 寿光市乡村产业振兴的转型升级

党的十八大以来，寿光模式的实质内容体现在以下几个关键点：首先，它以乡村振兴的总体战略为导向，紧密结合蔬菜产业和农业产业的现代化进程。其次，它强调蔬菜品牌的塑造与发展，以此引领农业产业的转型升级。最后，它积极推动工业对农业的支撑作用，促进一二三产业深度交融。这一系列举措旨在逐步推进乡村社区的现代化、城市智能化以及城乡的深度融合，最终目标是达成乡村振兴的宏伟蓝图。[①]

6.1.1 蔬菜产业化向品牌化升级

产业兴旺被视为乡村振兴战略的核心要素。寿光市已经构建起了现代农业的完整产业链、生产和运营框架。这种模式促进了农业与非农业产业的均衡发展，实现了农业、工业和服务业的深度交融。这不仅需要依赖于蔬菜产业的集约化经营，还要进一步拓展思路，驱动寿光模式的产业结构升级。具体措施包括推进蔬菜品牌的塑造策略，通过深度整合一二三产业在蔬菜领域的互动。

在蔬菜交易市场中，由于同类产品的高度相似性，消费者的辨识变得困难，使得"优质高价"的策略难以执行，这直接限制了种植农户的收入增长。为此，推行品牌化策略被视为突破"产品质量卓越、价格合理、销售畅通、收益大幅增加"困境的关键途径。以下是具体的实施步骤：首先，加速推进"寿光蔬菜"区域公用品牌的注册和设计。其次，坚持"引导与激励"相结合，大力扶持传统地方特色的"优质、特色、新颖"单一产品品牌化发展，特别关注地理标志产品、乡村特色产业和村级特色产品，积极倡导和推动大型企业及合作社获取"三品一标"产品认证[②]，鼓励所有农业相关方全力投入产品品牌的构建中，致力于将独特的产地转化为具有影响力的名牌生产基地，强调标准化的生产流程，推动农产品品牌的提升和壮大。在维护品牌形象的过程中，核心策略是

---

① 张友祥，徐世江，葛晓军.农业农村现代化进程中的寿光模式［J］.改革内参，2019（4）：38−41.

② 三品一标：有机食品、绿色食品、无公害农产品和国家地理标志产品。

实现从生产到流通的全程自主管理。寿光市建设了全国蔬菜质量标准中心，积极倡导土壤改良、提升生产品质以及实施原产地追踪项目，以此来全面提升对蔬菜质量的监管效率。

强调"质量优先"的策略转向于"蔬菜品牌化驱动"，特别注重环保、卓越品质、丰富的营养价值以及独特的地理标志。为此，寿光市致力于强化蔬菜产业的全程标准化体系，提升蔬菜质量评估体系的严谨性，深度推进土壤改良，推行高标准的生产模式，并实施严格的原产地追溯计划，从而大幅提高蔬菜的质量监管效能。同时，寿光市急切推动"寿光蔬菜"这一区域品牌的官方认证，严格设定品牌准入规范，将特色产区转化为品牌生产基地，推动生产过程的规范化，同时融入地方的文化元素，赋予产品更深的地域特色。

因此，为了打造蔬菜品牌，必须从源头上推动技术革新和设备改良，持续提供生产过程中所需的服务和标准化管理，同时在收获后确保社会支持体系的完善，这些都涉及相关产业链和行业的协同发展。这些综合举措将带动蔬菜产业全链条的升级，进而带动整个农业、关联工业以及服务业的整体提升。

6.1.2 农业产业化向工厂化升级

农业工业化是推动蔬菜品牌建设和规范化进程的关键实践与技术支持，它深刻契合了乡村振兴战略的技术导向。这一理念主张将工业技术融入农业，致力于构建如同工厂般高效运作的农场，以及智能化的农业生产模式，象征着农业生产力未来的发展方向。其目标在于优化农民的工作环境，增强土地的产出效益，并确保农产品的高品质。农业工厂化的理念主张将农业生产过程转变为工业化的模式，通过运用人工设施和技术手段，创造出最有利于植物生长的环境条件。

寿光市积极引进前沿的科技元素和先进的管理理念，并贯穿于蔬菜生产的全过程。这种策略使得寿光市率先步入农业现代化阶段，保持了显著的竞争优势，其影响力不可忽视。首先，需要加速培育现代农业的主导力量。这包括改进对农业龙头企业的支持体系，持续帮助他们实现规范化运营，引导农业工业规模化并将其影响力扩大到更多区域，使他们在农业生产全过程中扮演技术展示和引导的角色。此外，推动家庭农场的高效发展。其次，提升农业基础设施的现代化程度。这不仅涉及全面推动农业综合开发项目，还要在现有的设施农业基础上，大力推广机械化和智能化技术。最后，优化农业的社会化服务网络。更好地满足农业生产的各种需求，提升农业生产的整体效率。大力促进各类经营和服务实体的发展，鼓励基层农业专家、大规模种植养殖者和农产品经纪人等，凭借他们的独特资源、专业技术和市场洞察力，联合建立多样化的专业化服务组织。这些机构将为农业经营活动提供丰富且多维度的支持。同时，优化政府对农业社会化服务的采购机制，积极购置那些可以量度和监督的公益性质服务，以此来提升农民获取生产与经营支持服务的便捷性。

转向农业工厂化的农业生产模式象征着农业正在向着实现现代化的进程迈进。科技是推动现代化的关键力量，其核心表现为工业化进程，其显著特征在于用机械取代人力进行生产，以大型工厂取代传统的家庭手工作坊和手工工场。这样的发展有助于一二三产业的深度融合，从而提升参与现代农业标准化、现代化生产的农民或工人的技术素养，培养出具备职业特性的新一代"职业农民"。

6.1.3 乡村治理向社区化升级

乡村社区化的构建是确保乡村振兴战略全面实施，包括"生态宜居""乡风文明"和"社会治理"等诸多方面得以实现的基础保障。将乡村赋予"社区"的新视角，象征着农村建设理念的重大革新。传统乡村与城市社区在发展模式上存在显著的区别，农村发展的滞后在很大程度上源于公共服务和设施的不足。然而，近年来，我国城市通过实施精细的"社区化"管理模式，显著提升了城市社区的环境和居民的生活品质，这一成功案例充分证明了"社区化"管理模式在优化人居环境和城市管理中的实效性。

自 2009 年以来，寿光市积极推进乡村社区化进程，至今已成功构建了大约 300 个高品质乡村社区项目。在未来，寿光市致力于在实施策略上寻求创新。首先，实施科学的规划，针对各类乡村特性进行差异化推进。乡村社区化的实质并非消除村庄，而是为了超越村庄的固有框架，全面考量包括生产要素、居住、娱乐、医疗、文化、教育等多元资源的整合。其次，强调预算分配中的质量导向。致力于将那些尚未形成集中区域的村庄进行"社区重塑"，重点关注增强区域景观、提升居民生活的便利性、改进生产组织以及强化村庄管理，以此来促进发展的加速度。在这个过程中，寿光市始终坚持尊重农民的意愿，同时目标明确，力求在各个领域实现关键性的突破。最后，关注乡村的组织构建。由于许多乡村存在村庄零散和村民分布广泛的特点，这对乡村振兴提出了独特的考验。为此，必须培育并构建一支既掌握农业专业知识，又深深热爱乡村、关注农民的"三农"工作团队。通过强化乡村的组织建设参与到社区治理中来，这样做的目标是确保乡村社区的发展既有序又可持续。

典型案例：寿光市宅基地制度改革实践调研

（1）调研背景、调研目的、调研对象及调研实施过程

调研背景。2013 年，我国进入农村土地制度综合改革阶段，2015 年

进行了"三块地"改革试点。"三块地"改革试点虽然仅在全国33个县市区进行，但是它的示范效应在全国都产生了较大影响。在这样的背景下，本研究团队对宅基地制度改革问题进行了调研。

调研目的。本项调研的主要目的是了解宅基地制度改革的真实情况及实际效果。

调研对象。本项调研以山东省寿光市尧水幸福社区为对象。寿光市是山东省辖县级市，由潍坊市代管，位于山东省中北部，潍坊市西北部，渤海莱州湾西南岸，总面积2072平方千米，下辖5个街道、9个乡镇、975个行政村。寿光市属于平原地形，非常有利于土地的成片开发利用。寿光市县域经济较发达，是全国百强县，是"中国蔬菜之乡"，农业经济发达，在经济社会发展过程中创造了蔬菜产业化引领农业与非农产业协调发展、城乡融合的"寿光模式"。2021年，寿光市地区生产总值（GDP）953.6亿元，一般公共预算收入103.3亿元。截至2021年末，寿光市户籍人口111.28万人，第七次人口普查常住人口约为116.34万人，寿光市为人口净流入地区。按常住人口计算，2021年，寿光市人均GDP约8.2万元，高出全国人均GDP约0.1万元，金融机构各项存贷款余额"双过千亿"，人均存款近10万元。寿光市已有近1/10的村在农民自愿的前提下以不同方式完成了合村并居、退出（部分）宅基地的改革。笔者以寿光市最大的合村并居退出（部分）宅基地项目尧水幸福社区为对象进行调研。这一项目的主要内容是5个相邻行政村退出原有宅基地，就近重新选址建社区，5村合并为一个社区，社区占地面积小于原5村宅基地面积，腾出部分宅基地。腾出的宅基地在用途上不再是宅基地，在产权上也不再属于原村集体，即实现了宅基地退出。退出的宅基地经其他改革程序成为建设用地入市，从而完成了宅基地改革，实现了建设用地在城乡间的流动和配置，提高了土地资源的利用效率。

调研实施过程。2022 年下半年正值疫情期间，笔者运用座谈会（腾讯会议）、电话访谈、实地观察和深入访谈法，多次就尧水幸福社区宅基地制度改革问题进行调研。

（2）五村合并社区宅基地改革实践

五村原有宅基地情况。五村原有宅基地情况如表 6-1 所示。其中已利用宅基地是指已经分配给村民、村民实际使用的宅基地。寿光市已完成宅基地确权登记，一户一宅，不存在一户多宅的情况，所以已利用宅基地面积是户数与户均宅基地面积的乘积。各村宅基地面积明显大于已利用宅基地面积，表明宅基地闲置问题较严重。

表 6-1 五村原有宅基地情况

行政村	户数（户）	人口（人）	户均宅基地面积（㎡）	已利用宅基地面积（㎡）	村宅基地面积（㎡）	宅基地闲置率面积（%）
WD	288	860	230	66096	112361	41.18
WX	305	1083	210	63955	163582	60.90
QL	207	590	233	48205	80223	39.91
HL	312	1001	245	76378	133613	42.84
KJ	255	886	243	61965	112388	44.87
合计	1367	4420	—	316598	602168	47.42

项目性质和开发商。寿光市五村合并为社区的项目启动于 2016 年，最初被列入乡村建设规划项目，后改变为棚户区改造项目，是当时寿光市最大的棚户区改造项目。项目由寿光市政府统一规划，由五村所在街道组织实施。项目开发商是寿光市惠农新农村建设投资开发有限公司。寿光市惠农新农村建设投资开发有限公司性质为国有企业，实际控制人为寿光市财政局。

项目实施方式。项目采用宅基地置换安置房、地上附着物估价补偿的方式实施，安置房为精装修。项目实施前五村已按照国家关于"一户一宅"的规定对宅基地进行了确权，一块宅基地换一套 180 平方米的安置房，安置房有 180 平方米的独立户型和 120 平方米加 60 平方米的复合户型两种，村民自主选择，选择后签订确认书，一经确认不再更改。农户宅基地上附着物补偿金额由第三方评估确定，另有拆迁时效奖惩。房屋拆除后，村委会为村民提供活动板房作为临时住房至项目完成。笔者深入一位农户家，获得了关于房屋拆迁的相关文书，参见图 6-1。

社区建成分配情况。五村合并的社区名为尧水幸福社区，于 2018 年建成。尧水幸福社区分为 A、B、C 三个区，各村按原村民构成集中安置，各村所在区及楼号由社区建设领导小组和村委会商定。各村村委会负责本村安置房分配工作，各村分配方案相同，参见图 6-2。根据分配方案，安置房、车库、储藏室成本价均为 2100 元/平方米，符合条件的农户每户一套安置房，无需购买，安置房以 180 平方米为标准，超出或不足部分按成本价找补，另需交纳楼层差价；每套安置房配有一个车库，车库以社区车库平均面积为标准，超出或不足部分按成本价找补；储藏室按成本价出售，村民自愿购买，储藏室数量不足时抓阄确定购买资格；具体楼号、房号抓阄确定。村民也可以放弃安置房及配套车库，按照成本价获得货币补偿。实际情况是五村共 1367 户全部选择了安置房，无一户选择货币补偿。截至 2018 年 10 月 21 日，五村全部农户完成选房号工作，90% 以上农户当年入住安置房。

某社区旧村改造拆迁补偿协议

拆迁人（甲方）：寿光市 XXX 村民委员会

被拆迁人（乙方）：XXX　　身份证号：XXXXXXXXXXXXXXXXX

根据《某社区旧村改造改造方案》有关规定，经甲、乙双方协商，达成如下拆迁协议：

一、被拆迁地上附着物现状

乙方在拆迁范围内住宅一处，其中主房 <u>　5　</u> 间，主房面积 <u>　77　</u> 平方米；地上附着物一宗，详见评估报告清单。

二、补偿方式及补偿数额

1、对被拆迁房屋及地上附着物按评估结果进行补偿。其中，房屋及其它附着物补偿额 <u>80443.0</u> 元（大写人民币大写<u>零 拾 捌 万 零 仟 肆 佰 肆 拾 叁 元 0 角 0 分</u>）。

2、临时安置费（18 个月）<u>11088.0</u> 元（大写人民币 <u>零 拾 壹 万 壹 仟 零 佰 捌 拾 捌 元 0 角 0 分</u>）（最终按照实际天数进行找补）。

三、奖励

1、乙方在甲方规定时间内签订本协议，奖励 <u>5000</u> 元。

2、乙方须在甲方规定时间内（以甲方书面通知为准）完成拆迁，经甲方验收合格后，甲方给予乙方拆房奖励 <u>5000</u> 元，

乙方未按本约定期限内完成拆迁的，按拖延天数每天扣减奖励<u>1000</u> 元，直到扣完奖励。

3、老年房或半个宅基地（包括半个宅基地）以下的奖励政策减半执行。

四、拆迁补偿和奖励款的兑付

拆迁补偿款拆迁前发放一半，按时完成拆迁甲方验收后发放另一半。签订协议奖励、拆迁奖励、临时安置费及补贴在完成拆迁验收合格后发放。

五、本协议各方签字或盖章之日起生效。

六、本协议一式两份，甲乙双方各持一份。

甲方：寿光市 XXX 村民委员会

乙方（签字）：XXX

2016年 7月14日 签署

关于签订安置房户型确认书的通知

全体村民：

根据《XXX 社区旧村改造方案》确定的意见，安置房建筑面积为 180 ㎡左右，设 180 ㎡独立户型和（120+60）复合户型两种。

经设计部门反复修改完善，现将安置房两种户型设计图印发到各户，请各户结合各自实际，从两种安置房户型中任选一种户型，并签订户型确认书，于 2016 年 8 月 7 日中午 12：00 点前交村委办公室，逾期不交的视为自动放弃选择，服从村委规划。户型选择一经确认，不再修改。

附：1、安置房户型确认书
　　2、安置房户型图

XXX 社区建设领导小组
2016 年 8 月 6 日

XX 村房屋拆迁验收单

编号：<u>　137　</u>

<u>　XXX　</u> 户：

你户房屋主房顶和苇箔已全部拆除，符合初验标准，凭此条领取拆迁名次奖励。

验收人签字：XXX
2016 年 9 月 29 日 10 时 48 分

注意：妥善保管验收单，为领取奖励的凭证，遗失不补。

寿光市 XXX 社区旧村改造房屋及附属物拆迁评估表

序号	项目	单位	长（米）	宽（米）	数量	单价	评估额（元）
1	北屋	平方米	14	5.5	77	666.4	51313
2	前出厦	平方米			50.01	200	10002
3	东屋	平方米	3.5	3.3	11.55	427.5	4938
4	西屋	平方米	6	2.8	16.8	370.5	6224
5	独立门楼	处			1	500	500
6	水泥地面	平方米			48.86	20	977
7	转墙面	平方米	4	1.3	5.2	10	52
8	自来水	户			1	350	350
9	化粪池	个			1	400	400
10	电表	户			1	350	350
11	有线电视	户			1	300	300
12	暖气	套			1	600	600
13	灶台	个			4	60	240
14	葡萄	棵			2	20	40
15	初果	棵			2	120	240
16	围墙	米			13.95	150	2093
17	排污管	户			1	300	300
18	月台	平方米			11.65	40	460
19	厕所	平方米	2.8	1.9	5.32	200	1064
20	临时安置补助费	平方米			77	144	11088
小计							91531

图 6-1　山东省寿光市 KJ 村棚户区改造拆迁补偿相关文书

XX 村公寓楼分配方案

XX 社区 XX 村，根据棚户区改造政策，共规划公寓楼 18 栋，楼房均为"5+1"模式。其中 C19#、C20#、C21#、C22#、C23#、C25#、C26#、C27#、C28#、C29#、C30#、C31#、C32#、C33#住宅楼为三个单元 120+60 平方米户型，C12#、C17#、C18#住宅楼为二个单元 120+60 平方米户型，C13#住宅楼为一个单元 180 平方米户型，共计 250 户（楼房不足部分到 b 区补齐）。经新村建设领导小组研究，村民代表会议讨论，制定以下分配方案。

一、分房前的相关工作

1、严格按照《旧村改造方案》要求，核定应分安置房，并张榜公示，同时公布户型。

2、严格核实临时安置房及违章建设现状，未签订临时安置承诺书私自搭建临时安置房或旧村拆除后未经审批建设其他建筑物的，按签订限期拆除协议书，逾期不拆除的，按违法建设依法处理，并取消今后集体给予的所有福利待遇及补贴。

3、由专业机构测算核实每套安置房、车库面积并进行统一编号、搭配。准备楼层分布图。每户一个车库，分配时一次性拾阄确定安置房和车库具体位置。

4、安置房按每户 180 m² 计算，超出或者不足部分面积按照 2100 元/m² 进行找补，车库按照全社区平均面积按照成本价 2100 元/m² 多退少补。待工程决算审计结束后，按照实际价低于 2100 元/m²，多收部分再给各户退回；如果实价格高于 2100 元/m²，不再收取。

5、楼层系数：按实际面积一层补 20 元/m²，二层上交 70 元/m²，三层上交 80 元/m²，四层上交 20 元/m²，五层补 150 元/m²（另免费送阁楼）。

选派一名具有完全行为能力的代表参加。

2、分房时 xx 司法所、xx 法律服务所等法律部门全程参与见证。

3、各户临时安置费的截止日期为本村房款结算领取房子钥匙的规定日期，逾期未办理房款结算和钥匙交接的不再享受临时安置费。

4、双子户未满 18 周岁的，在《旧村改造方案》通过后出生的，按照《旧村改造方案》中规定的两条办法"方案一：分房时只分一套，第二套待长子满 18 周岁时，从村集体剩余房子中随机抓取；方案二：分房时可提前拾阄分房，但须按照成本价向村委缴纳全部房款，待长子满 18 周岁时再无息退回房款，也可按照年息 6%的标准一次性缴纳楼房成本价利息款"中任选一条执行；在《旧村改造方案》公布后凡符合政策出生的，另行拾阄分配，按照出生（以医院出生证明为准）先后顺序拾阄，最终截止时间为社区第一个村拾阄开始一天的 24 时。

5、自交安置房钥匙后 30 天内，未拆迁的房屋和临时安置房及其他建筑物，必须按照所签订的协议和承诺书自行拆除，逾期不拆的依法强行拆除并取消今后村集体给予的所有福利待遇及补贴。

6、阁楼归顶楼户所有，但因其不具备生活使用功能条件，不能用于对外出租居住。若对外使用作其他用途，需向村委（或物业）写出书面申请，把关审批后方能进行。对外出租不能进行非法经营和扰民活动，不能对本小区居民安全和正常生活造成影响，否则村委（或物业）有权进行干预采取停电、停水、取消福利待遇等措施。

7、各户在房屋装修过程中，不准对楼房的建筑结构进行破坏，不准对整个楼房的外立面进行破坏，不准安装栅栏式防盗窗，空调主机必须安放在设计位置。

8、无法定赡养人、抚养人、无劳动能力和精神障碍情况的户，若其亲属参与拾阄的，必须由当事人指定、近亲属商定并由村委确认或

二、楼房分配

（一）分房资格。

凡符合《旧村改造方案》有关规定，并签订房屋拆迁协议或者签订拆除房屋、临时安置房及其他建筑物拆迁协议书的，经公示无异议，即取得分房资格，未达到以上条件的视为自动放弃分房资格，无权参与分房。

（二）分房办法。

1、组合。①根据各户签订的户型确认书，按同类户型自由组合为若干单元小组，5 户为一单元小组。②单元小组确定后，剩余户作为散户参与分配。为便于各户组合，该项工作原则上在正式分房前完成。

2、拾阄。①先拾单元阄确定各组合小组的具体分配单元。②同一栋楼既有单元阄又有散户阄的，拾阄确定组合户单元和散户所在单元。③各散户在组合单元之外的楼房中直接进行大拾阄，确定所在楼栋、单元及楼号，签订楼房分配确认书。④各组合小组内的各户具体楼层由各小组自行分配，上报楼房分配确认书存档。

所有拾阄都按到会场签到的顺序先拾顺序阄，然后再拾正式阄确定具体阄号——单元或楼号，拾阄人分别在有关确认书、图表或方位图上签字确认，拒不签字确认的视为自动放弃分房资格，房子由村委处理。

3、房款找补。各户房子分配定位后，新村建设领导小组按照各户楼房和车库面积和楼层价格计算出实缴房款数，进行多退少补，结清后领取钥匙。

4、沿街商业作为村集体资产，用于保障小区正常运转，经集体研究并报党工委审批方能处理。

三、其他事项

1、具体分房时间和地址以书面通知为准，有分房资格的一户只能由村委指定监护人，签订监护协议，负责当事人的分房及今后的生活照护。

9、以上方案未尽事宜和特殊情况由新村建设领导小组或村民代表会议研究确定。

附：楼层价格表

楼层	价格（元/平方米）
车库	2100
一层	2080
二层	2170
三层	2180
四层	2120
五层	1950

2018 年 10 月 6 日

图 6-2　山东省寿光市 KJ 村安置房分配方案

尧水幸福社区基本情况

第一，社区位置。五村合并为一个尧水幸福社区，社区位置见图 6-3 中标有"1"的圆点所示。

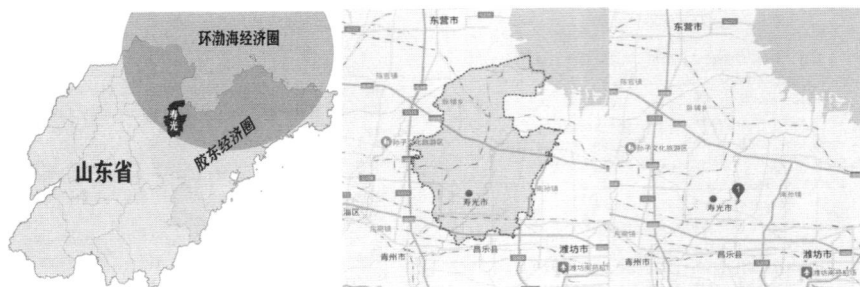

图6-3 山东省寿光市及尧水幸福社区位置

第二，社区的教育、医疗资源及生活配套情况。社区附近教育资源主要包括社区300米范围内公立幼儿园、小学各1所，300—3000米范围内公立幼儿园、小学、初中各2所；3000米范围内医疗资源包括镇级医院2家，县级医院1家；1000米范围内公交车2路。社区绿化率为30%，容积率为1.2。社区商业网点有餐饮、娱乐、金融等服务。社区的水、电、暖、燃气、排污等统一纳入市政工程。

第三，社区的治理结构及集体收入与支出情况。在治理方面，五个村仍保留原治理结构，各自独立。社区所在街道派驻党务人员协调管理五村的各项工作。社区自建立至进行调研时各项工作运行良好，社区的A区、B区、C区之间及五个村之间没有任何矛盾冲突。五村的集体收支仍各自独立，社区公共支出由街道承担。

第四，农民对社区生活的评价。笔者在社区内对居民进行了随机访谈，并深入一些家庭进行了深入访谈，发现居民对社区生活质量普遍表示满意，评价较高。村民最为满意的是项目实施方式，即宅基地换安置房，不但不需要花钱，还可以获得地上附着物货币补偿，并且安置房是精装修，厨房、卫生间设施齐备，入住只需添置电视机、洗衣机、空调等家用电器及家具。

宅基地退出情况

社区占地情况如表6-2所示。

表6-2　尧水幸福社区占地情况

区	公寓楼		社区面积（平方米）
	栋	占地面积（平方米）	
A 区	44	23809	134759
B 区	34	18615	87227
C 区	30	17073	86823
合计	108	59497	308809

五村合并社区后，公寓楼占地59497平方米，较五村实际已利用宅基地减少近260000平方米（合390亩）；包括公共绿地、商业网点、公共用房等在内的整个社区占地308809平方米，较五村实际已利用宅基地减少近8000平方米；整个社区占地较五村全部宅基地减少290000平方米（合435亩）。合村并居极大地节约了农村住宅建设用地。五村合并社区腾出宅基地290000平方米，接近原五村全部宅基地面积的50%。腾出的宅基地所有权仍然属于村集体，使用权在政府的主导下入市交易。农民和村集体不再占有腾出后入市交易的这部分宅基地，这部分宅基地实现了"退出"。退出的宅基地经入市程序为城市所用，成为事实上的城市用地。

（3）村宅基地改革剖析

第一，改革方式。五村合并社区包含了宅基地的两种改革方式，一种是宅基地"三权分置"，另一种是宅基地退出。宅基地"三权分置"是指宅基地的所有权、资格权、使用权分置，其中所有权和使用权归村集体，资格权归农户。五村退出原有宅基地就近重新选址建的社区土地性质和用途不变，仍为所有权属于各村集体的宅基地；社区用地是公共宅基地，不再是一户一宅，使用权归村集体；农户仍拥有宅基地资格权，表现为农户拥有以原宅基地换取安置房的权利。宅基地退出是指合并为社区后，各村均退出了一部分宅基地，退出的宅基地转为集体经营性建设用地入市。

在安置房分配过程中，所有农户都选择了安置房，无一农户选择货币补偿而放弃宅基地资格权。对于安置房，农户没有土地使用权，只拥有安置房本身的所有权和使用权，农户可以自用、出租和出售安置房。安置房就是事实上的"小产权房"，但是是经政府规划建设的小产权房。五村合并社区腾出近一半的宅基地，腾出的宅基地转集体经营性建设用地，所有权仍属于村集体，使用权在政府的主导下入市。农民以免费取得社区安置房的方式获得补偿。

第二，成功经验。"村改居"或"合村并居"的方式在其他地区也有施行，但一些地区的施行并不顺利，甚至引起农民的强烈不满。而寿光市五村合并社区退出宅基地的方式取得了参与各方共赢、各方都满意的良好效果。相较于"村改居"或"合村并居"失败的地区，寿光市的不同之处同时也是寿光市取得成功的经验主要有以下几个方面。

一是政府组织实施，农民利益有保障。农民掌握的信息有限，对市场运行方式缺乏全面了解及掌控能力，在市场交易中谈判能力差，是市场经济中的弱势群体。如果项目完全市场化运作，农民的利益很可能受到侵害。五村合并社区项目由寿光市政府发起，由五村所在街道组织实施，由国有企业作为开发商，"国"字当头，农民利益有保障，避免了完全市场化运作可能造成的对农民利益的损害。

二是宅基地退出补偿合理，农民积极参与。项目以宅基地置换安置房的方式实施，且安置房为精装修，没有附加条件，有地就有房，农民可以零成本改善居住条件和生活环境，同时农民还可以获得地上附着物货币补偿、拆迁货币奖励及免费临时住房，所以，农民积极参与，项目进展顺利，从立项到完成仅用 3 年多时间。

五村合并社区的宅基地退出补偿充分体现了人格财产溢价。人格财产是附着了财产所有人情感、精神因素的财产，其重置成本应高于其市场价值，高出的部分就是基于人格财产的溢价。根据人格财产理论，宅基地（包含地上房屋）是典型的人格财产，对宅基地的补偿应包含人格财产溢价。在寿光市五村合并社区的实践中，各方在不了解人格财产理论的情况下，给予宅基地的退出补偿事实上包含了宅基地作为人格财产的溢价。五村农户原来居住的正房加厢房合计的平均面积为 110 平方米左右，120 平方米的精装修安置房足以补偿原住房面积，但补偿中另外给予每户 60 平方米精装修安置房，这 60 平方米精装修的安置房就是对宅基地人格财产价值的补偿。近两年，寿光市靠近城区的宅基地退出补偿精装修安置房面积达到 200 平方米，个别村庄甚至达到 300 平方米，这些村庄的宅基地退出补偿既包含了人格财产溢价，也充分体现了级差地租。合理的退出补偿应体现宅基地的市场价值、人格财产溢价及级差地租。

三是农民身份、社区土地性质不变，项目实施障碍小。退出原有宅基地进入社区后农民身份不变，不涉及户口、市民身份等问题，社区土地性质仍为集体宅基地，不涉及不动产证等问题，因此，项目涉及的制度和政策调整少，实施障碍小。

四是社区品质较高，农民生活质量明显提高。社区绿化率为 30%，容积率为 1.2，有健身、休闲、娱乐设施，整体居住环境较舒适；农户家的水、电、暖、燃气、排污等接入市政系统，摆脱了从前定时供水，自行供暖，使用煤气罐、旱厕等种种不便的生活方式；社区教育、医疗、生活配套齐全。农民生活质量明显提高，对五村合并社区项目评价普遍较高。

五是宅基地改革，各方共赢。宅基地"三权分置"，社区占用宅基地的所有权和使用权归村集体，资格权属于农户。农户凭资格权获得安置房的所有权和使用权，农户可以自用，也可以出租或出售安置房。可以出租、出售安置房使农户获得了同城市居民一样的获取房产收益的权利和机会。五村合并社区，退出近一半的宅基地，退出的宅基地转为集体经营性建设用地，所有权仍然属于村集体，使用权由政府主导入市，实现城乡间要素流动。通过宅基地改革，农民生活质量提高，城市获得建设土地，政府分享了土地增值收益调节金，整个社会实现了帕累托改进。

第三，应注意的问题。寿光市五村合并社区的宅基地改革开展顺利，实现了各方共赢，是一次成功的改革，积累了可复制、可推广的经验。改革中暴露出来的问题比较少，特别是需要近期内解决的问题少，从长期看，必须解决的问题是安置房的产权问题。目前根据村里的分配方案和相关文书，安置房的所有权和使用权属于农户，可以转让和继承，但是农户没有安置房的产权证。没有产权证极大地限制了房产的交易，这一方面使农民很难像城市居民一样获得房产收益，更大的问题是农户作为安置房所有者的法律地位没有法律保障。

社区的演变象征着乡村现代化的进程。这个过程不仅体现在农业生产、生活方式以及发展模式的革新，而且还涵盖了思维观念的与时俱进。它必然触动经济、政治及社会习俗等多元领域的变迁，形成一场全方位的社会转型，对农村社会产生深远的影响。乡村的现代化演进必然带动治理体系与效能的同步升级。这将有力地推动农村生态文明和美丽乡村的科学发展，一方面可以守护和传承农村的优秀传统文化；另一方面也将激发农村公共文化的建设及社会文明的进步，从而营造出一个充满活力、和谐稳定的乡村环境。

6.1.4 城市功能向智慧化升级

智能化城市是当前城市发展的新兴理念和趋势，它是工业化、城镇化与信息化深度交融，协同进步的产物。同时，它承载着城市对乡村的扶持，工业对农业的助力。这一系列举措不仅提升了民众的生活品质，而且健全了这一制度，让交流变得更加高效。

作为现代化进程中的新兴代表，智能城市是在不断发展中展现的创新产物。2013 年，寿光市荣幸地成了首批国家级智慧城市的试点城市，其建设的核心理念是以市民为中心，目标是推动经济的繁荣发展。在推进智能城市构建的过程中，寿光市尽管初期取得了显著的进展，但未来在智能城市建设的道路上，仍面临着诸多严峻的考验和挑战。首要任务是不断强化城市机能，既要注重智能城市科技的提升，也要着重于智慧应用的实践，以解决各类智慧平台间的连通难题。接下来的目标是让市民能够轻松享受到城市建设的成果，逐步深化智能城市的内涵，致力于解决与民生息息相关的问题。最后，致力于推动城乡的平衡发展，缩小城乡之间的差距。

都市智能化的转型，正是城乡深度技术融合的实际体现，象征着都市功能的全面提升。智慧城市的各种多元化载体，包括智慧园区、智慧社区和智慧小镇等，将迅速兴起并发展壮大，对都市各领域的智能化运营产生深远影响。这将在纵向层面构建一条"要素—主体—经济—社会"之间的动态互动链，而在横向维度上，则形成"园区—社区—小镇—都市"相互交融、逐步深化的联动模式。城乡的深度融合进程将进一步加速，都市各类功能将得到显著提升，最终目标是实现都市与乡村的无缝融合与一体化发展。

6.1.5 城乡关系向一体化升级

在我国社会经济的发展进程中，城乡二元结构与城乡差距依然明显，发展中失衡和不足的问题仍然存在。生产要素如人口、技术、资本和资源在地理空间上的分布不均，阻碍了城乡间的有效互动和协同增长。为了改善这种状况，需要转变思路，从"分割"转向"融合"，构建一个城乡要素交融、互相支持、共享市场、服务互补的新型城乡融合模式。

近年来，寿光市在促进城乡基础设施一体化进程和城乡资源无障碍流动方面成绩斐然，已初步搭建起城乡一体化发展的基础框架体系。尽管如此，仍需在一些核心领域取得重大进展，诸如基本公共服务的一体化供给、城乡特色资源的充分挖掘与展示、城乡产业深度整合互动等。首要策略是以追求城乡平等为核心指导思想，不仅要着力缩减城乡居民收入之间的鸿沟，更要全面推动教育、医疗、社会保障等公共服务领域的均衡化进程，以及生活便利性的全面提升，务求在实践层面上真正落实"城乡有界，服务无界"的原则。针对乡村地区普遍存在的公共产品不足且品质较低的问题，亟须大力增强基础公共服务设施建设，尤其要在教育、医疗卫生、科学技术和信息化等领域做出显著改进。同时，鼓励商业保险机构在乡村地区开展针对农业生产的风险保障服务，并适当拓宽乡村社会安全保障计划的覆盖范围，力求从各个维度全面增强对乡村经济社会生活各方面的支持效能。同时，应通过产业联动作为桥梁，推进都市与乡村的协同发展，特别关注农业、工业、商业和旅游业之间的深度融合，以及村落之间的跨领域融合，推动制度创新和技术创新的发展。

都市乡村融合的进程是农业现代化、农民专业化的深化，是都市智能化与城乡互动的交融发展所驱动的必然趋势。它象征着公共服务的平等化得以实现，同时也是乡村振兴战略的核心愿景，目标在于确保都市与乡村居民都能公平享受到改革开放所带来的丰富成果，从而达成城乡一体化的共同发展愿景。这一进程以实现公共服务均等化为核心原则，旨在积极推动区域内或城乡间各类资源和技术要素的深度整合与高效协作，力求实现资源与服务的双向无障碍流动及共享，以促进城乡间的均衡发展与共同繁荣。为了达成这一愿景，需要构建依托智慧城市理念的网络体系，涵盖城乡产业联动网络、要素流通网络以及城乡互动网络等组成部分。这样既能确保城市的活力和农村的独特贡献，有效地整合城乡的不同功能，进而驱动整个地域迈向可持续发展的康庄大道。这就需要在城乡之间构建更为完备的基础设施，强化产业之间的紧密联系，以及培育成熟的要素市场。

6.1.6 农民素质向现代化升级

在推进我国农村与农业的现代化进程中，农民扮演着决定性的角色。农民专业化的核心目标在于将传统的农民转变为新型的职业农民。通过提升农民的素质，培育具有专业技能的农业从业者，从而稳固农业生产力量，推动农业产业的深化发展。农民作为农业发展中不可或缺的一环，他们的技术能力、市场敏感度直接决定了农业发展的品质、效率和收益。实际上，农村和农业的现代化也意味着农民个体的现代化。

与传统的农民不同，职业化的农民是指那些视农耕为专业生涯，具备专门技能，且主要经济来源是基于农耕经营活动，并在现代农业领域达到了一定专业标准的人士，被称为新型的职业农民。寿光市采取了技术培训和实践学习的方式，有效地培育出一批掌握技术、具备管理和经营才能的种植和养殖专业团队。尽管寿光市的农耕养殖队伍在技术精湛、管理高效和经营策略上已颇具实力，但对照农业农村现代化的标准，依然存在显著的不足。随着老一代农民逐渐老龄化，新一代农民又相对匮乏，培育新型职业农民的需求愈发迫切。为此，亟待将适龄的传统农民转化为具备创新思维、前瞻视野、现代农业技术和新发展理念的职业农民，让他们能迅速适应职业农民的新角色，推动农民群体的现代化进程。这无疑是深化"寿光模式"、推进农村发展不可或缺的策略选择。

首先，推广和实行新型农民技能提升项目。这涉及全面构建职业农民认证体系，确保新型农民的培养被纳入地方教育和职业培训的整体规划。通过灵活的学习安排如弹性学制或半工半读，能在本地方便地获取中高等农业职业教育。其次，致力于推进种植养殖核心专修项目的落地执行。依托于区域内具有涉农专业的中高等院校，积极与国内享有盛誉的农业研究机构建立合作关系，以此创建新型农民培训中心，以满足不断增长的需求。这个中心的目标是培育一批农业大亨、家庭农场的经营者、农民专业合作社的领导者、农业企业的关键人才。通过这些举措有望培养出一批适应乡村产业振兴战略的新型职业农民。最后，推进农业技术推广团队建设项目。一方面，优化现有农技推广人才的激励与评估体系，以及他们的服务保障，以提升他们在农业服务中的表现和成果；另一方面，引入域内外专家，并实施特派制度，以壮大和增强农业技术推广队伍的实力。

从传统农民转型为新型职业农民，是农业朝着深度发展方向转型的体现。新型职业农民具备更为前瞻的思考方式、开阔的全球视野、先进的科技知识和积极进取的精神，他们热衷接纳现代农业的新模式和产品。因此，他们持续地影响并引导着传统的农民以及他们的后代，共同构建起一支现代化的农业生产者和经营者队伍，成为新型农业经营模式的核心驱动力。他们的存在促进了农业与第三产业的深度融合与升级。

6.2 寿光市乡村产业振兴的动力机制优化

"蔬菜产业化带动农业与二、三产业协调发展"向"蔬菜品牌化引领农业与二、三产业融合发展"的转型升级，本质是城市和乡村两大地域间的融合首先在产业发展上的体现，进而必然发生各类生产要素包括劳动力、资本、技术、企业、中介组织以及基础设施建设等多产业、多行业、多空间的融合。

在这个融合过程中，一方面，伴随着农业专业化和工业化的持续深化，以及小城镇建设质量的不断提升，城乡之间的产业协作、资源流动的互动性以及区域功能的均衡性将进一步得到优化；另一方面，小城镇由于产业发展而对周边乡村地区的吸引力和影响力将持续增强，并且两者之间的联系将更为紧密。

6.2.1 寿光市乡村产业转型升级的动力要素

在能源驱动上，关键的三个要素表现如下。

首先，内部驱动力的提升与变革体现在多个维度：农民期盼农村向城市化转型，县级政府的责任意识增强，区域内居民从追求物质丰富与变迁转向寻求高质量的生活，企业对市场机会的积极追逐，以及区域内产业结构自然发生的升级需求。这些元素间的相互作用和协同效应会产生一种内在的"第三产业融合"发展的强大动力。

其次，第三产业融合的发展将由一系列外部驱动力因素的升级和演变推动，其中包括逐步深化的国家和地区乡村振兴战略、来自域外农村产业竞争的压力、生产要素的自由且有序的流通，以及基础设施条件的持续提升。这些因素间的交互作用将形成强大的外部动力，对第三产业融合起到积极的推动作用。

最后，具体来说，环境动力的提升和变革体现在：地方政府积极响应国家宏观策略，通过解决实际问题来驱动乡村产业振兴，促进体制和政策的创新与精准性；城乡联系的结构和功能持续深化调整与优化；地区间的竞争和不平衡发展状况得到处理；农业科技的创新与广泛应用；乡村社区化的加速进程；以及高素质劳动力空间分布的变化。这些因素间的交互作用将激发新的环境动力，推进三产融合的发展，并带来积极的引导力和竞争压力。

与此同时，由于经济区域的特性各异，各个地区的乡村产业发展模式呈现出独特的特点，因此它们的动力机制自然会有所区别。而这意味乡村产业振兴的推进模式与动力机制应具有差异性。

6.2.2 有为政府与有效市场联动机制的优化

（1）乡村产业振兴转型升级的推进模式

"蔬菜产业化带动农业与二、三产业协调发展"向"蔬菜品牌化引领农业与二、三产业融合发展"的转型升级，本质是乡村产业的高质量发展。具体来说：一是产品升级，农产品本身要充分体现"绿色""优质""营养"及地理标志，即"质量导向"。二是技术升级，品质必须由技术支持，要求变"农业产业化"为"农业工厂化"，即全产业链的标准化。三是主体升级，因为标准化的关键在"人"，要求变"传统农民"为"新型职业农民"，目标是塑造和培育一支现代化的农业生产者和经营者队伍，将他们整合发展为新型农业经营主体，这样将凝聚成一股强大的力量。即"人的现代化"。四是农民需求升级。"稳定的"新型职业农民队伍是乡村产业可持续振兴的主体保障，要稳定就要不断满足广大农民群众日益增长的美好生活需要，尤其是"要保持城乡差别，但要缩小城乡差距"，即乡村社区化。五是城市功能升级。乡村的美好与社区活力的提升离不开城市智能化的驱动。在智能生产、智能政务、智能交通和智能服务等各个领域的发展下，城乡之间的交流与联动得以增强，形成了一种纵向的链条效应，其中包含了要素流动、主体互动、经济发展和社会关系的交融。同时，横向视角下，从园区到社区，从小城镇到大都市，这种互动和进阶的关系愈发清晰可见。六是乡村产业的高质量发展的最终结果必然是"城乡一体"。因为在乡村产业高质量发展的过程中，为了达成乡村振兴的大计，必须构建城乡间完备的基础设施网络，强化两者之间的产业联动，并促进要素市场的繁荣发展，以此驱动农业、农村和农民的现代化进程，提升其动力和效能。

具体来说，需要采取一种融合的策略，兼顾市场驱动和政府调控，以推动乡村产业的振兴。这种策略强调政府的积极介入与市场机制的有效协同，致力于乡村产业的繁荣。首先，它契合了当代市场经济原则以及新时代乡村产业发展趋势。在现代社会经济体系中，统一性、开放性、竞争性和有序性是其核心特质。与此同时，现代农村产业的多元化与分散化特性使得众多农产品的生产活动需要各个地区共同协作以满足需求。城市倚赖农村提供的土地、市场和劳动力资源，而农村则迫切需要城市的资金、技术以及人才注入。这种双向的依赖性将城市和农村塑造为单一产品生产链上的互补环节，形成了紧密的联结纽带。其次，这样的选择是在城乡产业融合的实践中自然而然的结果。经验显示，"城市带动乡村"的策略可能会引发过度城市化、大都市的困扰以及农村地区的"空心化"问题；反之，"乡村推动城市"的方式则可能造成乡镇产业和企业的雷同性，小城镇间产生无序竞争，并对生态环境构成威胁。因此，在审慎选择乡村产业振兴路径时，充分利用城乡之间的空间联系，包括物质与能量的双向流动，以此构建城乡联网的发展框架，促进城乡的均衡和谐发展。此外，这也是国际社会对乡村产业发展的经验总结。乡村产业的发展面临城乡融合的挑战，这需要政府与市场的协同作用，两者相辅相成，缺一不可。政府在推动乡村进步中扮演着至关重要的导向和规划角色，其职责在于提升公共服务，确保产业的发展和资源的城乡间流畅流动，在城乡空间结构中实现有序连通。

（2）"政府引导和市场主导"综合推进模式的内在要求

综合发展模式由政府引导和市场驱动，其本质特征体现在：首先，它不再单一强调城市或乡村的核心地位，转而关注城乡产业之间的紧密联系，以及城市如何有效支持乡村的产业发展。其次，它超越了简单的都市与乡村资源流动的互补理念，倾向于构建一个以互补性为基础的元素流通网络。具体来说，不再单一关注独立节点城市的城乡一体化发展，而是着重于大范围区域内各个节点城市之间的协同，以及它们与其周边农村地区的全面发展。通过构建区域化的城市网络系统，既要促进城乡的协调发展，又要防止不必要的竞争现象。接下来的策略倾向于弱化对政府主导的过分依赖，着重于政府的导向角色和市场的主导功能的协同作用，以此最大化调动企业、政府部门、研究机构及个人的能动性。同时，要通过强化城乡之间的产业互动、资源流动以及区域间的协同发展，来构筑坚实的基础网络。

首先，致力于不断强化和优化城乡产业关联网络，充分利用城乡经济的独特优势和互补性，将城乡的各种产业紧密融合，以实现彼此的协同发展和联动效应，从而推动产业互动网络体系的渐进式壮大，激发新的生产活力。其次，持续构建并完善城乡要素流通网络。为了支撑城乡产业间的互补合作，各类生产要素如劳动力、商品、资本、技术以及信息等需要在城乡之间进行有序的流动和交流，这有助于城乡产业结构的均衡发展，增强内部的自我驱动与互动能力。最后，不断强化并持续提升区域城乡协同发展的网络体系。这意味着要加强城乡之间的产业联动，促进各种要素的顺畅流动与整合，并致力于提升整体效率和优化程度。这必然会推动城镇化提升及其功能的完善，并会进一步增强城乡产业关联，带动整个区域的发展。

（3）"政府引导和市场主导"综合推进机制的优化

首先，要不断激发内在驱动力。在农村产业的振兴与结构升级过程中，地方政府应立足于满足当地农民追求富裕生活的渴望，响应他们对良好村庄管理的期盼以及维护社区和谐的愿望。鼓励企业积极参与，寻求市场机遇，积极推动城乡产业之间的联动，优化生产要素流通的网络体系，构建城乡产业内部的互动交流机制，以此推动城乡产业的深度交融。具体的实施方案包含：第一，强化市场的决定性作用，通过构建城乡资源的有效流通平台，确保市场在城乡资源配置中的决定性作用和主导地位。第二，建立城乡一体化的市场体系，以推动城乡市场的深度融合，促使城乡各自的优点互补。第三，推进县域内的产业发展协同机制。通过强化城乡经济的互补效应，建立起城乡间的产业联动网络，形成一个完整的产业生态系统。这种系统通过产业间的互联，紧密联结了城乡，推动了城乡产业的一体化与同步发展。第四，推进县域空间之间的互动作用机制。由于城乡在功能布局和空间结构上存在差异，导致城乡地域系统的进展并不平衡。因此，要遵循经济规律，实施有针对性的政策，有效地调节城乡资源的流动方向、流量和节奏，优化城乡的功能分配。

其次，在优化外部激励机制上仍有提升的空间。通过逐步升级和调整产业结构，以及有效平衡城乡基础设施的建设和发展，能有效驱动城乡产业的融合进程。具体的策略包括：第一，建立和完善县级工业化推进机制。实现这一目标不仅能挖掘农业、乡村空间和农民产业的潜能，而且能推动乡村产业的创新升级，比如现代农业技术、新兴农业模式，以及提升农民的市场敏感度、技术能力、团队协作精神和组织化程度。这样的举措将进一步强化城乡之间的互动，加速城乡产业整合发展的步伐。第二，关于县域产业发展的体系。为了提升和转型县域中心城市的经济结构，必须依赖广阔的农村地区作为发展空间。随着乡村产业的持续深化、空间资源的有效配置以及农民个体能力的提升，城市产业向农村的转移成为可能，进而建立起城乡产业之间的联动发展纽带。第三，驱动县域城市化的机制。作为生产要素集中和生活资源分配的核心区域，城市对于乡村而言犹如现代化的都市。随着农村的社会化进程和农民身份向市级层面的转变不断深化，带来了人口、物资和信息的交融与汇聚，构建了城乡间的网络辐射效应。这种趋势迫使农民的传统观念、劳作模式乃至生活方式产生革新，从而为乡村产业的振兴以及城乡一体化的深入发展注入了更为强劲的内在动力。

最后，持续构建激励性环境至关重要。县级政府应当积极推动乡村产业的复兴与转型，通过体制和机制的创新来强化城乡产业融合的激励动力。具体策略包含：一是实施针对乡村产业发展的一系列政策扶持措施。主动服务国家战略，积极融入区域产业发展需求，坚持地方"问题导向"，通过科学地规划城乡的产业结构，强化城乡产业间的协作互动，推进城市工业向乡村产业的高端转型，这种策略有望大幅提升农村经济的增长潜能。二是依托科学的城乡规划，构建县级城镇的协同融合发展机制。这个机制的核心在于整合并统一城市、市镇和乡村的规划，对整体区域进行综合性开发，并适应地域功能的演变。通过这种方式，建立起一个县级城镇之间的协同融合网络。这个网络的作用在于强化城乡间的经济联系，提升资源流动效率，增进可达性，从而成为推动新型城镇化进程的强大"空间动力"。三是推进城乡经济社会发展的全面规划机制。以"基础设施的均衡配置、公共服务的均等化、共享的发展成果以及共建和谐乡村"为基石，持续优化城乡均衡发展的制度架构，确保县域内所有微观经济实体的利益公正。秉持整体设计、城乡一体化、共同承担责任、多元资金来源、差异化指导和分期执行的原则，逐步构建起标准化的城乡社会保障体系，切实保障农民的基本生活权益。

本章小结

基于服务"国家战略"和坚持"问题导向"，落实"寿光模式"新时代内涵，推动蔬菜品牌化引领农业与二、三产业融合发展，打造乡村产业振兴齐鲁样板，需要进一步优化乡村产业振兴的动力机制及政策保障。即坚持以技术创新（新技术、新能源）为支撑，以生产创新、组织创新为核心，以产业提升、市场拓展为路径，推动产城互动融合、城乡互动融合、蔬菜品牌化与城市高品质互动融合，进一步放大乡村产业振兴的带动和辐射效应，有利于形成县域新质生产力。

第 7 章　基本结论与对策建议

乡村产业振兴在国家发展中具有战略性重要作用，不仅能提升经济活力、增加农民收入，还能促进城乡融合，同时保护乡村文化与生态环境。其中，政府干预与有为政府理论是实现这些目标的核心。通过县级政府的科学规划和政策支持，乡村产业链得以延伸和优化，在整合资源、完善基础设施、提供公共服务等方面发挥重要作用，从而激活地方经济发展的内生动力。"寿光模式"则是乡村产业振兴在新时代的独特实践和创新，县级政府在其中发挥着不可或缺的重大作用。本研究以寿光市蔬菜产业化带动乡村产业振兴实践为典型案例，分析总结了"蔬菜产业化"的一条发展道路，探讨了"乡村产业振兴"的一个典型模式，揭示了"有为政府与有效市场有机结合"的一种联动机制，提出了"蔬菜品牌化引领乡村产业融合"转型升级的目标导向，探索了"政府引导与市场主导综合推进乡村产业振兴"的优化机制，旨在为县域乡村产业振兴乃至乡村全面振兴提供启示和借鉴。

7.1 基本结论

（1）寿光市蔬菜产业带动乡村产业发展经历了"蔬菜规模化—农业产业化—农业助推工业—产城互动—农民市民化"的过程。从寿光市乡村产业发展的时间维度分析，可以将其发展划分为四个阶段：第一阶段为 1978—1989 年，小户分散种植；第二阶段为 1989—2000 年，冬暖式蔬菜大棚技术的发展、推广及规模化经营的阶段；第三阶段为 2000—2010 年，品牌经营的阶段；第四阶段为 2010 年至今，壮大农村新型经营主体的阶段。且寿光市的乡村产业振兴自 1988 年以来保持良好的发展态势，当前发展水平相较于 30 年前有了大幅提升。

（2）"技术创新—产业结构—市场拓展—组织化合作"等发展要素的互动融合，内生为寿光市乡村产业成长发展的动力机制，成为推动乡村产业振兴乃至乡村全面振兴、实现农业农村现代化的"寿光模式"。随着乡村产业的成长发展，政府与市场的关系会发生动态调整，即乡村产业振兴起步阶段的"基层政府强势主导"，到乡村产业初具规模阶段的"基层政府与企业组织互动"，再到乡村产业成熟阶段的"企业组织主导"。这种演变过程，是"有为政府"与"有效市场"有机结合、不断演化递进的"联动机制"，是一种内生动力，推动乡村产业转型升级。

（3）从寿光市推动蔬菜产业发展进而形成"蔬菜产业化带动乡村产业振兴发展道路"的过程来看，县级政府承担了"一线总指挥"的角色，呈现出"有为政府"的特征，表现在以下几个方面：因地制宜选择主导产业、合理规划大市场和产业园区建设、不断突破技术瓶颈与创新、农业大数据信息平台支撑、建立全国农产品质量标准中心、加强农业经营组织体系建设、扶持培育新农人、推动全产业链生产标准化等。从寿光市不断规范拓展国内外市场，拉动蔬菜产业发展进而形成"买全国卖全国"中国蔬菜之乡的过程来看，市场"无形的手"的作用得到充分发挥，呈现出"有效市场"的特征。主要表现为：众多市场经营主体活跃、优质生产要素不断汇聚并整合、企业标准—行业标准—地方标准—国家标准的导向作用、政行企产学研一体化合作关系、全国蔬菜价格形成中心逐渐形成并成为全国蔬菜价格的"晴雨表"等。寿光市推动蔬菜产业发展进而推动乡村产业振兴的过程，呈现的是"有为政府"与"有序市场"的联动效应，确立了"以县级政府为主导、技术创新为支撑、市场拓展为核心"的乡村产业成长发展机制，并随产业发展周期性规律不断演进优化，推动了各类先进生产要素的汇聚整合，为县域新质生产力的形成奠定了坚实的基础。"有为政府"与"有效市场"联动机制的形成，体现了县级政府驾驭社会主义市场经济的能力的提升，体现了县级政府服务"国家发展战略"的担当意识和落实"地方问题导向"的实干精神。

7.2 对策建议

在寿光市蔬菜产业发展带动乡村振兴的过程中，县级政府扮演了至关重要的"一线总指挥"角色，是乡村振兴的组织者、推动者和保障者，为乡村产业振兴提供了坚实支撑，实现了产业链的优化与乡村经济的整体提升，展现了"有为政府"的显著特征。为了更好地推广"寿光模式"，本书从更好发挥县级政府职能出发，针对性提出建议，以期强化县级政府在融入国家和区域发展战略、推进发展要素与产业振兴联动、做大做强全产业链、吸引人才下乡、引导资本下乡、土地制度改革、创新基层治理七个方面的作用，最大化发挥县级政府在乡村振兴中的作用，实现有为政府与有效市场的有机结合，增强二者联动效应，从而不断优化和完善乡村产业振兴战略布局，更好更快推动乡村振兴。

（1）积极融入国家和区域发展战略

县级政府应积极响应国家乡村振兴战略和本省产业发展规划的要求，将其作为本地区产业发展的重要指导方针，确保本地区的产业振兴与国家、省级政策衔接。加强与国家、省级发展战略的对接，深入了解政策导向和要求的同时，要根据本地实际情况科学制定本县域乡村产业振兴规划，确保产业发展与当地资源禀赋、产业基础和市场需求相匹配的同时结合国家政策导向，将乡村产业振兴纳入国家发展大局中来，确保本地产业发展与国家战略的一致性。县级政府还应当注重区域合作，推动形成区域协同发展机制，特别是在跨行政区经济圈或产业集群的建设中，要主动寻求合作，协调资源共享、产业分工和市场拓展。

（2）持续推进发展要素与乡村产业振兴联动

在当前经济转型和城乡发展不平衡的背景下，县级政府实现乡村产业振兴需要注重发展要素的合理配置和联动使用，建立健全农村基础设施，改善交通、能源、通信等基础设施条件，为发展要素的联动和乡村产业的发展搭建坚实的平台，以便积极整合联动土地、金融、户籍和财税等政策要素，形成政策合力，推动城乡要素的双向流动，促进城乡产业融合发展，为实现乡村振兴战略的全面落实提供坚实保障。推进土地制度改革，通过完善土地流转市场和建立健全土地承包经营权流转制度，为乡村产业振兴提供充足的土地资源支持。金融制度改革促进城乡资本要素的双向流动，农村产业发展面临资金短缺、融资难等问题，而金融体系的健全与完善将为乡村产业振兴提供必要的资金支持，县级政府可以通过推动农村金融机构的改革和创新金融服务方式，引导民间资本进入农村产业，实现城乡资本要素的有效配置。户籍制度改革促进城乡劳动要素的双向流动，推进户籍制度改革，建立健全城镇基本公共服务常住人口全覆盖机制，将有助于释放农村劳动力，促进其流入城市或参与乡村产业发展，推动城乡劳动力资源的优化配置。财税制度改革加快城乡产业融合的双向流动，优化税收政策、加大财政支持力度，为乡村产业发展提供良好的政策环境和财政支持，促进城乡产业融合发展。还应着力于创新发展资源的集聚和使用，设立创新基金、鼓励科技研发，聚合科研机构、高校和企业多方，推动农业技术和产业模式的创新。

（3）推动全产业链做大做强

在当前乡村振兴战略的实施过程中，县级政府应重点强化农业产业链条建设，推动全产业链做大做强，以促进乡村经济的全面发展。这一策略不仅能全面提升农产品附加值，增加农民收入，而且能推动县域经济的可持续发展，提高农业领域的整体竞争力和抗风险能力。通过产业聚集和规模效应，可以有效促进资源的优化配置，提升科技创新能力和市场竞争力，为实现乡村全面振兴奠定坚实基础。县级政府要充分利用地方特色和优势，规划建设农业产业园区，集聚农业龙头企业、科研机构和技术服务机构，形成以种植、加工、销售等环节为一体的全面产业链。大力支持农产品加工业的发展，特别是要推动深加工和精加工产业的发展，延长农业产业链条，同时为加工企业提供技术培训和技能提升服务，提高生产效率和产品质量。针对当地特色农产品，开发新的加工产品，增加产品附加值，提升市场竞争力和种类多样性，以满足不同层次的市场需求。与此同时，推动农产品品牌建设，大力组织本土企业参加国内外重要的农业博览会和展销会，提高品牌的市场影响力，建立和完善农产品质量标准体系和追溯体系，确保产品质量和品牌信誉度，通过品牌建设提升农产品的知名度和市场认可度，增强市场竞争力。为推动产业链各环节的协同发展，县级政府还应积极推动农业企业之间的合作与联合，建立产业联盟和合作机制。通过产业联盟，推动各方实现资源整合、信息共享、技术合作与市场协作，形成优势互补，共同应对市场挑战。通过政策实施，县级政府不仅能有效推动全产业链的延伸和完善，打造具备竞争力的农业产业集群，还能促进乡村经济的高质量发展，提高农民收入，最终实现乡村繁荣和全面振兴，为区域经济发展作出积极贡献。

（4）探索吸引人才下乡政策

在寿光的发展历程中，专业人才在农业农村产业形成和生产技术改良的关键点起到了重要作用。随着产业规模的形成和发展，专业人才在维持产业发展优势、保证核心技术、发展战略走在前列的实践中更加不可或缺。为此，县级政府应加大对乡村产业振兴人才的引进与培养力度，形成"外引内育"的"三位一体"战略。首先，重点关注人才培养和引进。通过教育和培训提升乡村居民的技能和创业能力，县级政府可以搭建平台推动人才与乡村产业的有效匹配；引入专业人才参与乡村产业规划、经营管理和技术创新，通过提升人才服务水平，推动乡村产业的质量提升和创新发展。其次，要建立科学、合理的激励机制和相应的扶持措施，增加对乡村产业振兴人才的吸引力。县级政府可以组建引才专班，到各个有相关专业的大学招收乡村产业振兴人才，并鼓励当地大学生返乡创业；在税收减免、资金扶持等方面给予返乡从事乡村产业振兴创业的人才支持，加速他们的创业项目的成长。通过这种方式，一批受过良好教育的且有技术的乡村产业振兴项目企业家将会在区域内集聚起来，从而带动地方的乡村产业振兴的发展。最后，要大力培养当地的农民、年轻的大学生，使他们成为乡村产业振兴人才。县级政府可以与当地的大学、职业教育中心、农产品公司等进行合作，构建产学研联动的专业体系，对乡村产业振兴人才的培养进行创新；共建实训基地，强化理论和实践相结合，提高乡村产业振兴人才的实践能力和创新能力。在以上措施的支持下，县级政府可以积极引进和培养乡村产业振兴所需的人才，提高乡村产业的发展水平和竞争力，推动当地乡村产业的转型升级和可持续发展，促进农村经济的繁荣和稳定发展。

（5）探索引导资本下乡政策

在解决"三农"问题的过程中，吸引资本下乡是促进农村产业发展的重要手段之一。[①]寿光农村合作社的成功经验表明，引入资本参与的合作社模式能够有效带动农民增收致富，同时也显示出乡村产业对资本的吸引力。然而，资本的逐利性可能导致一些问题，例如资本可能通过兼并小农土地等方式谋取利益，从而损害到农民和村集体的利益。因此，探索创新的资本下乡政策显得尤为重要。这一政策既要激发资本的参与热情，又要保障农民和村集体的合法权益，实现资本与农村共同受益。在政策制定方面，县级政府不仅应该鼓励、引导和扶持资本下乡，还应发挥监督和约束作用。政府可以通过制定相应的政策规定和资格审查，来确保资本的参与符合法律法规和公共利益。同时，政府还可以提供一定的项目支持，以弥补乡村产业相对竞争劣势，推动产业的发展。此外，县级政府还应加强对资本下乡的引导协调工作。在涉及土地流转、基础设施建设、入股方式及利益分配等方面，政府应重点考虑涉及的核心利益方，并成立相应的工作小组，加强对不同村庄情况的协调管理。同时，应对参与资本投入的村民、村集体以及企业进行思想引导，加强基层组织建设，避免企业权力过度凌驾于村两委、村集体之上。在资产核算方面，县政府应起到统筹监督的作用。对于土地入股、资金入股、技术入股等方式，政府应合理进行利益分配，明确村民、村集体、合作社、企业的产权，防止利益分配不公和资源浪费。探索创新的资本下乡政策有

---

① 周克全.西部农村经济合作组织发展中的问题与对策研究——以甘肃省为例［J/OL］.甘肃社会科学，2009（5）：181-185.

助于促进农村产业的发展，但其实施需要政府的有效监管和引导，以保障农民和村集体的合法权益，实现资本与农村的共同受益。

（6）探索改革土地经营政策

县级政府在推进乡村产业振兴过程中，应加强对农村土地制度改革的政策支持和引导，提升和调整土地征用政策的实施策略，推动农村集体经营性建设用地实现市场化的运作，以加大力度推动宅基地改革试点的进程，从而为乡村产业振兴提供更加坚实的政策基础和土地支持。当前，农村土地改革的核心使命在于建立健全土地承包经营权流转体系，推动农村集体经营性建设用地的市场化进程。这些改革举措虽然与乡村产业振兴密切相关，但其主要目标在于优化土地资源配置，而非直接推动产业振兴。然而，正是通过这些改革措施，县级政府可以在促进乡村产业振兴方面发挥关键作用。首先，优化土地征收政策至关重要。目前我国建设用地市场尚未形成，导致农民的土地收益难以得到有效保障。为此，县级政府应深化征地制度改革，确保被征地农民能够获得合理的补偿和安置，从而保障其长期生计，这一措施不仅有助于提高农民的生活水平，也为乡村产业振兴提供了稳定的土地支持。其次，推动农村集体经营性建设用地入市是为乡村产业振兴提供土地要素保障的重要举措，通过将农村集体经营性建设用地纳入市场化流转，可以提高土地资源的配置效率，促进农村土地的有效利用。县级政府可以制定相应政策，鼓励和支持农村集体经营性建设用地的有序流转，为产业发展提供土地基础。最后，加快宅基地制度改革试点工作是建立城乡统一的建设用地市场的重要步骤，随着国家新型城镇化和乡村振兴战略的推进，宅基地制度改革试点工作将进一步扩大范围，并逐步推广至全国各地，通过改革宅基地制度，可以有效整合城乡土地资源，促进土地资源的合理利用，为乡村产业振兴提供更广阔的发展空间。

（7）探索创新基层治理机制

目前基层治理仍存在一些问题，比如自治主体参与意愿较弱、参与感弱，基层治理的信息化水平差异性显著，都会对治理效果产生影响。[①]在整个国家的基层治理体系中，农村基层治理是基础，县级政府是关键，在推进国家治理体系现代化的过程中更需要处理好两者的关系。农村治理的关键是要实现村民自治。县级政府需要处理好与乡镇、村之间的行政关系，避免出现自上而下的行政命令干预村民决策，更应发挥好引导和监督作用。寿光市在建立和发展部分合作社的过程中，党组织引导领办合作社，村民自愿加入，用实际效益吸引社员，扩大合作社规模。在产业发展的过程中，基层治理应考虑生产要素流动性、延伸性等特点，协同治理、有效治理，充分体现民主决策，发挥村集体作用，同时在此基础上发挥党组织的引领带动作用，对于村民致富有需求而缺乏条件的，可以借助党组织的作用进行资源整合，与其他村庄实现产业帮扶、资源整合等。此外，县级政府还应探索和创新基层治理机制，推动基层治理模式与现代信息技术的深度融合，发展"互联网＋基层治理"模式。通过建设和推广乡村综合服务平台、村务信息公开平台、智慧社区管理平台等信息化手段，提高基层治理的智能化和精细化水平，从而有效激发村民参与农村事务的积极性和创造性，实现农村基层治理现代化，为乡村产业振兴提供坚实的组织保障和良好的社会环境。

---

① 何得桂，刘翀. 党建势能：基层党建引领乡村产业发展的实践机制——以陕西H县党建"三联"促发展为例［J/OL］. 中共天津市委党校学报，2022，24（2）：12-23.

参考文献

[1]曹丽哲，潘玮，公丕萍，常贵蒋，李裕瑞．中国县域经济发展活力的区域格局［J］．经济地理，2021，41（04）：30-37．

[2]曹梅英，谭启云，王立新．共同富裕背景下乡村数字化发展对乡村产业振兴的影响研究——以广西为例［J］．农业经济，2023（02）：41-45．

[3]曾福生．发展新产业新业态破解农民增收困境［J］．湖湘论坛，2017，30（05）：80-83+2．

[4]陈云贤．中国特色社会主义市场经济：有为政府＋有效市场［J］．经济研究，2019（1）：4-19．

[5]陈梓睿．有力政党、有为政府、有效市场与有序社会：中国式现代化的创新与超越［J］．求索，2023（06）：175-182．

[6]褚庆宜，赵祥云．县域统合：乡村产业转型升级中的政府行为逻辑——基于陕西省柞水县木耳产业发展经验的分析［J］．中国农村观察，2023（04）：30-48．

[7]范建刚，赵志强．城乡融合发展视阈下的乡村产业振兴研究［J］．农村经济，2023（01）：35-44．

[8]葛翠翠. 基于有为政府和有效市场互动的企业创新质量提升研究[J]. 技术与市场，2023，30（09）：149-153.

[9]郭朝先，苗雨菲. 数字经济促进乡村产业振兴的机理与路径[J]. 北京工业大学学报（社会科学版），2023，23（01）：98-108.

[10]韩旭东，李德阳，郑风田. 政府、市场、农民"三位一体"乡村振兴机制探究——基于浙江省安吉县鲁家村的案例剖析[J]. 西北农林科技大学学报（社会科学版），2023，23（03）：52-61.

[11]韩长赋. 实施乡村振兴战略 推动农业农村优先发展[N]. 人民日报，2018-08-27.

[12]何艳秋，陈柔，朱思宇，夏顺洁，王芳. 策略互动和技术溢出视角下的农业碳减排区域关联[J]. 中国人口·资源与环境，2021，31（06）：102-112.

[13]胡高强，孙菲. 新时代乡村产业富民的理论内涵、现实困境及应对路径[J]. 山东社会科学，2021（09）：93-99.

[14]胡苏华. 税收政策助力乡村产业振兴：作用机理、实施现状与完善建议[J]. 税务研究，2022（10）：49-53.

[15]黄国勤. 论乡村产业振兴[J]. 中国农学通报，2020（2）：149-154.

[16]黄海平. 基于区域竞争力的新疆特色农业产业集群发展研究[D]. 石河子大学博士学位论文，2010.05.

[17]黄琳，管政豪. 中国城镇化背景下政府经济管理职能转变与创新研究[J]. 改革与战略，2017，33（08）：53-56.

[18]黄振华. 县域、县城与乡村振兴[J]. 理论与改革，2022（04）：156-165+168.

[19]黄祖辉. 科学把握乡村振兴战略的内在逻辑与建设目标[J]. 决策咨询，2018（03）：27+29.

[20]贾永志，游洋.江苏省实施水资源论证制度的实践与思考[J].中国水利，2013（03）：25-27.

[21]姜长云.新发展格局、共同富裕与乡村产业振兴[J].南京农业大学学报（社会科学版），2022，22（01）：1-11+22.

[22]李丹阳，钟楚原.驻村第一书记何以助推乡村产业振兴？——基于"差序嵌入-协同赋权"的分析框架[J].农林经济管理学报，2022，21（05）：602-609.

[23]李登旺.深化土地制度改革，推动乡村产业振兴[J].中国发展观察，2020（23）：49-51+53.

[24]李二玲.中国农业产业集群演化过程及创新发展机制——以"寿光模式"蔬菜产业集群为例[J].地理科学，2020，40（04）：617-627.

[25]李海央，柴正猛，许雨辰.农村金融高质量发展赋能乡村产业振兴的分异演化与效应检验[J].金融理论与实践，2023（04）：66-76.

[26]李慧燕.京津冀城市群新型城镇化与乡村产业振兴耦合协调关系比较研究[J].生态经济，2022，38（09）：118-124.

[27]李鹏飞，黄丽君.乡村产业振兴的理论内涵与发展困境研究[J].生产力研究，2020（07）：12-16+161.

[28]李乾，芦千文，王玉斌.农村一、二、三产业融合发展与农民增收的互动机制研究[J].经济体制改革，2018（04）：96-101.

[29]李小健.农业产业化内涵与机制探讨[J].西北农林科技大学学报（社会科学版），2002（03）：54-56.

[30]李晓园，徐威威，朱天义.革命老区乡村产业振兴的资源情境与行动逻辑——以江西瑞金红色产业发展为例[J].经济管理，2022，44（12）：64-82.

[31]李雪静. 对我国农业产业化经营发展的观察和分析 [J]. 新农业，2022（23）：79-80.

[32]李瑶，李磊，刘俊霞. 有为政府、有效市场与高质量发展——基于调节效应和门槛效应的经验研究 [J]. 山西财经大学学报，2022，44（02）：16-30.

[33]李卓，郑永君. 有为政府与有效市场：产业振兴中政府与市场的角色定位——基于 A 县产业扶贫实践的考察 [J]. 云南社会科学，2022（01）：162-168.

[34]林毅夫. 中国经验：经济发展和转型中有效市场与有为政府缺一不可 [J]. 行政管理改革，2017（10）：12-14.

[35]刘博敏，戴嵘，杜建军. 农业产业集聚对乡村振兴的影响 [J]. 统计与决策，2023，39（01）：92-96.

[36]刘承昊. 乡村振兴：电商赋能与地方政府外部供给的困境与对策 [J]. 西北农林科技大学学报（社会科学版），2019，19（04）：122-130.

[37]刘恒江，陈继祥. 基于动力机制的我国产业集群发展研究 [J]. 经济地理，2005（05）：607-611.

[38]刘恒江，陈继祥. 要素、动力机制与竞争优势：产业集群的发展逻辑 [J]. 中国软科学，2005（02）：125-130.

[39]刘红霞. 基层政府经济管理职能优化路径探析 [J]. 中国产经，2022（20）：141-143.

[40]刘建徽，黄熙. 有效市场与有为政府促进经济高质量发展：机理、挑战与路径 [J]. 当代金融研究，2023，6（07）：1-12.

[41]刘明月，汪三贵. 产业扶贫与产业兴旺的有机衔接：逻辑关系、面临困境及实现路径 [J]. 西北师大学报（社会科学版），2020，57

（04）：137-144.

［42］刘岩，任大鹏. 农业产业化联合体：产业经济组织共生系统的生成与模式探究［J］. 农村经济，2022（08）：117-124.

［43］龙少波，丁点尔. 消费升级对产业升级的影响研究：理论机制及实证检验［J］. 现代经济探讨，2022（10）：25-38.

［44］卢全有，赵卫国，任永利，吴萍，沈曼曼，侯启瑞. 透过桑基鱼塘的变迁看中国农业发展——以浙江省湖州市为例［J］. 中南农业科技，2023，44（07）：192-194.

［45］芦风英，庞智强，邓光耀. 中国乡村振兴发展的区域差异测度及形成［J］. 机理经济问题探索，2022（04）：19-36.

［46］马骥. 农业产业化问题初探［J］. 辽宁经济，2008（01）：35.

［47］马秀贞. 有效市场和有为政府更好结合的形式与路径［J］. 中共青岛市委党校青岛行政学院学报，2021（03）：26-31.

［48］孟秋菊，徐晓宗. 农业龙头企业带动小农户衔接现代农业发展研究——四川省达州市例证［J］. 农村经济，2021（02）：125-136.

［49］孟子恒，朱海燕，刘学忠. 农业产业集聚对农业经济增长的影响研究——基于苹果产业的实证分析［J］. 中国农业资源与区划，2022，43（02）：231-239.

［50］欧阳秀兰. 税收支持乡村产业振兴的现状与着力点探析［J］. 国际税收，2022（11）：18-23.

［51］胡苏华. 税收政策助力乡村产业振兴：作用机理、实施现状与完善建议［J］. 税务研究，2022（10）：49-53.

［52］乌兰，刘银喜，陈丽丽. 税收政策助推乡村振兴：逻辑关联、现实局限与优化路径［J］. 财政科学，2023（04）：106-115.

［53］裴广一. 论有效市场与有为政府：理论演进、历史经验和实践内

涵［J］. 甘肃社会科学，2021（06）：213-221.

［54］乔晗，刘奥龙，邱珂欣. 农业产业集聚与县域经济增长——来自河南现代农业产业园设立准自然实验的证据［J］. 商业经济与管理，2023（11）：87-100.

［55］芮晨晶，刘玉婕，李子怡，王亦明. 当前乡村产业振兴的困境与发展路径研究［J］. 当代农村财经，2023（08）：31-32.

［56］申云，陈慧，陈晓娟，胡婷婷. 乡村产业振兴评价指标体系构建与实证分析［J］. 世界农业，2020（02）：59-69.

［57］沈坤荣，施宇. 中国的"有效市场＋有为政府"与经济增长质量［J］. 宏观质量研究，2021（5）：1-15.

［58］沈坤荣，徐礼伯. 全国统一大市场建设中的有为政府及其与市场关系优化［J］. 经济问题，2023（01）：1-7.

［59］石涛. 政府和市场关系类型、历史演变及启示［J］. 上海经济研究，2018（12）：26-33.

［60］斯丽娟，曹昊煜. 县域经济循环体系与数字经济发展［J］. 内蒙古社会科学，2022，43（06）：114-122+2.

［61］孙继国，孙尧. 共同富裕目标下金融科技是否促进了乡村产业振兴［J］. 财经论丛，2022（11）：51-60.

［62］孙晓，罗敬蔚. 金融科技赋能乡村产业振兴的核心优势与基本模式研究［J］. 学习与探索，2022（02）：136-143.

［63］康书生，杨娜娜. 数字普惠金融发展促进乡村产业振兴的效应分析［J］. 金融理论与实践，2022（02）：110-118.

［64］田野，叶依婷，黄进，刘勤. 数字经济驱动乡村产业振兴的内在机理及实证检验——基于城乡融合发展的中介效应［J］. 农业经济问题，2022（10）：84-96.

［65］汪三贵，周园翔，刘明月. 乡村产业振兴与农民增收路径研究［J］. 贵州社会科学，2023（04）：147-153.

［66］王浩. 美国农业产业化模式的借鉴［J］. 经济纵横，1999（03）：54-56.

［67］王婧，李裕瑞. 中国县域城镇化发展格局及其影响因素——基于 2000 和 2010 年全国人口普查分县数据［J］. 地理学报，2016，71（04）：621-636.

［68］王镜淳，穆月英. 空间溢出视角下农业技术进步对城乡收入差距的 影响研究——以河南省县域为例［J］. 农业现代化研究，2022，43（06）：1017-1028.

［69］王晓辉，庄杉，杨芳. 赋能型政府与乡村产业振兴［J］. 中国行政 管理，2023，39（05）：141-145.

［70］王亚华，苏毅清. 乡村振兴——中国农村发展新战略［J］. 中央社 会主义学院学报，2017（06）：49-55.

［71］王瑶，郭冠清. 中国特色的"有效市场＋有为政府"［J］. 河北经贸 大学学报，2023（12）：226-233.

［72］王艺明. 乡村产业振兴的发力点和突破口［J］. 人民论坛，2022（01）：22-25.

［73］王轶，刘蕾. 数字化经营何以实现返乡创业企业的扩就业效应［J］. 甘肃社会科学，2023（03）：203-214.

［74］王园园，王亚丽. 数字经济能否促进产业结构转型？——兼论有效 市场和有为政府［J］. 经济问题，2023（03）：35-44.

［75］吴海峰. 乡村产业兴旺的基本特征与实现路径研究［J］. 中州学刊，2018（12）：35-40.

［76］吴业苗. 县域经济发展：双重驱动与"三农"底色——兼论"县域

经济发展有限"[J].兰州学刊,2023(07):134-143.

[77]向吉英.产业成长的动力机制与产业成长模式[J].学术论坛,2005(07):49-53.

[78]肖建辉.基于政府干预理论的中国供应链稳定性研究[J].当代经济管理,2022,44(05):27-36.

[79]肖小勇,李秋萍.中国农业技术空间溢出效应:1986-2010[J].科学研究,2014,32(06):873-881+889.

[80]徐雪高,侯惠杰.产业兴旺的定位、特征与促进建议[J].江苏农业科学,2019,47(17):1-4.

[81]闫周府,吴方卫.从二元分割走向融合发展——乡村振兴评价指标体系研究[J].经济学家,2019(06):90-103.

[82]杨发祥,郭科.县域视角下乡村振兴的理论框架及行动方略[J].西北农林科技大学学报(社会科学版),2022,22(05):31-41.

[83]杨江华,刘亚辉.数字乡村建设激活乡村产业振兴的路径机制研究[J].福建论坛(人文社会科学版),2022(02):190-200.

[84]姚利好,易法敏,孙煜程.农村电商、数字普惠金融协同促进县域经济增长[J].财经问题研究,2022(11):67-76.

[85]叶光亮,程龙,张晖.竞争政策强化及产业政策转型影响市场效率的机理研究——兼论有效市场与有为政府[J].中国工业经济,2022(01):74-92.

[86]袁树卓,刘沐洋,彭徽.乡村产业振兴及其对产业扶贫的发展启示[J].当代经济管理,2019,41(01):30-35.

[87]袁银传,康兰心.论新时代乡村振兴的产业发展及人才支撑[J].西安财经大学学报,2022,35(01):98-107.

[88]张宏升,赵云平.农业产业集聚对提升竞争力的效应探析——基于

呼和浩特市奶业产业集聚的分析 [J]. 调研世界，2007（07）：18-20.

[89]张绘. 乡村振兴与新型城镇化协同发展促进共同富裕 [J]. 人民论坛，2023（13）：38-41.

[90]张凯洁. 新时期乡村产业振兴的优化路径 [J]. 山西农经，2023（04）：40-42.

[91]张来明. 中等收入国家成长为高收入国家的基本做法与思考 [J]. 管理世界，2021，37（02）：1-11+262.

[92]张冉. 政府经济管理职能转变出路的理性思考 [J]. 重庆社会科学，2018（09）：17-24.

[93]张婷，林桂军."双循环"经济背景下市场一体化对产业转型的影响——兼论有为政府与有效市场的协同效应 [J]. 北京社会科学，2023（02）：73-87.

[94]张挺，李闽榕，徐艳梅. 乡村振兴评价指标体系构建与实证研究 [J]. 管理世界，2018，34（08）：99-105.

[95]张晓山. 农民专业合作社的发展趋势探析 [J]. 管理世界，2009（05）：89-96.

[96]张新宁. 有效市场和有为政府有机结合——破解"市场失灵"的中国方案 [J]. 上海经济研究，2021（01）：5-17.

[97]张友祥，徐世江，葛晓军. 农业农村现代化进程中的寿光模式 [R]. 改革内参（15）：38-41，2019.04.19.

[98]张跃华，庹国柱，符厚胜. 市场失灵、政府干预与政策性农业保险理论—分歧与讨论 [J]. 保险研究. 2016（07）：3-10.

[99]赵娜. 政府作用与市场作用结合的中国经验：比较、批判与超越 [J]. 经济学家，2021（05）：75-82.

[100]郑建新. 乡村振兴战略背景下智慧农业助推乡村产业振兴的路径

研究［J］. 智慧农业导刊，2023，3（01）：20-23.

［101］郑尚植，赵雪. 高质量发展究竟靠谁来推动：有为政府还是有效市场？——基于面板门槛模型的实证检验［J］. 当代经济管理，2020，42（5）：1-7.

［102］郑永君，钟楚原，罗剑朝. 地权整合性、经营嵌入性与乡村产业振兴［J］. 中国农村观察，2023（03）：25-43.

［103］周俊吉，任兰青. 市场失灵在新兴产业中的表现——以数据标注行业为例［J］. 产业创新研究，2023（23）：63-65.

［104］周立，李彦岩，王彩虹等. 乡村振兴战略中的产业融合和六次产业发展［J］. 新疆师范大学学报（哲学社会科学版），2018，39（03）：16-24.

［105］朱明月，李海央. 土地流转影响农业规模经营效率的传导路径检验［J］. 农村经济，2021（05）：64-72.

［106］朱启臻. 乡村振兴背景下的乡村产业——产业兴旺的一种社会学解释［J］. 中国农业大学学报（社会科学版），2018，35（03）：89-95.

［107］邹力行. 县域经济与社会土地改革论［M］. 北京：中国金融出版社，2014：24.

［108］Binsswanger H, Khandker S, Rosenzweig M. How infrastructure and financial institutions affect agricultural output and investment in India［J］. Journal of Development Economics, 1993, 41（2）：337-366.

［109］COORAY A, NAM Y S. Public social spending, government effectiveness, and economic growth: an empirical investigation［J/OL］. Applied economics, 2024：1-15.

［110］Curran C S, Leker J. Patent indicators for monitoring convergence-examples from NFF and ICT［J］. Technological Forecasting and Social

Change, 2011, 78（2）: 256-273.

［111］Downing M, Volk T, Schmidt D. Development of new generation cooperatives in agriculture for renewable energy research, development, and demonstration projects［J］. Biomass and Bioenergy, 2005, 175（28）: 425-434.

［112］Friedman M.Capitalism and Freedom［M］. Chicago: University of Chicago Press, 2020.

［113］Hsieh C T, Klenow P J. Misallocation and Manufacturing TFP in China and India［J］. Quarterly Journal of Economics, 2009, 124（4）: 1403-1448.

［114］Mankiw N G.Macroeconomics［M］. New York: Worth Publishers, 2016.

［115］MUSGRAVE R A. The theory of public finance: a study in public economy.［M］. New York: McGraw-Hill, 1959.

［116］RUST I W. A Concept of Agribusiness, John H. Davis and Ray A. Goldberg. Boston: Division of Research, Graduate School of Business Administration, Harvard University, 1957. pp. xiv, 136. $6.00［Z/OL］// American Journal of Agricultural Economics: 卷 39. Oxford University Press, 1957: 1042-1045.

［117］Ruttan V W, Hayami Y. Toward a Theory of Induced Institutional Innovation［J］. The Journal of Development Studies, 1984（4）: 203 - 223.

［118］STIGLITZ J. Distinguished Lecture on Economics in Government: The Private Uses of Public Interests: Incentives and Institutions［J/OL］. The Journal of Economic Eerspectives, 1998, 12（2）: 3-22.

后　记

　　我的出生地山东寿光，是一片被渤海莱州湾环抱的土地，以"中国蔬菜之乡"和"中国海盐之都"而闻名。她以其独特的地理优势和资源优势，在乡村产业振兴方面取得了显著成效，成为全国的典范。

　　在我心中，寿光不仅是"中国蔬菜之乡"，更是一个充满活力、催人奋进的地方，她的每一次进步和发展，都让我感到无比自豪。这里不仅是我的故乡，更是我情感的寄托和学术研究的起点。

　　2016年，我幸运地考入清华大学生命科学学院。在这里，不仅让我学到了丰富的科学知识，更培养了我对国家和民族的深厚情感。2020年，获得保研资格后，我在清华大学党政办工作了两年；2022年，我进入清华大学公共管理学院深造，师从胡鞍钢老师——中国国情研究的开拓者，他是中国农业农村研究的专家。这段经历让我更加深刻地理解到，作为知识分子，我们有责任将所学知识服务于国家的发展战略。在胡老师的悉心指导下，我确定了以"县级政府推动乡村产业振兴的角色定位及实践效应"作为我的研究方向，并以我的家乡寿光为研究对象。

　　乡村振兴涉及政策、经济、社会、文化等多个方面，是一个系统工程。本书是在我的硕士研究论文基础上修订而成，力求以县域政府推动乡村产业振兴这一个小切口，窥视其中的冰山一角。

我希望通过本书，让更多的人了解寿光人的努力和智慧，了解寿光的发展历程，能够为寿光的发展贡献自己的绵薄之力，这是我对家乡最朴素的情感表达。

我想用自己的所学，研究和总结寿光市乡村产业振兴的成功经验，探索县级政府在推动乡村产业振兴中的机制和作用，这不仅是对家乡的一份情感回馈，也希望能为国家乡村振兴战略作出一份学术贡献、提供一些可借鉴的经验和启示。

通过对寿光市蔬菜产业化带动乡村产业振兴实践的深入研究，我意识到，乡村产业振兴是一个动态发展的过程，它需要政府和市场的有机结合，需要不断地创新和适应市场的变化。寿光市的成功实践为我们提供了宝贵的经验和启示，即通过科学规划、政策支持、技术创新和市场拓展，可以有效地推动乡村产业的转型升级，实现乡村的全面振兴，这一过程不仅需要县级政府的有力领导和积极作为，也需要市场主体的积极参与和创新。可见，乡村产业振兴不仅是一项经济任务，更是一项社会工程，它需要国家和社会各个层面的共同努力。

在研究过程中，我得到了诸多老师和同仁的帮助，他们的帮助对于本书的出版有着重要意义。首先，我要衷心感谢我的导师胡鞍钢教授，感谢他在百忙之中抽出宝贵时间，对我的研究进行多次审阅和指导。他高尚的师德、无私的奉献精神、严谨的治学态度、对国情的深刻洞察，令人高山仰止。他不仅传授我专业知识，更重要的是，他教会了我如何将学术研究与国家发展紧密结合，如何以"知识报国、知识为民"为己任，他的言传身教将是我今后人生道路上一笔宝贵的财富。

我也要向公共管理学院的唐啸教授、刘生龙教授表达我最诚挚的感谢。在项目研究和论文写作过程中，两位教授以其丰富的专业知识和敏锐的学术洞察力，为我提供了宝贵的指导和建议。

另外，我还得到了安徽大学经济学院韩建雨副教授、东北师范大学经济与管理学院李雨停副教授，以及"寿光模式"与乡村振兴研究院等高校学者和产业实践者的慷慨帮助与悉心指导，他们不仅在学术上有着卓越的成就，更在乡村振兴与县域经济发展领域积累了丰富的研究经验，他们对于"寿光模式"有着深刻理解和独到见解，为我的研究提供了大量宝贵的数据和研究案例。这些资料对于我深入理解寿光市乡村产业振兴的实际情况起到了关键作用，为我的研究方向提供了坚实的理论和实践指导。

同时，我要向寿光农业农村局和寿光统计局表达我最诚挚的谢意。感谢他们为我的研究提供的翔实数据和信息，以及在数据收集和分析过程中给予的耐心指导和帮助。这些数据和信息不仅丰富了我的研究内容，也为我提供了深入理解寿光市乡村产业振兴实践的重要视角。我期待未来能有更多的合作机会，共同为寿光乃至全国的乡村产业振兴贡献力量。

在此，我满怀感激之情，感谢为我的研究提供帮助的所有人，也感谢所有为乡村产业振兴付出努力的人，让我们共同期待并为实现中国乡村的美好未来而努力。

魏小源

2024 年 12 月 4 日